企业商事法务丛书

汉译主编 季卫东

国际商事与法律

〔日〕须网隆夫 道垣内正人 编

骆美化 译

商务印书馆
创于1897 The Commercial Press

ビジネス法務大系Ⅳ
国際ビジネスと法
須網隆夫　道垣内正人　編

本书根据日本评论社 2009 年版译出

总序：重新认识企业法务

在2016年，一直被认为是世界法律秩序稳定之锚的英美两国突然发生异变。英国公投决定脱离欧盟，在欧洲乃至全世界掀起滔天巨浪。美国大选推出另类总统特朗普，在世界范围内不断造成意外和不确定性。以此为背景，WTO上诉机构按照任期届满的空缺职位重新遴选新委员的工作从2016年开始受到严重阻碍，直到三年后彻底丧失裁定的功能。美国从2018年1月开始采取大幅度提高关税的举措，从2019年5月开始对华为等企业采取封杀行动。这场中美贸易战的本质其实是法律战，必然促进企业的策略诉讼以及政府的司法外交，当然也就相应地提升了预防法学的重要性。为此，我们需要在新的时代背景下重新省察和反思中国企业法务的制度设计和运作实践。

在过去很长时期内，中国企业忽视了企业法务的功能。按照国际惯例，大型企业的法务开支一般占营业收入的百分之一，但中国的这一占比曾经只有千分之一；在企业的治理结构中法务部门一直处于从属地位，不能参与经营决策；法务人员与顾问律师之间的角色分担关系也是模糊不清的。自从经济合作与发展组织（OECD）成员国在1997年签署《国际商业交易活动反对行贿外国公职人员公约》、美国在1998年修改《海外反腐败法》而把贿赂罪适用范围扩大到外国企业和自然人，各国企业在涉外业务中的法律风险骤增，中国也相应地提高了对企业内控与合规的要求。从2004年起，中国通过三个特别“三年计划”建立和健全了总法律顾问制度以及法律风险防范机制，特别是2012年国资委颁布企业合规的国家标准，企业法务逐渐成为经营决策的指南针。从对总法律顾问具备律师资格的刚性要求上，还可以依稀看到律师主导的美国式企业法务模式的影响。

日本式企业法务模式有所不同，并非律师主导。企业的大部分涉法涉讼事务都由法务部门处理，往往只把自己无法解决的难题交给外聘律师。所有法务人员都是在公司里工作的职员，法务部长也无须获得律师资格，因而企业的法务成本相对比较低，法务部门与业务部门之间的关系也比较协调。企业法务部门的主要职责包括合同文书的起草、修改、审核，就包括劳资关系在内的各种法律问题进行咨询，参与商务谈判以防范有关法律风险，建立和维持内控制度并进行合规培训，维护知识产权，研讨并购的攻防对策，履行环境保护等社会责任，与政府和司法机关进行沟通，与律师进行协调与合作，处理解决纠纷和诉讼的相关问题，等等。2008年的金融危机导致美国跨国公司压缩律师聘用的开支，更重视录用企业内部法律工作者来满足合规和守法的需要。在这种背景下，日本式企业法务模式也受到更多的关注。

中国与日本之间围绕企业法务的体系化深入交流，可以追溯到上海交通大学凯原法学院在2009年开始正式举办学分制日本企业法务系列讲座、在2010年开设东京企业法务实习基地，以及在2011年携手日本经团联成立企业法务研究中心。2017年的中国企业法务年会上海会场邀请到日本经营法友会领导层和代表与会，决定从2018年起在东京和上海两地交替举办中日企业法务年会。就在中美贸易战如火如荼的2018年，上海交通大学日本研究中心作为教育部认定的国别研究中心、作为校级实体化平台隆重成立，围绕企业法务的研究和交流也就自然而然成为这个中心的一项重要任务。在这样的背景下，我们启动了日本企业商事法务丛书的翻译出版计划，试图为中日两国在新时代的经济合作以及纠纷化解奠定坚实的法务基础。

早在国际经济纠纷开始激化的年代，日本就曾经策划出版过关于企业法务的大型丛书，对我国当然也有借鉴意义，但毕竟很多内容已经过时。作为大型公司法务部长交流平台的日本经营法友会倒是经常出版关于企业法务的专题论文集、专著以及最新法规解说，但这些不断刷新的书刊缺乏体系性，无法让中国读者一窥全貌。最后选定的商事法务丛书是从2006年开始编辑，到2009年出齐，距今只有十年左右的时间，内容还在保鲜期内。这套丛书的编撰者包括相关领域的权威学者和实务家，特色是非常注重对现实中出现的各种法律问题的学理分析，试图通过在理论与实践之间架设桥梁的方式为企业法务指明进一步发展的方向，并且提升预防法学和策略诉讼的专业水准。这套书分为四种，包括许可合同、并购和合资、企业金融创新、国际商务等四大前沿领域的重要现象和趋势、法律的制度安排以及操作流程的解析，具体论述的范围实际上几乎涵盖了企业法务的所有层面。因而这套丛书既可以作为企业法务研究的向导，也可以作为法学院培养专业人才的教科书或参考书，还可以作为总法律顾问和法务部长们的业务指南。

不得不指出，就在过去的十来年里，数字化信息技术使法律界的生态环境发生了天翻地覆的变化。物联网、大数据、云计算以及人工智能在司法机关和律师事务所被广泛应用，法律流程外包（Legal Process Outsourcing, LPO）现象变得司空见惯，在这种状况下法律科技公司如雨后春笋般涌现出来，并逐步扮演起替代性法律服务提供商（Alternative Legal Service Providers, ALSP）的角色，直接对接客户而不让律师作为“中间商”赚差价。因此，律师事务所以及司法机构不得不在多样化条件设置下迎接竞争，增加对法律科技的投入或使用，兼顾智能决策、会计、金融等法律之外的关联服务。同样，企业法务部门也开始大量导入智能化的法律科技（Legal Technology）和辅助性服务软件（Software as a Service, SaaS），用于AI合同审核、电子签约服务、数据的追踪管理、多语种自动翻译、国内外法规和案例的检索、企业法务部门与外聘律师的在线协调和咨询、数字化调查取证以及区块链存证。显而易见，企业法务也正在面临数字的覆盖，势必在法务操作科技化、法务运营平台化的激变之中促成相应的范式创新。即便如此，这套丛书揭示的法律专业原理和技巧在数字化时代仍然不会失效，倒是会反过来对数据科学和计算机科学的发展提出更高的具体要求，促进信息通信技术与既有的合规体系不断交织和重组。

这套书的译者都曾经在日本留学和生活过很长时间，是双语达人，所从事的专业工作也与企业法务有着千丝万缕的联系。其中两位是商法、企业法以及知识产权法学科的青年才俊——段磊从东京大学获得法学博士学位后先在名古屋商科大学担任助理教授，再到华东师范大学法学院就任副教授；储翔从神户大学获得法学博士学位后到律师事务所工作过一段时间，现在华东政法大学任教。另外两位是中日经济合作方面的资深律师——骆美化曾经在君合律师事务所创立初期开拓日本业务并担任高级合伙人，现在转为顾问并兼任瑞穗银行（中国）有限公司独立董事；高师坤是上海世民律师事务所的高级合伙人并兼任住友化学投资（中国）有限公司监事。他们都对书中涉及的专业问题了然于胸并且富有实践经验。也就是说，与原著编撰者兼有法学教授和法律实务家的构成相对应，译者也考虑到理论与实践两方面的代表性。各位译者都在繁忙的本职工作之余认真进行翻译，确保精准传达高度专业化内容的原意。

在所有译著付梓之际，我谨代表上海交通大学日本研究中心，代表中日企业法务论坛的组织方，特向各位译者表示敬意和谢意。同时还要感谢日本评论社串崎浩先生不辞辛劳逐一征求日本作者的同意并授予涉外出版的所有权限。当然，在这里要特别感谢商务印书馆责任编辑王兰萍女士对这套书翻译和出版的支持、在等待和编辑译稿方面的耐心以及令人感动的敬业精神。但愿这套“企业商事法务丛书”有利于中日两国企业法务界的交流与合作，有利于企业法务高端人才的培养和训练，也有利于中国企业在充满风险和不确定性的当今世界化险为夷，通过合法经营以及富于洞察力和专业知识的决策而不断发展壮大。

是为序。

季卫东

上海·2021年红叶时节

日文版“企业商事法务丛书”刊行寄语

本丛书旨在对企业现今面临的各种法律问题进行理论分析，并为解决此类问题提供方向。因此，本丛书面向的读者人群首先为从事商事法律实务的律师、企业法务负责人，其次是对实务中的问题感兴趣的法学研究者。

策划本丛书的理念一言以蔽之，是成为“实务和理论的桥梁”。日本法律实务和法学研究此前具有相互背离的趋势。20世纪90年代以后，很多法律学会鼓励实务家参会，尽管上述趋势有所改善，但实务和研究的背离在企业法务等众多法律领域仍旧屡见不鲜。

这导致从实务家的角度观之，实务中真正亟待解决的问题并不一定是法学研究的对象，因此时常有无法利用法学研究成果处理问题的情形。而从法学研究者的角度观之，尽管既存的实务内容中存在理论问题，但我们常常会忽视这样的现状：在未认识到可能产生法律风险而直接进行处理的情形下，实务不断得以发展。

就法学研究和法律实务之间的关系而言，两者的背离并非理想的状况，自不待言。本丛书刊行的出发点就是希望能够或多或少地改善这样的现状。

为达成上述目的，本丛书编委由实务专家（律师）和法学研究者双方共同构成。特别是，研究者当中也有部分从事实务的执业律师，这样有利于在实务专家和研究者间进行实质性探讨。在双方充分讨论的基础上，依据实务、法学研究双方的问题意识，在企业法务的各领域内，提炼值得讨论的重要课题。在各课题执笔之际，我们将写作重心放在对具体实务问题的法理分析和考察，而对制度的讲解，仅限于分析问题所必要的范围之内。

在日本，商事相关法律解释的明确化，是构建商业活动的重要基础。希望本书能为商事法务的发展提供些许助力。

2006年11月

“企业商事法务丛书”编辑委员会

小川宪久（律师）	宍户善一（成蹊大学）
须网隆夫（早稻田大学）	椙山敬士（律师）
高林龙（早稻田大学）	道垣内正人（早稻田大学）
德冈卓树（律师）	中野通明（律师）
野田博（一桥大学）	平岛竜太（筑波大学）

译者序

2018年早春启动的中美贸易战，从钢铝进口关税开始，一环套一环渐次波及科技、金融等不同领域，大有脱钩对峙之势。在这个过程中，实际上所有贸易摩擦几乎都表现为法律摩擦。以此为背景，中国的企业法务部门和国际商事律师比以前更需要关于国际经贸业务与法律技术的综合性专业书籍作为日常工作的指南，以便预防风险、应对战略诉讼。我们的东邻日本早在1980年代，就在多场日美贸易战中久经考验，在过去三十年间积累了正反两方面的经验教训。因此由该国著名的国际商事法学研究者和实务专家合作编撰的《国际商事与法律》，正好可以回应这种紧迫而广泛的需求。我一边观察中美贸易战的进展、一边翻译日本学识经验者的论述、一边品鉴各种法律对策的醍醐味道，的确收获满满、得益匪浅。相信这本译著的中国读者也能与我同样分享阅读的快感以及知识的力量。

众所周知，随着经济全球化在1990年代的快速发展，跨国经营成为企业谋求发展的必由之路，因而必须全方位地参与国际竞争，从而也会自然而然地融入全球产业链、价值链以及供应链。企业经营的国际化、全球化包括海外直接投资和跨境贸易两个基本方面，在具体实践中难免会遭遇诸多的法律难题。为了更有效地处理这类棘手事宜，企业法务部门和国际商务律师必须对投资和贸易对象国的法律环境进行富有前瞻性的全面调查，审视和评估各种潜在法律风险，进而找出适当的法律对策。《国际商事与法律》这本书好就好在直接针对上述企业需求，分别从不同维度探讨了跨国经营的整体法律框架，并以丰富的案例资料和法律条文作为佐证材料，多层次、全方位地解析了在海外投资和国际贸易中势必遭遇的各种重大法律问题，可以为企业在暗礁密布、风险四伏的经贸海洋中顺利航行提供可靠的向导。在译者序中敲重点，仅谈两点感想。

一　关于跨国经营与区域性FTA/EPA

本书成书于2008年。当时世界贸易组织（WTO）正处于困境：多哈回合谈判陷入僵局，WTO在制定规则、降低贸易壁垒等方面的功能几乎已经瘫痪，多边贸易体系面临严峻挑战和巨大的不确定性。为了减免缔约国原产品关税，许多WTO成员国积极推进双边签署自由贸易协定（FTA）；为了降低关税壁垒，又进一步签署了以投资和知识产权等广泛领域合作为内容的经济合作协定（EPA）；因此，与全球经济一体化的口号相映成趣，其实区域经济一体化的态势反倒发展更加迅猛。在这样的背景下，连一向支持WTO框架下的多边贸易体系、排斥FTA和EPA的日本，也迫于国际经贸的大形势而及时调整立场，提出了以下一系列应对措施：

2002年正式出台《日本FTA战略》，将东亚各国确定为日本FTA战略的重点，率先与东盟建立FTA；

2004年日本调整FTA战略，明确了构建“东亚经济共同体”的FTA战略目标；

2006年日本在《经济全球化战略》中提出“东亚EPA构想”“东亚EPA路线图”，详细规定了贸易自由化、投资制度建设、自然人流动、知识产权、纠纷解决机制等相关内容。

至2007年10月本书开始编撰之时，世界贸易组织备案的地区贸易协定已达240多个，随着全球范围内FTA/EPA缔约国增多，日本制造业探索利用他国缔结的FTA/EPA，选择最有力的海外生产和出口基地，扩大当地生产及出口，提高竞争力。日本借助FTA/EPA的安排，明显提升了自身在世界贸易体系中的地位。

鉴于FTA/EPA的全球潮涌，本书开宗明义第一章就聚焦“自由贸易协定和直接投资”，详细论证了自由贸易协定是日本企业在海外投资获得成功的关键所在。FTA/EPA不仅对协定缔约国之间的贸易产生影响，而且还会对跨境的直接投资产生深远的影响。因此，本书执笔者们指出，日本企业在选定目标国时，首先要了解设立生产基地的目标国与日本之间、目标国与产品出口的第三国之间是否都存在FTA/EPA，而FTA/EPA的具体内容将会对在目标国生产的产品的国际竞争力产生重要的影响。这意味着跨境活动的企业必须对各国之间签订的那些错综复杂的FTA之间的差异进行比较分析，在充分权衡成本和效益的基础上慎重选择对自己最有利的目标国。这种中肯的建议对已经被嵌入各种国际合作框架和规则体系之中的中国企业当然也具有非常重要的启示意义。

另外，时至21世纪20年代，百年变局和世纪疫情相交，经济全球化遭遇强劲的逆流，国际经贸新格局和外部营商环境都在发生深刻的变化，形势瞬息万变，风险和不确定性如影随形。在这样的状况下，国际规则体系也在不断建构、解构以及重构，既有的惯例纷纷被打破，制度创新正在各个领域展开。在这个快速流动的格局中，特别值得注意的是2020年11月签署2022年1月正式生效的《区域全面经济伙伴关系协定》（RCEP）。RCEP的合作框架涵盖了货物贸易、服务贸易、投资以及自然人临时移动等四个方面的市场开放，还纳入了知识产权、电子商务、竞争政策、政府采购等重大议题，还在不经意间使久拖不决的中日韩FTA也终于落地。可想而知，RCEP协定的签署，将为中国进出口贸易、数字经济、产业升级等方面带来巨大机遇，也在配套制度建设及全球价值链重构等方面提出了新的挑战。还要指出的一点是，就在最近中国申请加入全面与进步跨太平洋伙伴关系协定（CPTPP）的流程正开大马力提速，这意味着与国际社会接轨的制度改革也会转入一个更高阶段。不言而喻，企业法务也必须不断更新迭代，以适应日新月异的国际商事法律环境。

二　关于跨国经营的整体法律框架

所谓国际商事是指企业跨越国界的经营活动，是指在国与国双边或多边之间进行商品、资本、技术、劳务、信息等资源的跨国流动。企业在从事国际商事活动中，在直面对外直接投资的自由贸易协定的同时，还必然被卷入其本国和目标国的法律规制的方方面面，当然也还会涉及国际公法、国际私法、国际公约以及商事惯例，等等。因此，从事国际商事的企业必须把多层多样的国内外法律规范以及作为整体的法律框架都纳入视野。由于其中所涉及的每一项法律规制都是独立的法律部门，如果单纯罗列，就会显得杂乱无章，形成一锅“法律大杂烩”。为此，《国际商事与法律》独辟蹊径，遵循“在实务与理论之间搭桥”的策划宗旨，聚焦企业国际化运营的微观层面，采取问题导向的梳理方法和叙事方法，在综合以往研究成果的基础上，以法理为纽带串联不同的节点，在对实践所涉及的各种法律问题进行条分缕析的同时，使之呈现出环环相扣、融会贯通的整体图景，从而搭建起关于国际商事的整体法律框架。

本书将11个方面的主要法律问题分类整理为如下四大板块：

第一大板块是关于国际商事的各国法律规制，研究与国际商事相关的国际公法问题，涉及自由贸易协定、反垄断法、公法和租税条约等内容。具体又分为四章，包括自由贸易协定与直接投资——要破解意大利面碗现象（第一章）、涉外企业法务视角的反垄断法理论新发展与实践考察（第二章）、企业之间合同规制的国际性适用（第三章）和租税条约与社会保障协定下跨国交易时的税费负担（第四章）等基本内容。这里也包括中国企业目前最关注的长臂管辖等问题。

第二大板块是国际商事的私法准则，研讨国际私法中的规范冲突和准据法问题，涉及法人设立准据法、合同准据法和侵权行为准据法等法律规则，细分为三章，即法人设立准据法与其适用范围及外国公司的法律规制（第五章）、国际合同准据法（第六章）以及侵权行为准据法（第七章）。主要解决国际民商事纠纷解决的管辖权和法律依据问题。

第三大板块是国际商事纠纷的处理，探讨国际贸易纠纷与争端解决机制，涉及国际民事诉讼、国际商事仲裁和国际破产、重整等相关法律规制，也细分为三章，即国际民事诉讼（第八章）、新仲裁法与国际商事仲裁（第九章）和国际倒产（第十章）。几乎都是关于多元解纷机制的程序公正问题。

第四大板块是国际商事法律服务，概观了从事国际商事法务的律师规制，共一章，国际商事法务和律师以及外国律师在日本的从业活动。当然也涉及法律服务的不同模式以及企业法务部门与律师之间关系问题。

全书体现了执笔者们深厚的理论造诣、扎实的法律功底和丰富的从业经验，将法学理论与实践深度融合，为企业解决问题提供了切实可行的路径。因此，无论是从事实务工作的律师、企业法务人员，还是法学院在读学生，抑或是相关问题的法律研究者，都可以借助本书，拓宽视野，开阔思路，增强实操能力，提升法律素养。

在书稿杀青搁笔之际，译者不禁回想起自己与国际商事法务的缘分。我在北京大学就读民商法硕士研究生第二年的时候，由于机缘巧合，1985年8月由北京大学派遣到日本松尾综合律师事务所实习半年。当时中日两国关系处于非常良好的状态，日本各界对进入“改革·开放”时代的中国充满好奇、友善以及期待，但在日本能够读到的中国法律方面的信息非常有限。于是《人民日报》海外版刊登的关于中国法制动态的实时报道就成为我追踪和获取中国法律最新信息的主要途径。出于提高法律专业外语能力的目的，我选择一些重要的报道译成日文，指导我实习的小杉丈夫律师非常关心中国法制建设，所以他参照中文报道对译稿逐一进行修改，这也成为他学习中文的一种方式。小杉先生觉得修改后的日文译稿就这么扔掉的话太可惜，便与日本国际商事法研究所的姬野春一常务理事商量，希望在专业杂志《国际商事法务》上每期刊登一篇译稿，姬野先生慨然允诺。《国际商事法务》的专栏“阅读《人民日报》”就这样诞生了，并在对中国感兴趣的国际商事法务人员中产生了一定的影响。可以说小杉丈夫先生是我从事国际商事法务的引路人，他的敬业精神和专业技能让我敬佩不已，收益匪浅。

1987年实习期结束后，我由东京转往京都大学攻读民商法专业的研究生课程。在硕士阶段师从日本著名商法专家和比较法学泰斗、曾经全程参与《联合国国际货物合同销售公约》起草活动的道田信一郎教授，在博士期间又师从海商法的权威川又良也教授，从两位恩师学到治学和为人的真谛，始终心存感激之情。后来由于要赶写毕业论文，就把专栏的执笔工作转交给第二位来自北京大学的实习生金光旭（在东京大学留学）以及后继者杨继春（在一桥大学留学）、金文玉（在千叶大学留学）等接力进行，坚持不辍。从1986年3月开辟专栏至2001年15年间，已经连续在《国际商事法务》杂志上刊载了多达180篇有关中国法律方面的报道。后来，小杉丈夫律师将这些日译文整理成册，由日本信山社出版发行，罗豪才老师还特意为此书撰写了序言。

京都大学博士课程结束后，我在1994年加入君合律师事务所，后来又取得日本外国法事务辩护士资格，一直从事中日经贸合作方面的法律实务工作。作为国际商务律师，我在为日本大型跨国公司法务部门提供专业服务的同时，也从那些优秀法务人员的学识和经验中学到许多，特别是与松下公司法务部长斋藤宪道共同参与中日知识产权交流，深切体会到依法维权在跨境投资和国际贸易中的重要意义。

在上海交通大学日本研究中心启动“企业商事法务丛书”翻译出版计划时，由于第四卷《国际商事与法律》与自己的专攻直接相关，也是我从业经验最丰富的领域，出于对中心工作的支持，欣然接受了翻译此书的任务。实际上，原著的执笔者中有不少是在留日期间就认识的，或者直接听过他们的讲座，或者一起参加过研讨会，因而在翻译过程中宛若重新回到留学时代，当时的一些场景都还历历在目。另外，后来从事国际商事法务工作的历练，也使在研究生阶段似懂非懂的一些问题变得豁然开朗，这次通过日译中的作业而进一步加深了理解，并产生了温故而知新的愉悦。

本书横跨多个法律领域，涉及的专业问题广泛而精妙，每一章都圆熟地运用法学的方法及原理对实务现象进行鞭辟入里的分析和中肯到位的解读，并且引用了大量的案例和法律规定。有的章节仅脚注就多达146个，充分展现了作者的严谨态度和雄厚造诣，各种观点和事项看似信手拈来，但都有精心的布局和蕴含的深意。尽管篇幅有限，很多精彩见解难以详细展开，然而凡是点到之处都可谓妙笔生花，并且留下按图索骥的线索以及值得再三推敲的关键。在完成翻译初稿进行校对审读时，我对日文版中所引用的案例和法规等，根据标注出来的引证链条逐一找到原文进行了核对，从上下文的语境可以发现初稿的有些直译还是不无生硬之嫌，于是按照信达雅的翻译原则，对有些同形异义的表达方式进行了调整，力求更加准确地传达原文的信息和神韵并提高译著的可读性。由于译者精力、时间以及水平都有限，疏误之处仍然在所难免，恳请读者诸贤批评指正。

本书的翻译计划以及出版得到商务印书馆的大力支持，特别是责任编辑王兰萍女士为确保译著的质量不辞辛劳，提供了各种专业性帮助，在此表示衷心的感谢。也很高兴有机会与其他留日出身的研究者和实务家共事，一起推动中日法学交流合作。最后，还要感谢上海交通大学日本研究中心的策划，为我提供了这样一次难能可贵的学习机会。

骆美化

于2023年梅雨时节

目　录

第二部　国际商事私法准据法

第三部　国际商事纠纷的处理

第四部 国际商事法务

凡 例

▼法律名称

本书原则上以正式名称表述。但如正式名称较长，每篇论文中则采用简称。

▼判例

· 具体简称如下：

最判昭和33·7·22民集12卷12号1805页→最高裁判所昭和33年7月22日判决，最高裁判所民事判例集第12卷第12号1805页。

大阪高判→大阪高等裁判所判决

东京地八王子支判→东京地方裁判所八王子支部判决等

· 主要判例集的简称如下：

民集	大审院民事判例集（1922—1946年，共25卷） 最高裁判所民事判例集（1947—）
裁集民	最高裁判所裁判集民事（裁判所内部资料，1947—）
高民集	高等裁判所民事判例集（1947—）
下民集	下级裁判所民事裁判例集（1950—）
东高民时报	东京高等裁判所判决时报（民事）（1953—）
裁时	裁判所时报（1948—）

判时	判例时报（1953—）
判夕	判例Times（1950—）
金法	金融法务事情（1951—）
金判	金融·商事判例（1966—）
商事	商事法务研究（1955—1972年）
	商事法务（1972—）
无体裁集	无体财产权关系民事·行政裁判例集（1969—1991年）

序　言

xiii

“企业商事法务丛书”之四的宗旨是：为了全面应对与企业的全球化经营活动相伴而生的法律问题，试图在商事法务领域中处理和解决以国际交易为核心的有关企业国际商事的诸多课题。日本企业与外国企业之间进行的各项国际交易构成企业国际经营活动的微观要素。因此，本书将与这些国际交易协议的缔结、履行以及与处理纠纷相关所出现的各种问题作为首要研究对象。但是，企业在国际活动中所面对的法律问题，并不局限于与各个国际交易相关国家的合同法和诉讼法方面的问题。特别是在包括直接投资在内的海外经营活动中，不允许脱离作为国际法组成部分的国际经济法框架，同时也被置于相关国家的公法规制之下。因而企业开展国际经营活动，必须将这些规制企业活动的整体法律框架纳入视域之中。为此，本书除了属于国际贸易法领域的各种课题之外，还将影响对外直接投资的自由贸易协定、对国际贸易适用的反垄断法、在利润汇款之际不可或缺的租税条约等也作为研讨对象。

基于以上策划理念，本书由四部构成，各部的内容简要介绍如下：

第一部“关于国际商事的各国法律规制”。研究有关国际商事的国际法和各国公法。开展国际经营活动时，企业必须首先留意每项国际交易的市场框架所涉及的自由贸易协定、反垄断法、公法、租税条约等法律规制。

第一章“自由贸易协定与直接投资——要破解意大利面碗现
xiv 象”。着眼于各国间签订的繁多自由贸易协定的内容差异进行了分析。通过分析美国、欧盟、日本签订的自由贸易协定，显然，日本企业在向海外进行直接投资时，在研究投资接受国与商事直接相关的非法律要素的同时，研究投资接受国签订的自由贸易协定的法律框架也是必不可少的。虽然因自由贸易协定的差异而产生的意大利面碗现象被批判为扭曲了国际贸易，但是从企业战略的维度来看，反而需要利用这种现象，去寻找具有对自己的经营活动最有利的法律制度的投资接受国。

第二章“涉外企业法务视角的反垄断法理论新发展与实践考察”。围绕反垄断法对外国企业的适用问题，在公平交易委员会加强对国际卡特尔管制的情况下，分析了反垄断法第6条的意义、域外适用，对外国企业的送达等程序问题以及近来的适用实例。日本对外国企业的反垄断法的适用，特别是根据外国企业的本国法，虽然被判断为不违法，然而在日本则要进行限制，在这种情况下，突显外国法和日本法的差异，从比较法的视野来探讨日本法限制的正当性尤为重要。

第三章“企业之间合同规制的国际性适用”。讨论了在排除合同当事人对准据法的选择后，强制性规范适用国际贸易合同问题。在概观欧盟、美国和中美洲等具有代表性的规制类型的基础上，分析了这些强制性规范的性质，判断“国际强行法规”是否也可以适用于以他国法为准据法的国际合同，通过对诉讼管辖等问题的考察，探索“公法的私法化”现象的内涵。无论何种情况下，这些规范都是强制性适用的，因此对企业具有重要意义，在签署交易合同时必须注意。

第四章“租税条约与社会保障协定下跨国交易时的税费负担”。研究了企业通过海外分公司和子公司进行经营活动时产生的所得税、年金保险费的负担问题。租税条约的目的在于避免来源地国和居住地国分别对同一所得双重征税，本章针对常设机构所属、海外投资采取的公司形态、转移价格税制、以子公司形态进行跨国商务活动、利润分红课税、利息课税等在租税条约的适用中有争议的问题，逐一进行了解析。通过本章的研究，可以全面了解有关租税条约中存在的各种论点和对立意见。

第二部“国际商事私法准据法”。围绕国际私法中的准据法诸问题进行了研讨。准据法涉猎国际经营活动的方方面面，是国际商事与法律的重要课题之一。

第五章“法人设立准据法与其适用范围及外国公司的法律规制”。是研究国际私法与公司法相关的国际公司法的论文。对于企业来说，法人属人法和相关的外国公司规制与涉外合同的准据法并列都属于基本问题，本章仅就抽取其中未决问题，诸如法人格否认法理的准据法、跨境公司债的发行、拟制外国公司规制等具体课题，以此为素材进行考察。从公司法和国际私法关系的角度，着重考察了新公司法的修改内容。

第六章“国际合同准据法”。研究了如何依据2006年制定的《关于法律适用的通则法》来判断合同等的准据法。就每个具体的国际交易而言，合同准据法是所有国际交易中发生的基本问题，准据法的判断在很大程度上也决定了纠纷解决的归途。法律适用通则法对以往的国际私法进行了大量的修改，承认了当事人自治原则，并导入了基于特征性给付理论的客观连结，使得判断合同准据的规则更加精细。本章除了合同以外，针对债权转让、抵销等国际交易中重要问题的准据法，特别是在法解释上遇到的棘手问题，在明确其意义和对立观点的基础之上，以解释学方法加以释疑。

第七章“侵权行为准据法”。以法律适用通则法在修改时的议论和各国法制动态为基础，概观了与国际侵权行为准则法相关的法律适用通则法的规定，探讨了在企业活动中的法解释学方面的许多难点问题。本章的探讨涉及产品责任、名誉信用损毁等具体侵权行为类型，并未流于法解释学的形式，明确法律适用通则法的欠缺，指出了今后立法需要解决的课题。

xvi 第三部“国际商事纠纷的处理”。探讨国际贸易纠纷与争端的解决机制。进行跨国交易，不可避免地会发生一些贸易纠纷和争端，这些纠纷和争端与国内不同，具有独特的纠纷与争端解决机制。

第八章“国际民事诉讼”。通过对日本法中涉及国际民事诉讼法的最新判例进行分析，特别是针对司法权豁免、国际诉讼管辖、国际诉讼竞合、外国判决的承认与执行等诸多论点，阐明了日本国际民事诉讼的现状和今后待解决的课题。

第九章“新仲裁法与国际商事仲裁”。翔实地解析了至今为止的旧仲裁法和仲裁实务中遗留的诸多问题，在具有国际水准的新仲裁法下，是如何得以改善和解决的。许多国家往往采取国内诉讼和商事仲裁的方式来解决国际贸易纠纷。可是，日本新仲裁法实施后，与亚洲各国相比，日本受理的国际仲裁案件数仍然极少。本章在介绍了国际仲裁的现状后，分析了日本国际仲裁利用低迷的原因，并指出了日本作为国际仲裁中心今后发展的课题。首先要确保经验丰富的仲裁员，使他们能够在仲裁实务中最大限度地发挥国际仲裁的优势。

第十章“国际倒产——要点及没有法律条文规定的两个问题”。是基于国际多数倒产主义和附条件的普及主义，概观日本新的国际倒产法制全貌，考察了没有法律明文规定，实务中只好有赖于法条解释的两个遗留问题，一个是以外国法人不能进行组织变更方面的更生程序和再生程序，而且，也不认可日本法人进行外国倒产程序；另一个是日本倒产实体法大多规定，优先适用每项具体交易的准据法。

第四部“国际商事法务”。研究了对从事国际商事法务的律师规制。在企业的国际经营活动中，接受精通国际商务的日本和外国律师的法律服务至关重要，而对涉外律师活动的管制也是涉外法务需要关注的问题。

第十一章“国际商事法务和律师以及外国律师的从业活动”。xvii
探讨了外国律师和日本律师在日本从事业务活动所面临的问题。首先分析了外国律师在日本的从业活动，指出以赴日出差的形式提供法律服务等，根据现行《关于外国律师办理法律事务的法律》下的外国律师管理办法，存在不少问题。其次，研讨了从事国际商事法律服务的律师的伦理道德问题。考察了律师在发现有疑似违法交易行为时，其报告义务和保密义务发生冲突，随着律师事务所规模的扩大化，履行利益冲突回避义务更加困难，各国间的律师伦理道德规范相互抵触等诸多问题。以上问题都是日本近来才开始意识到的新问题。

本书的各章论述所涉及的大多数课题，都是在实务中虽然意识到问题的存在，但还没有进行充分学术探讨的那些重要的法律课题。对于实务所面临的这些课题，每章都始终如一地遵循“在实务与理论之间搭桥”这一总体策划宗旨，把以往的学术成果作为基础，对现实问题进行剖析，进而摸索解决问题的路径。尽管这些研讨还不能说已经廓清了所有问题，但我们希望本书或多或少能对国际商事领域的实务和研究的发展有所贡献。

本书的编辑作业得到日本评论社的串崎浩和武田彩两位编辑的鼎力支持，在此谨表谢意。最后，还要感谢在百忙之中分担书稿撰写工作的各位执笔人的精诚合作。

主编　须网隆夫　道垣内正人

2009年1月

第一部

关于国际商事的各国法律规制

第一章　自由贸易协定与直接投资——要破解意大利面碗现象

须网隆夫

WTO协定规制了世界性的国际通商法律框架。近年来，双边自由贸易协定（FTA）的数量急剧增长，日本也不例外。自由贸易协定是WTO协定的例外措施，在自由贸易协定缔约国之间优先于WTO协定适用。因此，自由贸易协定不仅影响到缔约国之间的贸易往来，企业在做海外投资决定时也不可忽视。企业在确定投资对象国时，要研究自由贸易协定的内容，以便找到最有利的国家。

4 一、引言——国际通商法与直接投资

众所周知，现今许多日本企业在日本国外设立生产基地制造各种产品，这些产品或在生产基地所在国销售，或出口到日本和第三国。日本企业的这些海外生产活动，已经成为日本经济不可缺少的构成要素。本章将研讨，与日本企业向日本国外直接投资相关的国际通商法的法律框架，特别是《自由贸易协定》（FTA）的影响。[1]

当下的国际通商以《关税及贸易总协定》（GATT）为基础，由1995年创设的“世界贸易组织”（WTO）制定。WTO遵循非歧视待遇原则、WTO各成员国之间公正平等处理原则。但是，从20世纪90年代以后，由于允许非歧视待遇原则中的部分最惠国待遇原则作为例外，导致谋求双边特惠待遇的区域经济一体化倾向在世界各地日趋活跃。即，为了减免缔约国原产品关税，许多WTO成员国积极推进双边签署自由贸易协定，为了废除关税壁垒，又进一步签署了以投资和知识产权等广泛领域合作为内容的《经济合作协定》（EPA）。[2]于是，签订的自由贸易协定、经济合作协定数量激

1　上智大学川濑刚志教授对本章文稿提出了许多宝贵的意见，在此谨致谢意。

2　《自由贸易协定》（Free Trade Agreement）指，在参与协定的缔约国之间，取消缔约国原产品关税，及消除服务贸易壁垒，以达到实现自由贸易的目的。这种处理被定位为WTO世界贸易自由化的例外措施（GATT24条、GATS5条）。另外，《自由贸易协定》以物品、服务的贸易为对象；促进与投资、竞争、环境、人

增，仅从通报GATT和WTO的协定件数来看，90年代只有27件，到了2007年10月已经达240多件，[3]国际通商的法律规制状况正在发生巨变。在这样的背景下，就连长期以来一直重视GATT、WTO通行的世界性通商框架设定、对双边协定持消极态度的日本，也以2001年签署的《日本·新加坡经济合作协定》为开端，相继与墨西哥·智利·东南亚国家联盟（ASEAN）各国签订了EPA，目前正在与韩国·印度·澳大利亚·瑞士等国进行签约谈判，据报道已经准备2007年开始与欧洲统一大市场的欧洲联盟（EU）展开经济合作协定谈判。[4]

诚然，自由贸易协定与经济合作协定不仅只是对协定缔约国之间的贸易有影响，对跨境活动的企业决定到哪个国家去投资也会产生很大的影响。这是因为，作为日本企业需要搞清楚，设立生产基地的投资接受国与日本之间、投资接受国（出口国）与销售在该国生产的产品的国家（进口国）之间，是否存在自由贸易协定与经济合作协定。并且，如果存在自由贸易协定与经济合作协定的话，其内容很可能会影响到在投资接受国生产的产品的国际竞争力。

即使在过去，进口国的国内通商法对日本企业决定投资对象国就有很大影响。例如，20世纪80年代后期对“欧洲共同体”（EC）

的移动等经济活动相关领域的自由化、合作化等内容的协定为《经济合作协定》（Economic Partnership Agreement），也被称为“新时代的FTA”（经济产业省通商政策局编印《2007年版不公平交易报告书》2007年，381页）。根据WTO，EPA也属于GATT、GATS规定的自由贸易协定。

3　经济产业省通商政策局编印，前引（注2），379页以下，参照WTO网页（http://www/wto.org/english/tratop_e/region_e/regfac_e.htm）。

4　日本经济新闻2007年10月11日。

直接投资剧增的契机，是在欧洲共同体推进“区域经济一体化计划”，对从日本出口的产品征收反倾销税的案例激增，欧洲共同体发动贸易保护措施的背景下进行的。[5]为了回避反倾销税的征收，日本企业由向欧洲共同体的出口型转为欧洲共同体区域内的生产型。可是，影响决定投资对象国的因素不仅仅是国内通商法，日本企业在布局世界战略时，包括生产基地的海外设立，不但要考虑国内法制，还要考虑国际通商法自由贸易协定与经济合作协定的存在和内容。

基于以上观点，下面通过具体案例进行分析，在选定投资对象国时，投资接受国所签订的自由贸易协定与经济合作协定对此会涉及哪些影响。通过本章的研究使我们理解，对自由贸易协定与经济
6 合作协定漠不关心而选定投资接受国的危险性。

二、东亚区域自由贸易协定与经济合作协定的现状

1. 与东南亚国家联盟的自由贸易协定与经济合作协定

随着日本经济全球化效应，日本企业海外现地法人的利润持续增长，2006年的直接投资收益达到顶峰。[6]从各个经济区域来看，

5　经济产业省《平成1年版通商白皮书》第3章“主要国别、区域经济构造的变化和今后的课题”第2节“使国际竞争力底下的EC经济和市场一体化新动向”2.面向一体化的EC经济的变化（http://www/meti.go.jp/hakusho/index/html）。

6　经济产业省《平成19年版通商白皮书》（2007年7月）207—209页。

亚洲现地法人的收益贡献最大，超过了北美和欧洲。受中国和东南亚国家联盟（ASEAN）经济持续发展的吸引，日本企业的直接投资近年来重点指向中国和ASEAN各国。为此，要研究自由贸易协定对跨境投资流向的影响，首先概观东亚区域自由贸易协定与经济合作协定的现状为宜。实际上，准备向这个区域投资的企业也比较多。

从结论上来说，东亚的区域经济一体化虽然一直不成熟，但到了2000年以后，各国之间已经逐渐形成了密集的自由贸易协定与经济合作协定网络。[7]ASEAN成员国之间形成的《东盟自由贸易区》（AFTA），[8]比其他自由贸易协定与经济合作协定有更长的历史。东亚各国为了加强与ASEAN诸国的经济合作，正在推进与ASEAN或者ASEAN成员国签署自由贸易协定与经济合作协定（ASEAN+1）。

中国、韩国和印度各国无不纷纷与东南亚国家联盟签署自由贸易协定框架协定，正在稳步地进行自由贸易协定签约准备，澳大利

7　Chang-fa LO "Factors Affecting Asian FTA Practices?—An Approach to Surmount Difficulties—" 国际法外交杂志105卷3号（2006年）46（390）—67（411）页。

8　根据1992年1月ASEAN成员国签署的《东盟自由贸易区共同有效普惠关税方案协议》（Agreement on the Common Effective Preferential Tariff Scheme for the ASEAN Free Trade Area），约定各成员国生产的所有工业产品的关税，按照各成员国排定减免税的程序和时间表，自1993年1月起减免（第3条、第4条1款），取消工业产品数量限制（第5条）。其后，随着根据该制度在区域内关税减让的进程，目前，原成员国98%以上的工业产品的关税减免为0%至5%，除了新成员国以外，东盟自由贸易区已经设立（经济产业省，前注6，101页）。另外，区域内产品的认定，需要产品价值的40%原产于东盟成员国（第2条4款）。关于东盟自由贸易区的概要请参照，Peter Kenevan and Andrew Winden, Recent Development : Flexible Free Trade: The ASEAN Free Trade Area, 34 *Harv. Int'l L.J.* 224-240 (1993)。

亚、新西兰也在签约谈判进行中。[9]例如，2002年11月中国与东盟
7 各国签署了《中国－东盟全面经济合作框架协定》，总体确定了创设中国－东盟自贸区，开始着手自由贸易协定的具体谈判，[10]2004年11月签署了《货物贸易协定》，据报道已经开始关税减让了。[11]2003年10月日本也与东盟协商全面经济合作框架，[12]并于2007年11月达成协议，2008年4月签署了《日本－东盟全面经济合作框架协定》。[13]此外，尽管还没有得到落实，已经开始运作“ASEAN+3（日本、中国、韩国）”、“ASEAN+6（日本、中国、韩国、印度、澳大利亚、新西兰）”、“亚太经济合作组织（APEC）”框架下的经济合作。这些东亚多边自由贸易活动，力求区域内经济一体化，与各国政府倡导的“东亚共同体”构想也相吻合。[14]另外，东亚和周边各国在与

9　经济产业省通商政策局编，前引（注2）388—389页。

10　2002年11月，ASEAN与中国签署了《全面经济合作框架协定》（Framework Agreement on Comprehensive Economic Cooperation between ASEAN and the People's Republic of China），设定了双边的经济合作框架，各缔约方同意迅速地推进谈判进程，以在10年内建立东盟－中国自贸区，取消关税和非关税壁垒，实现服务贸易的自由化，完善投资环境，简化海关程序和制定相互认证安排，在各缔约方贸易和投资关系有互补作用的领域扩大经济合作（第2条）。

11　经济产业省通商政策局编，前引（注2）382—388页。

12　Framework for Comprehensive Economic Partnership between the Association of Southeast Asian Nations and Japan, 8 October 2003.

13　经济产业省《关于日本－东盟全面经济合作协定（AJCEP）的签订》（2007年11月），经济产业大臣《关于全面经济合作的日本和东南亚同盟国的协定（日本－东盟全面经济合作）的签署》（2008年4月14日）（http://www.meti.go.jp/policy/trade.policy/index.html）。

14　大矢根聡「東アジアFTA：日本の政策転換と地域構想一一『政策バンドワゴニング』から『複雑な学習』へ』国際問題528号（2004年）52頁以下，日本経済新聞2004年6月3日（夕刊）。

东盟本身进行自由贸易协定缔约谈判的同时，也在谋求与东盟各成 8
员国之间并行签署双边自由贸易协定，比如，2004年7月澳大利亚与泰国签署了自由贸易协定，该自由贸易协定于2005年1月生效。[15]就日本而言，2007年为止与东盟10个成员国中的6个国家（新加坡、马来西亚、菲律宾、泰国、文莱、印度尼西亚）签署了经济合作协定。[16]

2. 与东亚区域外的自由贸易协定与经济合作协定

东亚各国也都在积极与区域外的第三国签署自由贸易协定与经济合作协定。这就意味着，东亚区域的自由贸易协定与经济合作协定网络不是封闭的，而是向区域外的第三国和区域开放的。

例如，ASEAN成员国中，有像新加坡这样的国家，积极谋求与ASEAN区域外的第三国进行经济合作。新加坡已经启动了10个以上国家和区域的自由贸易协定与经济合作协定，并且还在同时与几个国家进行谈判或者准备谈判。泰国、马来西亚两国也正在积极与区域外的国家签署双边协定。[17]另外，最近韩国也采取了积极推进自由贸易协定的政策，2007年4月韩美自由贸易协定达成协议，同年5月又开始了韩国欧盟的自由贸易协定签约谈判，以确保其在东北亚区域的国际通商中的重要地位。[18]日本对于区域外第三国之间的经济合作协定并非消极，与墨西哥、智利签署了经济合作协定并已经生效，正在与“GCC（海湾合作会议）”各国、瑞士、印度、

15　经济产业省通商政策局编，前引（注2）390页。

16　经济产业省网址http://www.meti.go.jp/policy/trade_policy/epa/index.html。

17　经济产业省通商政策局编，前引（注2）389—390页。

18　尾池厚之=馬場誠治「韓米FTA合意と日本および東アジア経済統合への影響」貿易と関税55巻7号（2007年）18—34頁。

澳大利亚、新西兰等进行谈判或准备开始谈判，[19]并且在谋求更多的对象国和区域。

三、自由贸易协定的频繁利用与“意大利面碗现象”的发生

如上所述，日本在内的东亚区域各国也在积极的利用自由贸
9 易协定（FTA）包括经济合作协定（EPA）。从WTO的视角来看，FTA缔约国之间适用的通商条件与FTA非缔约第三国不同，可以作为最惠国待遇原则的例外措施（GATT24条、GATT25条）进行处理。目前，这种例外事态正在被不断的放大，着实令人堪忧。有专家指出所谓自由贸易协定和关税同盟的区域经济一体化其本身就是国际通商发展的障碍，[20] FTA的连锁效应，使国际法上的义务和纠纷解决方式相互错综复杂，使协调机制发生困难，这种现象被称为“意大利面碗现象”（spaghetti bowl phenomenon）。自20世纪90年代，世界各地频繁地签署FTA，由众多国家签署的FTA正在形成网络格局，即使这些FTA满足了WTO法规定的要件，也会有碍WTO多边成员国之间通商制度的发展，[21]特别是FTA

19 经济产业省通商政策局编，前引（注2）399—401页。

20 Sungjoon Cho, Breaking the Barrier Between Regionalism and Multilateralism: A New Perspective on Trade Regionalism. 42 *Harv. Int'l L.J.* 419, 430-432 (2001).

21 Colin B.Picker, Regional Trade Agreements v. The WTO: A Proposal for Reform of Article XXIV to Counter This Institutional Threat, 26 *U. Pa. J. Int'l Econ. L.* 267-319（2005）.

采用的复杂规定引起对第三国差别待遇，从而产生阻碍通商的效应，这种效应又促使FTA对方国进而与更多的国家签署FTA，这些FTA相互间的规定内容互相矛盾，使问题越来越严重。近年来，WTO多边回合谈判（“多哈发展议程”）时常陷入僵局，超过150个成员国的WTO组织难以协调众意，只要WTO组织的现状不能从根本上改变，各国就会不得不着眼当下，积极推进签署双边FTA。因此，企业从开展国际业务活动的角度，在制定战略决策时，需要破解各个FTA规定的相互差异。

对“意大利面碗现象”的理解似乎还不够明确，根据巴格瓦
蒂教授的理解，首先要考虑以下几个具体情况，[22]第一，因各个 10
FTA规定的“原产地规则”不尽相同而产生的问题。原产地规则
是在货物交易决定货物的原产地时所使用的规则。虽然对缔约国
原产品免除关税是FTA的必要条款，但是各个FTA独自规定原产
地规则的乱象，使企业的投资决定迂回曲折。第二，意大利面碗
现象不仅仅存在于原产地规则，有关反倾销措施等贸易保护领域，
当有些FTA排除其适用时，也会发生类似的现象。第三，可以预
料，WTO纠纷解决与每个FTA规定的纠纷解决机制相互纠缠、混
乱复杂，也会出现“意大利面碗现象”。本章研究的各种情况，以
上述理解为前提。

22　Joost Pauwelyn, Adding Sweeteners to Softwood Lumber: The WTO-NAFTA ‘Spaghetti Bowl’ is Cooking, 9 Journal of International Law 197–206 (2006); 但是，也有意见认为使用“意大利面碗现象”这一概念并不恰当（小寺彰「FTAの『スパゲティボール現象』とは？」）（2006年）独立行政法人经济产业研究所网页http://www.rieti.go.jp/columns/a01-0193.html）。

四、自由贸易协定与直接投资对象国的选择

1. 概要

那么，日本企业在进行直接投资选择“投资接受国”时，应该如何研究FTA是否存在、其内容是什么，存在多个FTA时其间的内容有何不同？在回答这些问题之前，我们首先需要研讨FTA的两种不同类型。

第一种类型是“日本与投资接受国之间签署的FTA”。日本企业在他国设立生产基地时，首先要研究的问题是日本与该投资接受国之间签署的FTA。特别是所生产的产品的销售地为投资接受国或者是日
11 本时，如果两国之间签署了FTA就非常有利。如果日本与几个不同的投资候选国之间分别签署了FTA，就要进一步比较各个FTA的异同。

第二种类型是“投资接受国与出口对象国之间签署的FTA”。在投资接受国所生产的产品直接出口到日本以外的第三国时，除了要研究日本与投资接受国之间的FTA以外，还要研究投资接受国与出口对象国（这里的第三国以下称“进口国”）之间是否签署了FTA？会有什么影响？如果出口国与几个不同的投资候选国之间分别签署了FTA，像第一种类型一样，需要进一步比较各个FTA的异同。

下面，就上述不同类型，分别进行研讨。

2. 投资接受国与日本之间的自由贸易协定

a 废除关税壁垒

就第一种类型而言，日本企业向与日本签署了FTA的国家进行直接投资，与日本没有签署FTA的国家相比更有利。为了在投资接

受国进行生产，需要从日本出口制造机器、零部件等时，如果两国之间签署了FTA，就会免除或减低关税，从而有利于日本企业。对于工业产品的关税，根据关税及贸易总协定（GATT）和WTO关税减让原则，已经全面减低。但是，在发展中国家高关税产品仍然不少，即使在先进国家，对部分产品仍维持着高关税。

再则，日本企业在计划将投资接受国生产的产品和零部件出口到日本时，与投资接受国之间是否存在FTA，是决定的主要因素。因为，如果存在FTA，就会认定免征投资接受国的原产品的日本关税，而且，在投资接受国进行生产时，如果使用来自日本的日本产零部件，根据FTA，日本产零部件可以视为当地原材料，[23]一般来说取得投资接受国的原产品认定比较容易。但是，如果假定出口产品的关税在两国中已经非常低了，则可以忽略FTA因素。

此外，根据双边谈判结果，日本与各国所签署的FTA在内容上不尽相同，在决定投资对象时，不仅看是否有FTA，还要考虑其内容的异同，比如，关税削减的对象和日程安排，因FTA的不同而不同。根据日本和印度尼西亚之间的经济合作协定，印度尼西亚方面 12
对轿车变速箱的关税，从协定生效日开始免除，为零关税。[24]日本与马来西亚之间的经济合作协定，马来西亚方面虽然对拖拉机变速箱的关税从协定生效日开始为零关税，但是，对于轿车变速器维持之前的25%基础税率，此后2008年、2009年依次递减，自2010年

23 在各个FTA的原产地规则中，都有关于“累加”的规定，在一方缔约国的领域内生产的原材料所使用的他方缔约国的原产品，可以视为进行生产的缔约国的原材料（例如，日本马来西亚EPA第29条1款，日本智利EPA第33条）。

24 日本印尼EPA: Annex I referred to in Chapter 2, Schedules in relation to Article 20, Part 1 and Part 3。

起为零关税。[25]因此，日本企业如果从日本出口变速箱，在当地进行生产轿车的话，根据生产开始的时期，在印度尼西亚进行当地生产会比在马来西亚更有利。

FTA除了上述以外还规定了与通商有关的各种事项，企业也必须考虑这些事项。例如，从日本签署的各经济合作协定中规定的“简化通关手续”、“贸易往来文件的电子化”、“相互承认符合性评价”等方面看，向经济合作协定的对方进行投资的日本企业也能享受到不少好处。

b 投资保护

FTA的作用不仅在于关税壁垒的废除和减少，除此之外，对于日本企业来说，直接向签署了FTA的国家进行投资有以下几个作用。

其一，可以加强对投资的保护，特别是在发展中国家，海外投资可能有被国家征收的风险，在决定直接投资对象时，日本企业在投资接受国的直接投资如何受到保护就成为重要的因素。其二，不仅FTA，经济合作协定一般也会规定“投资规则”，即在日本签署
13 的EPA中包括了以投资自由化、投资保护（对征收投资财产的补偿等）相当于“投资协定”的内容，保障了投资的国民待遇、最惠国待遇。[26]其三，除了经济合作协定，虽然数量不多，也有与EPA缔

25 日本马来西亚EPA: Annex I referred to in Chapter 2, Schedules in relation to Article 19, Part 1 and Part 3。

26 例如，在日本马来西亚EPA“第7章 投资”中，在规定了投资和投资人的定义的基础上，还规定了有关投资的内国民待遇、最惠国待遇（小寺彰=松本加代「投資協定の新局面と日本　第1回・投資協定と仲裁」国際商事法務34巻8号(2006年) 982—987頁)。日本智利EPA也在“第8章 投资”中规定了内国民待遇（第73条）、最惠国待遇（第77条）、资金转移的自由（第81条）、征收的限制（第82条）、投资纠纷的仲裁解决（第89条）等。

约国签署两国投资协定（BIT）的情形，此时有必要对经济合作协定和BIT一起研讨。

①“投资保护”还是“投资保护与自由化”

在日本与多个投资候选国之间都签署了经济合作协定和两国投资协定时，需要对彼此之间的内容做比较。《投资协定》大致分为以投资后的投资财产为保护目的的传统的《投资保护协定》，和在投资保护的同时，在投资前阶段保障国民待遇·最惠国待遇，以实现投资自由化的《投资保护与自由化协定》。[27]到2006年为止，日本已同11个国家或地区（埃及、斯里兰卡、中国、土耳其、中国香港、巴基斯坦、孟加拉国、俄罗斯、蒙古国、韩国、越南）签署了双边投资协定，并且在日本签署的各EPA中设置了“投资之章”。[28]与韩国和越南签署的双边投资协议和EPA为《投资保护与自由化协定》，与其他国家签署的为《投资保护协定》。从投资人的角度，当然《投资保护与自由化协定》的签署国作为投资接受国更受欢迎了。据报道，由于日本与墨西哥签署的经济合作协定规定了保障日本投资的国民待遇，结果扩大了日本对墨西哥的直接投资额。[29]

②投资纠纷的仲裁程序

在直接投资时，除了有关投资保护的实体规定外，还需要考 14

27　经济产业省通商政策局编，前引（注2）460—461页。

28　包含投资规定的EPA，除了上述与马来西亚和智利签署的EPA，还在与印度尼西亚（第5章 57—75条）、墨西哥（第7章 57—74条）、新加坡（第8章 71—89条）、菲律宾（第8章 87—107条）、泰国（第8章 90—114条）、文莱（第5章 55—72条）等国签署的EPA有所规定。但是，在日本新加坡EPA中，不包括有关投资最惠国待遇的规定。

29　经济产业省，前引（注6）223页。另外，在决定对墨西哥投资时，由于墨西哥是北美自由贸易协定（NAFTA）成员，还要考虑墨西哥与北美市场的关联性。

虑如何完善与投资相关的纠纷解决程序。在上述各协定中，大多规定了“投资接受国”和私人企业“投资人”之间的纠纷解决方式为“仲裁程序”。将“投资人”和“国家”之间的纠纷交由仲裁机构解决的案件数量，受到陆续涌现出的便于投资企业解决纠纷的案例的影响，从90年代后期开始急剧增加。[30]举一个日本企业利用仲裁的事例，野村证券的荷兰子公司就对捷克进行的投资，根据《荷兰与捷克的投资协定》提起了仲裁，结果是捷克政府的行为被判定为违法，对野村证券造成的损害进行赔偿，这是日本针对政府行为以非日本参加的协定利用仲裁程序判定得到损害赔偿的唯一案例。对该案件有如下令人印象深刻的评析，“如果由没有与捷克签署BIT的日本进行直接投资的话，野村可能完全得不到救济”。[31]仲裁程序结果显示，对于投资企业遭受的损失，投资接受国被命令支付巨额损害赔偿的情况，在各产业领域屡见不鲜，可见仲裁程序是对投资人的一种有效救济手段。[32]但是，并非所有的协定都规定了仲裁程序，例如，日本与菲律宾的经济合作协定虽然包含有关投资的规定，但没有规定仲裁程序。向值得信赖其国内诉讼制度的发达国家进行投资时，仲裁程序的重要性显得并不高，而向无法信赖其国内诉讼制度的发展中国家进行投资时，一般认为向与该国签署的经济合作协定或BIT中规定了仲裁程序的国家进行投资更为有利。

c 派遣驻在人员赴任的便利

15 如果有经济合作协定，从日本向投资接受国派遣驻在人员就可

30 经济产业省通商政策局编，前引（注2）470页。

31 小寺彰=松本加代「投資協定の新局面と日本　第2回・サルカ事件」国際商事法務34巻9号（2006年）1147頁。

32 经济产业省通商政策局编，前引（注2）487—490页。

能比较容易，因为日本签署的EPA通常都有关于“自然人的移动”的规定。[33]与证券投资不同，直接投资时，在设立生产基地等投资之前，一般情况下负责人需要经常访问日本的投资接受国。另外，在开始投资后，特别是工厂开始生产的初期阶段，需要派遣相当数量的驻在人员，通常会在当地停留一段时间，逗留期间家属陪同的情况也不少，而且，为这些派驻人员取得签证等出入境手续时需要大量的时间和费用，对此EPA涵盖了减轻这些负担的规定。比如，日本与新加坡的EPA第9章“自然人的移动”中，对于企业内部的人员调动，新加坡认可向该国投资的日本企业员工（申请许可前被聘用1年以上的）和向该国投资的日本人（投资人），在相当期间（最初2年，再延长8年，还有继续延长的可能）的逗留资格。[34]关于企业内部调职人员的规定内容，视EPA不同而异，例如，对于日本的调职人员，日本与新加坡的EPA比日本与泰国EPA规定的条件有利。[35]另外，投资接受国要求为派驻人员支付养老保险和社会保险费，成为企业的负担，签署了双边社会保障协定的国家就比较受欢迎。

3. 投资接受国与进口国之间自由贸易协定的有无

如果日本企业计划在投资接受国生产的产品，不仅在该国

33　但是，日本马来西亚EPA没有对有关“自然人的移动”单独设立章节。

34　日本新加坡EPA第92条和附件Ⅵ“新加坡对自然人移动的特别约束”第A、B规定。此外，在日本墨西哥EPA、日本泰国EPA、日本菲律宾EPA中，也有自然人移动的规定（東條吉純「地域経済統合における『人の移動』の自由化——越境労働力移動に対する新たな国際的取組の形」RIETI　Discussion Paper Series 07-J-008 (2007年)19—21頁)。

35　参见：日本泰国EPA附件7（第9章关系）有关自然移动的特别约束，第2部泰国的特别约束，第2节企业内部调岗。

销售，而且从该国出口到日本以外的第三国（进口国）销售，这种情况下，在考虑投资接受国时，不能仅仅看日本与接受国
16 之间的FTA，还要优先考虑投资接受国与进口国之间FTA的有无。这属于前述第二类型，即根据双边FTA，在投资接受国生产的产品如果被认定为该国的原产品，在进口国就可以享受关税减免优惠。

因此，如果日本与进口国之间没有自由贸易协定和经济合作协定（如果有，就关税壁垒而言，在海外生产的必要性不大），加之进口国对该产品征收的关税不可小觑，考虑到根据投资接受国与进口国之间的FTA可以免除这些关税，与从日本进口产品相比，从投资接受国进口则更为有利。

让我们设定个更具体的例子来说明，假设日本企业以向欧盟出口汽车为最终目的，在墨西哥和新加坡中的哪一个国家设立生产基地比较合适呢？如上所述，日本已经与墨西哥和新加坡两国分别签署了经济合作协定。因此，如果不区分两个EPA的内容异同，就不能区分两个投资接受候选国的优劣。但是，墨西哥在2000年与欧盟签署了自由贸易协定，[36]而新加坡尚未与欧盟签署FTA。如果在墨西哥当地生产的汽车能通过欧盟墨西哥FTA协定获得欧盟方面的关
17 税免除，对墨西哥的投资就比对新加坡更为有利。不过，在墨西哥

---

36 （Economic Partnership, Political Coordination and Cooperation Agreement between the European Community and its Member States, of the one part, and the United Mexican States, of the other part, OJ 2000, L276/45）（Interim Agreement on trade and trade-related matters between the European Community, of the one part, and the United Mexican States, of the other part）（Decision No 2/2000 of the EC-Mexico Joint Council of 23 March 2000, L 157/10）

进行生产，不一定在当地可以采购到所有的零件，还需要从日本进口一定范围的零件。从日本出口汽车零件，并在投资接受国墨西哥生产汽车中使用时，能得到该国原产品的认证吗？在这里原产地规则是关键。FTA为了向区域内原产品提供优惠待遇，有必要区别第三国产品与缔约国产品，所以规定了决定原产地的原产地规则。根据欧盟墨西哥FTA的原产地规则，为了将在墨西哥国内未完全生产的产品认定为该国原产品，墨西哥非原产材料在国内应该经过“充分制造或加工”，[37]此外，该规则规定了每个产品类别的被视为经过了“充分制造或加工”的条件。例如，汽车类别的原产品认证要件为，所使用的非原产材料的价值不能超过产品的工厂交货价格的40%，[38]因此，在墨西哥生产的情况下，该国原产零部件和当地生产的附加价值之和，如果能超过产品的工厂交货价格的60%，就可以将生产的汽车作为墨西哥原产品出口到欧盟。而且，由于对各种汽车的欧盟关税在2003年1月前完全废除，[39]所以在墨西哥生产的关税为零，比起在新加坡生产更为有利。

相比之下，日本企业如果不是欧盟，而是以向印度出口为最终
目的的话，新加坡2005年6月与印度签署了《全面经济合作协定》， 18

37　Annex III Definition of the Concept of Originating Products and Methods of Administrative Co-operation (Referred to in Article 3) to Decision No 2/2000, Articles 2 and 5, OJ 2000, L 245/955.

38　Appendix II List of Working or Processing Required to Be Carried Out on Non-Originating Materials in Order that the Product Manufactured Can Obtain Originating Status, in Annex III to Decision No 2/2000, OJ 2000, L245/973, 1046 and 1062.

39　Decision No 2/2000, supra note 36, Article 5; Annex I Tariff Elimination Schedule of the Community (Referred to in Article 3), OJ 2000, L 245/2, 396–400.

同意废除对缔约国原产品的关税。[40]因此，只要是在新加坡生产的产品被认定为该国原产品，向印度出口就适用优惠关税，比起与印度没有签署FTA的墨西哥，对日本企业来说在新加坡生产更为有利。

4.分别与进口国签署自由贸易协定的复数国家之间的比较——原产地规则、贸易保护措施、纠纷解决机制

a 原产地规则的差异

①问题所在

投资接受候选国中，与进口国已签署FTA和没有签署的情况不同，如果投资接受候选国都与进口国签署了FTA的，需要比较各FTA的内容。

首先要比较的问题是原产地规则。本来，决定原产地的规则应该是WTO的决策事项，但是，现在的WTO原产地规则协定没有具体的规定原产地规则的内容，另外，关税合作理事会制定的国际规章的作用也是有限的，[41]在这样的国际规则尚未完备的背景下，为了反映各国不同的利害关系，各FTA采用的规则各不相同。实际上原
19 产地规则问题的焦点在于复数国家参与产品生产的情形。[42]如上所

40 India-Singapore Comprehensive Economic Cooperation Agreement (http://www.iesingapore.gov.sg).

41 经济产业省通商政策局编，前引（注2）280—281页。

42 即，适用从A国进口的零部件，在B国进行产品制造的情况下，通过在B国进行生产，赋予该产品B国的原产品资格，这里的关键是，对于进口零部件是否进行了充分的实质性改变。例如，日本的非特惠原产地规则规定，“该产品的生产跨境两个国家以上时，带来实质性的改变，最后进行了赋予新的特性行为的国家”为原产地国家（关税法基本通则68-3-5(1)）。日本·新加坡EPA也有类似的规定，“缔约国进行了充分的改变的产品，为该缔约国的原产品”（第23条）。另外，其判断标准通常是：(a)“税目目录改变标准”，(b)“附加价值标准”，(c)“加工工序标准”，并且每一个产品都有其特定的适用标准［经济产业省通商政策局编，前引（注2）405—406页］。

述，通过与进口国签订FTA在投资接受国进行生产，如果能得到该国原产品的认证，则对出口国的出口有利。因此，如果与进口国签署FTA的投资接受候选国为复数时，在哪个国家更容易取得原产地认证很重要。此外，原产地规则复杂，在计算原材料和产品价格时，为了应对各种不同的情况，各FTA都规定了相应调整的详细规则，这里由于篇幅有限就不赘述了。尽管如此，对于各FTA之间的原产地规则的差异如何影响投资的流动，还是可见一斑吧。以下，假设欧盟和美国作为进口国，分别进行讨论。

②欧盟为进口国时

与日本和欧盟双方都签署了自由贸易协定的国家有墨西哥和智利两个国家。关于欧盟墨西哥FTA协定上面已述，2002年11月，欧盟与智利签署了包括FTA在内的《联合协议》(association agreement)，[43]关于通商方面的规定自2003年2月起暂定适用（以下这些规定称为欧盟智利FTA)。因此，打算以欧盟出口为最终目的，考虑向这两国直接投资时，不得不关注这两国与欧盟签署的FTA的内容是什么。

与欧盟签署的FTA，分别规定了原产地规则。欧盟墨西哥FTA在共同理事会决定的附件III中（以下称为欧盟墨西哥原产地规则）规定了原产地规则（决定3条1款)，[44]欧盟智利FTA在联合协定第58条1款中涉及该协定附件III中（以下称为欧盟智利原产地规则）

43 AGREEMENT establishing an association between the European Community and its Members States, of the one part, and the Republic of Chile, of the other part, OJ 2002, L 352/3; ADDITIONAL PROTOCOL, OJ 2005, L 38/3.

44 Annex III, supra note 37, at 953.

规定了原产地规则，[45]这两个规则采用了相同的框架。

20 也就是说，两个原产地规则都采用一般原则（欧盟智利原产地规则2条，欧盟墨西哥原产地规则2条）来认证缔约国原产品，第一，在缔约国内完全生产的；第二，在缔约国内虽然没有完全生产，但在缔约国内的生产中使用的原材料经过了“充分制造或加工”。前者主要适用于农产品和矿产品，[46]后者的意思是，如果将非缔约国的第三国原产品直接用于缔约国产品时，该产品就不会得到缔约国原产品的认证。[47]

另外，明确了对每个产品进行“充分制造和加工”的意思，欧盟智利原产地规则5条1款和欧盟墨西哥原产地规则5条1款基本相同。除了例外，以普通汽车为例，无论哪一个规则都规定，所使用的非原产材料的价值不能超过产品工厂交货价格的40%。[48]另外，摩托车的原产地规则也相同，假如要发动机排气量50cc以上的摩托车取得原产品认证，第一，用于生产的非原产材料的价值，不超

---

45 Annex III Definition of the Concept of Originating Products and Methods of Administrative Cooperation (Referred to in Article 58 of the Association Agreement), OJ 2002, L 352/935.

46 如果包括从第三国进口的因素，就不会认可缔约国原产品。具体列举了全部在缔约国生产的产品的事例（欧盟智利原产地规则第4条，欧盟墨西哥原产地规则第4条），例如，从缔约当事人的领土、海底取得的矿物、收获的蔬菜、生育饲养的动物、从饲养的动物提取的产品等（欧盟智利原产地规则第4条，欧盟墨西哥原产地规则第4条）。

47 相反，缔约国原产品中直接加入其它缔约国产品时，不影响缔约国原产品的认定。

48 Appendix II, List of Working or Processing Required to be Carried Out on Non-Originating Materials in order for the Product Manufactured to Obtain Originating Status in Annex III, supra note 45, at 1025; Appendix II, supra note 38, at 1046.

过产品的工厂交货价格的40%，同时所使用的非原材料的价值，不得超过所使用原产材料的价值；第二，用于生产的非原产材料的价值，必须满足不超过产品的工厂交货价格的25%要件。[49]

但是，两者的原产地规则并不是完全相同，汽车零部件领域也 21
是，例如，欧盟墨西哥原产地规则关于安全带的规定，使用的非原产原材料的价值不超过产品的工厂交货价格的40%，并且，除了一部分以外，还要求变更非原产材料的关税分类，[50]而欧盟智利原产地规则不要求变更关税分类。除此之外，对于什么是“不充分制造和加工”给予举例说明，排除了对产品不造成实质性影响的行为而取得原产地认证的可能性，欧盟墨西哥FTA和欧盟智利FTA的例示内容并不是完全相同的。[51]

因此，由于FTA是双边谈判的结果，当事国的每个关心点都不得不反映在各个FTA的内容中，因此根据对方国的不同，FTA的内容也有差异。可是，欧盟缔结的两个FTA基本框架相同，综合判断，两个FTA的原产地规则的同一性程度较高，例如，墨西哥和智利作为汽车和摩托车的生产基地，对两国的原产地规则进行评价的话，就没有优劣之分。因此，以对欧盟出口为目的，日本企业在考虑投资接受国时就不需要重视这些FTA，而是应该考虑其他因素。

③美国为进口国时

那么，美国签署的自由贸易协定又是如何呢？从结论来看，与

---

49 Appendix II, supra note 45, at 1026; Appendix II, supra note 38, at 1048.

50 Appendix II, supra note 38, at 1047.

51 例如，欧盟智利FTA规定，“纤维产品的熨烫”［欧盟智利原产地规则第6条1款（d）］，“锋利、单纯研磨或切断”［同条（i）］，都属于“未充分生产和加工”。欧盟墨西哥FTA具体列举了“产品的性质没有明显变更，以水或其他物质进行稀释”［欧盟墨西哥原产地规则第6条1款（b）］，欧盟智利FTA没有具体规定。

欧盟不同，美国的各FTA的原产地规则有明显的差异，对于考虑向美国出口的日本企业来说，FTA的内容差异可能会对其决策产生很大影响。以下，将讨论美国缔结的3个FTA协议。

22 （1）美国澳大利亚FTA

首先是与澳大利亚的FTA，2004年5月签订的美国澳大利亚FTA协定，在第5章规定了原产地规则。[52]根据该规则，原产品是指在当事人一方或双方的区域完全取得或生产的产品（5.1条a），并且在使用非原材料进行生产时，在用于产品生产的每个非原产材料改变了附件中指定的关税分类时，产品满足该区域价值含量（regional value content）时，产品满足附件规定的其他要件，并且符合本章或第4章所规定的其他要件时，可以被认定为原产品（5.1条b）。[53]

其次，每个产品的原产地规则使用附加价值基准时，附加价值的计算原则上使用以下两种方法中的之一（5.4条1款）。第一，Build-down（扣除方法），从“调整后的产品价值”[54]减去“生产产品时，生产者取得且使用的非原产材料的价值（不包括生产者自

52　The U.S.-Australia Free Trade Agreement (http://www.ustr.gov/Trade_Agreements/Bilateral/Australia_FTA/Final_Text/Section_Index.html).

53　另外，作为上述规则的例外，即使非原产材料的关税分类不发生变化，有时也可以认定为缔约国原产品，例如，当产品生产中使用的非原产材料的价值不超过该产品调整后的价值的10%时，即使关税分类不产生变化，该产品也应该认定为原产品（5.2条1款）。但是，其非原产材料的价值在适用附加价值标准时，应该包括非原产材料的价值。

54　“调整后的产品价值”（adjusted value）是指，扣减从出口国进口的产品，随着国际运输发生的运输、保险等其他相关服务所需费用、负担或支出后的价值，经过调整的价值（5.18条）。

己生产的原材料的价值）”，除以产品价值，乘以100以百分比表示。与后述的日本经济合作协定原产资格从价百分比的算出方法相同。第二，Build-up（积累方法），“生产产品时，生产者取得且使用的原产材料的价值”除以“产品价值”，再乘以100以百分比表示。

再次，作为例外，汽车产品方面有另行详细规定。据此，第一，考虑附件规定的汽车相关产品的原产地，使用附加价值基准时，附加价值含量基于以下“纯费用方式”计算（5.2条2款）。“纯 23
费用方式”指，“从产品的纯费用中减去‘生产时生产者取得并使用的非原产价值’”，除以“产品的纯费用”，再乘以100以百分比计算的方式。“纯费用”指，从总费用中减去，总费用中所包含的“促销、营销、售后费”、“知识产权使用费”、“运输、包装费”、“不必要的利息”等间接费用（5.18条10款）。[55]第二，附加价值的计算，按照规定的汽车类别，以生产者的会计年度内的平均值进行（5.4条3款），也规定平均值的计算方法（5.4条4款）。

从关税编号8701至8705的轿车、卡车等各种汽车来看，该FTA要求，随着车辆以外的关税分类的变更，附加价值含量根据

55 “产品的纯费用”（net cost of goods）是指，根据所规定的3个方法之一，划分产品的合理费用，进一步规定了每个产品的划分和扣减的具体算出方法（5.18条11款）。另外，“不必要的利息费用”是指，厂商负担的利息费用中，超过当事人适用的基准利息率700个基点的部分（5.18条12款）。同样，“总费用”（total cost）指，在当事人一方或双方领域发生的产品生产所需要的费用、销售费用等，从生产到销售期间所发生的各种费用，以及为产品所发生的其他所有费用（5.18条20款，美国韩国FTA 6.22条）。

“纯费用方式”计算的结果，不低于50%（附加5-A）。[56]

（2）美国韩国FTA

2007年6月签订的美国韩国FTA，在第6章规定了原产地规则。[57]原产地认证的原则与美国澳大利亚FTA基本相同（6.1条1款）。也采用附加价值基准计算方法，同样，基于扣除方法或积累
24 方法进行计算。

与美国澳大利亚FTA同样，美国韩国FTA也将有关汽车产品作为特别规定，但内容与美国澳大利亚FTA不同。美国澳大利亚FTA规定对汽车适用单一规则（“纯费用方式”）（5.4条2款），而美国韩国FTA加入了两种计算方法，也可以选择“纯费用方式”（5.4条3款）。对关税分类8701至8705的各种车辆，不要求变更关税分类，同时，附加价值含量要求，积累方法为35%，扣除方法为55%，“纯费用方式”不低于35%（附件6-A“特定原产地规则”）。这些要求比美国澳大利亚FTA感觉宽松。例如，可以直接比较“纯费用方式”，美国韩国FTA要求的附加价值含量，比美国澳大利亚FTA低15%，这样取得韩国原产品认证就比较容易，这就意味着考虑出口美国的企业，韩国比澳大利亚更适合设立生产基地。

（3）美国智利FTA

再来讨论一下美国智利FTA。美国智利FTA的签署先于美

56　关税编码8701至8705的所属产品，“拖拉机（关税编码8701）”、“车载10人以上（包括司机）的客车（同8702）”、“轿车和其他汽车（包括小型客车和赛车）（同8703）”、“货车（同8704）”、“特殊用途汽车（同8705）”。

57　Free Trade Agreement Between The United States of America and The Republic of Korea (http://www.ustr.gov/Trade_Agreements/Bilateral/Republic_of_Korea_FTA/Final_Text/Section_Index.html).

国澳大利亚FTA，在第4章规定了原产地规则。[58]原产地认证的基本方法与美国澳大利亚FTA相同（4.1条1款），[59]采用附加价值基准的计算方法也相同（4.2条）。但是，对汽车产品没有特别规定，关税分类8701至8705的各种车辆，税则归类改变时，附加价值量按照积累方法计算不低于30%，或者按照原产地认定的要 25
件以累加法计算不低于50%（附件4.1）。在采用同样的计算方法的情况下，所要求的附加价值量比美国韩国FTA低，因此可以判断，考虑向美国出口时，选择在智利生产比韩国更为有利。

④小结

如以上讨论所示，在进口国签署的复数自由贸易协定的原产地规则基本相同时，原产地规则对于投资接受国的决定就是中立的，不影响投资接受国的优劣。可是，像美国那样，与进口国签署的FTA所规定的原产地规则，依对方国家不同而不同，根据内容不同，FTA对方国作为投资接受国的魅力也会随之变化，特别是在投资接受国采购零部件发生困难时，原产地规则的不同，可能会成为选择接受国的重要因素。

其实，日本作为经济合作协定签署国时，原产地的决定基准也是不一样的，[60]但日本签署的EPA的原产地规则基本采用相同框

---

58 United States-Chile Free Trade Agreement (http://www.ustr.gov/Trade_Agreements/Bilateral/Chile_FTA/Final_Texts/Section_Index.html).

59 但是，明确规定，"单纯的组装和包装"或者"产品和材料的性质没有实质性改变，用水或其他物质稀释"，也不能认定为原产品（4.1条2款）。

60 上川纯史「日本の原産地規則の概要——比較分析篇「第1回・原産地規則の構成　序に替えて」貿易と関税54巻6号（2006年）24–25頁。

架。[61]这些EPA和美国的FTA一样，每个EPA都规定了不同的原产资格从价百分比。例如汽车所需要的原产资格从价百分比分别是，根据日本马来西亚EPA协定“附件2（第3章 关税）品目类别规则”，第17部“车辆、飞机、船舶及运输设备”属于第87类“铁道和轨道以外的车辆及其零部件和附件”，车载10人以上（包括驾驶员）的客车（8702）50%以上，“轿车及其他汽车（包括旅行车、赛车）8703”60%以上，“货车（8704）”50%以上。但是，日本印度尼西亚EPA规定，对于上述3种产品的第87类全部，原产资格从价百分比为40%以上［日本印度尼西亚EPA附件2（第3章关税）

---

61 即，原则上，第一，是在该缔约国的领域内完全取得或生产的产品；第二，仅使用来自该缔约国的原产材料，完全在该缔约国内生产的产品；第三，使用非原产材料，完全在该缔约国内生产的产品（日本马来西亚EPA第28条1款，日本墨西哥EPA第22条1款，日本印度尼西亚EPA第29条1款，日本智利EPA第29条1款）。第一和第二相当于EC的原产地规则的第一种类型，第三相当于第二种类型。另外，第三的情形，根据附件，产品类别的要件主要由附加价值标准规定，规定了每种产品应符合的原产资格从价百分比。但是，使用附加价值标准时的原产资格从价百分比的计算方法，依据EPA的不同而不同，有“扣减方法”（日本墨西哥EPA第23条2款，日本马来西亚EPA第28条4款，日本印度尼西亚EPA第29条4款），还有在“扣减方法”和“累加方法”中选择其一（日本智利EPA第30条1款）。“扣减方法”指，从“欲取得关税免除的产品的FOB价格（船上交货价格）”中，扣减“该产品的生产所使用的所有非原产材料价格”后的价格，除以FOB价格，再乘以100，以百分比来表示。FOB价格为10万日元，生产所使用的进口材料价格假定为4万日元，那么其原产资格从价百分比为60%。总之，原产资格从价百分比是指，产品价格中所占国产材料价格、产品生产所使用的人工成本、厂商的利益的百分比，百分比越高，生产国原产的认定越难，换言之，向生产国出口高额的零部件，仅仅是组装模式，在生产国就得不到原产品的认定。

品目类别规则］。[62]在马来西亚和印度尼西亚中哪一国更容易取得原 26
产地认证，一目了然。因此，对于打算向日本出口的美国和欧洲企业来说，在考虑投资接受国时，研究日本签署的EPA原产地规则应该是必不可少的工作。

如上所述，由于每个协定所存在的原产地规则的差异，使投资和贸易的流动变得曲折复杂，客观的看，区域通商协定实属世界贸易体系的弊端。[63]因原产地规则的不同所产生的经济效果，在日本企业考虑投资接受国时，实际上会带来多少影响尚不明朗，但的确
会带来一定的经济效果，可是，是否已经达到可以左右企业决策的 27
程度，还是仅仅停留在可以忽略的范围内，还取决于在考虑投资接受国时的其他要素，况且该产业领域和每个企业的性质和特征都不尽相同。然而，对于任何企业来说，都不会对原产地规则的研究置之不理。

b 贸易保护措施的限制——反倾销措施

①问题所在

原产地规则的差异，是决定投资接受国时应该考虑的最大因

62　同样，日本泰国EPA也对上述3种产品以原产资格从价百分比40%以上为要件［日本泰国EPA附件2（第3章关系）品目类别规则］。日本墨西哥EPA的规定更为严格，对“车载10人以上的汽车（8703）”为65%，对其他汽车（包括小型客车和赛车）（8703）中的雪地行驶车辆和高尔夫球车为50%，此外的车辆为65%以上，“货车（8704）”为65%以上［日本墨西哥EPA附件4（第4章关系）品目类别原产地规则］。

63　William J. Davey, Regional Trade Agreements and the WTO: General Observation and NAFTA Lessons for Asia, Illinois Public Law and Legal Theory Research Paper Series, Research Paper No. 05-18, 16-17 and 23 (November 30, 2005) (http://ssrn.com/abstract =863846).

素，但是比较的对象不仅如此，需要研究的课题还有，投资接受候选国签署的FTA中，关于反倾销税、保障措施等贸易保护措施是如何规定的。关于贸易保护措施和进口国征收反倾销税，在过去的日子里对日本企业出口造成的巨大影响仍然记忆犹新。贸易保护措施规则的差异，也可能影响投资对象的决定。如果投资接受国和进口国之间的FTA排除并限制发动贸易保护措施的话，FTA就要对从投资接受国的出口，向在投资接受国进行生产的企业提供更加稳定的环境。因此，与进口国签署FTA的投资接受候选国为复数时，就要关注贸易保护措施规则。应注意贸易保护措施的多样化，由于篇幅有限，以下仅讨论几个具有代表性的反倾销措施规则。

②反倾销措施的排除与限制

第一，FTA有废止适用反倾销措施的条款，例如，2002年签署的新加坡和欧洲自由贸易联盟（EFTA）之间的FTA（2003
28 年生效）明确规定，互不适用反倾销措施（第16条）。[64]考虑到征收反倾销税经常作为保护国内产业的手段被滥用，将这些内容加入投资接受候选国与进口国缔结的FTA中，对候选国是有利的条款。

以下以智利签署的FTA为例具体说明，一个国家缔结的FTA中有的包含排除贸易保护措施，有的不包括。如上所述，美国智利FTA允许征收反倾销税，而加拿大智利FTA对相互排除反倾销措施

64　川島富士雄「地域経済統合におけるダンピング防止措置の適用に関する規律——横断的比較を通じた規律導入の条件に関する考察」RIETI Discussion Paper Series 06-J-053 (2006年)5–16頁。

达成协议。[65]后者的FTA对国内产业的保护，是通过保障措施，而不是反倾销措施。因此，考虑出口智利时，在加拿大设立生产基地比美国更为有利。另外，智利在南方共同市场（Mercosur）和墨西哥的FTA中也排除了反倾销措施的应用，在这种情况下，从智利出口美国恐怕受限，只好转向其他国家。[66]其实，许多FTA并没有排除反倾销措施，如日本缔结的经济合作协定都没有规定排除反倾销措施。[67]

第二，虽然没有直接取消反倾销措施的适用，但是在FTA中强化了WTO反倾销协定的现有规定。例如，新加坡新西兰EPA（2001年生效），对产品倾销价格的微量倾销幅度（de minimis dumping margins）提升到5%，并且对来自对方国家的可以忽略不计的倾销进口产品数量提升到进口国中同美产品进口的5%，比

65　美国智利FTA确认了两国维持适用反倾销措施、关税抵消的权限（United States-Chile Free Trade Agreement, supra note 58, Article 8. 8.）。另一方面，加拿大智利FTA相互协商同意，自协定生效日起，对反倾销法的对方国原则上不适用［Canada-Chile Free Trade Agreement, Article M-01, http://www.dfait-maeci.gc.ca/tna-nac/cda-chile/chap-m26-en.asp; Andrea Miller, The United States Antidumping Statutes: Can a Trade Agreement with the United States be both “Free” and Fair? A Case Study of Chile, *54 Cath. U. L. Rev. 627-660* (2005)］。

66　另外，韩国EFTA之间的FTA规定，不排除采取反倾销措施，但是，“缔约国应相互努力抑制反倾销程序的开始，为了找出相互可能接受的解决方法，应该与对方国进行协商”（2.10条1款）（Free Trade Agreement Between The EFTA States and The Republic of Korea, http://www.efta.int/content/free-trade/fta-countries/the-republic-of-korea）

67　经济产业省通商政策局编，前引（注2）280—281页。

29 WTO反倾销协定规定的启动条件更加严格，[68]这样，在两国之间就很难启动反倾销措施。还有韩国新加坡FTA也没有明确规定反倾销协定，只是规定了“禁止归零”“从低征收原则”。[69]

③小结

与进口关税不同，FTA当然不应该排除在缔约国之间适用贸易保护措施。但是如上所述，FTA中有不少限制和禁止缔约国之间发动贸易保护措施的规定。在进口国签署的多个FTA中，既有排除或限制启动贸易保护措施的FTA，也有非排除和限制的FTA，在两者并存的情况下，从企业的立场来看，选择签署了前者FTA的国家作为投资接受国更合适。因此，贸易保护措施规则的差异，与原产地规则的差异同样，有可能转变投资流向。

c 纠纷解决机制

最后，在决定投资接受国时，还要关注FTA规定的纠纷解决机制的差异。

许多FTA将WTO的法定义务作为FTA的义务写入协定，而且也会考虑到与WTO的法定义务的一致性。例如，日本新加坡经济合作协定，再次规定（该FTA 13条）了关税及贸易总协定的国民待遇规定（GATT 3条），并强调在该FTA的任何条款，都保持与

68 Agreement between New Zealand and Singapore on a Closer Economic Partnership, Article 9 from the website of New Zealand Ministry of Foreign Affairs and Trade (http://www.mfat.govt.nz/Trade-and-Economic-Relations/0--Trade-archive/0--Trade-agreements/Singapore/o-cep-part1.php)；川岛，前引（注64）12—13页。新加坡·约旦FTA同样也规定了更为严格的条件。

69 Korea-Singapore Free Trade Agreement, Article 6.2 (http://www/iesingapore.gov.sg/wps/portal/FTA).

WTO法的一致性。[70]因此，发生FTA纠纷的同时又成为WTO纠纷，这种事态的发生是不可避免的，其结果是，对于实际上相同的贸易纠纷，FTA和WTO两个纠纷解决机制同时浮出水面，当同一纠纷 30
以不同的纠纷解决机制进行审理时，法律规范如何统一解释就成了难题。因此，许多FTA为了避免不同机制对同一纠纷做出重复判断的事态，承认纠纷当事国有对WTO程序或FTA程序的选择权，同时规定一旦做出选择，被选中的纠纷解决机制具有排他性的管辖权。这方面的FTA典型案例是“北美自由贸易协定”、东亚的FTA和经济合作协定中采用的类似规定（例如，日本新加坡经济合作协定139条）。据此，虽然可以回避对同一纠纷的判断发生矛盾，但是不能保证双方纠纷解决程序的判断对该义务的解释保持一致。因为存在其他纠纷所包含的相同论点被不同的程序进行审理的可能，不可避免的会形成相互矛盾的判例。[71]

纠纷解决机制是面向国家的纠纷解决，首先不影响企业的经营活动。但是，如果对同一案件的判断发生矛盾，该国只能服从其一，致使该国在法律上处于不稳定状态，其结果会对企业活动造成影响。关于这个问题，欧盟积极回避发生矛盾而签署的FTA备受关注。例如，欧盟智利FTA规定，如果纠纷的对象在FTA上的义务与WTO实质相同，在没有异议的前提下，缔约国应该利用WTO的纠纷解决机制［欧盟智利FTA 189条4款（c）］。根据该规定，排除了形成FTA与WTO相互矛盾判例的可能性。

不过，与原产地规则和贸易保护措施的规定不同，只要FTA纠

70　須網隆夫「東アジアにおける地域経済統合と法制度化」日本国際経済法学会年報13号（2004年）199頁。

71　同上书，200—201页。

31 纷解决程序的利用像现在这样很少，因纠纷解决程序的差异所发生的问题，在理论上就是可能的，实际上企业还没有必要考虑FTA纠纷解决程序问题。

五、结语

由于许多自由贸易协定和经济合作协定由双边签署，贸易投资的流向迷雾难解，如上所述成为“意大利面碗现象”，受到国际经济法的关注。但是，只要WTO的现状没有变化，世界各国今后将继续积极利用FTA和EPA。而且，与WTO一样，FTA和EPA既然构成了世界通商的法律框架，企业就应该利用这个框架进行自己的经济活动，特别是在决定直接投资对象时，利用“意大利面碗现象”寻求更有利的投资条件。

目前为止，日本企业在决定直接投资对象时，重视以劳动成本为首的生产所需各种费用、劳动者的技术能力、消费市场的规模等因素来研究投资接受国的适当与否。但是今后，仅仅这些还不够，还需要综合考虑FTA和EPA国际通商法律框架。本文虽然只研究了其中的部分论点，但可以看出日本企业应该充分综合探讨FTA和EPA的必要性。

须网隆夫 / 早稻田大学大学院法务研究科教授 · 律师

第二章　涉外企业法务视角的反垄断法理论新发展与实践考察

田村次郎

随着反垄断法执行力的强化，特别是对核心卡特尔的严厉打击，课征金减免制度的引入，反垄断法的企业法务迎来了新的发展阶段。本文将以全新的视角，对反垄断法在国际贸易中的适用，国际卡特尔第3条的适用问题，标准化、业务合作等经营者之间的共同行为，以及私人垄断、不公正交易方法等问题，围绕着具体事例进行研讨。

34

一、引言

迄今为止，在日本的涉外法务中，与其说涉及国内反垄断法方面的案例并不多，倒不如说，日本企业在国际贸易中，对海外竞争法（特别是美国反托拉斯法）更敏感。

但是，随着反垄断法修正案的实施，很多企业越来越关注反垄断法的合规问题，特别是2005年开始相继揭露的大型串标案件，例如对桥梁投标串通、防卫装备厅投标串通案件的揭露，使人们逐渐开始认识到串标是性质恶劣的违法行为。[1]曾几何时有那么一部分人暗自认为串标虽恶，无奈环境使然迫不得已，现在，这种认知已经发生转变。随着社会认识的变化，公平交易委员会强化了对核心卡特尔的限制，这就意味着对国际卡特尔也同样会采取更严厉的应对措施。

再则，随着课征金减免制度的引入，[2]海外企业对日本反垄断法

1　根据课征金减免制度，随着远离违反行为的奖励措施，将会促进企业内部的违法行为发现和检举制度的完善。此外，在检举违法行为的同时，“没有采取必要的纠正措施”的法定代表人也将成为处罚的对象（第95条的2、第95条的3）。因此，今后，宽恕政策和检举制度将促使企业构建完整的合规体制。参照铃木孝之「課徴金制度の見直し」ジェリスト1294号（2005年）15頁。

2　关于修改独禁法的概要，诹访圆贞明『平成17年改正独占禁止法——新しい課徴金制度と審判・犯調査制度の逐条解説』（商事法務、2005年），以实务的视角进行了详细的论述，参照独占禁止法实务研究会「改正独占禁止法——実

重要性的认识与日俱增。可以预见，今后跨国公司申请日本的课征金减免制度，将和欧美一样成为重要选项。特别是减免制度的申请 35
事出紧迫，在涉外法律服务中，对于来自外国企业的课征金减免制度方面的咨询，需要迅速应对。

另外，除了串标和核心卡特尔，外国企业参与不正当交易和私人垄断等非核心卡特尔的违法行为与日俱增。可以想见，外国企业比较和参照外国、特别是欧美的竞争法，对日本反垄断法、公正贸易委员会的规制手段和法解释，提出异议的情况会增多。这就要求我们，在涉外法律服务中，要从比较法的视野来充分理解反垄断法。

如上所述，在企业法务，特别是涉外法务中，围绕反垄断法的纠纷会越来越多，同时来自海外的咨询和商谈也会随之增多。[3]因此，本文将概观在涉外法务中易引起争议的反垄断法的各种问题。特别是至今为止争论较多的问题，诸如域外适用、反垄断法第6条，最近也发生了很大的变化，以下将对这些问题进行整理，探索今后在涉外法务中如何适用反垄断法。

務家の視点から」NBL825~831号（2006年）。根据课征金减免制度报告，2006年1月至3月有26件，「平成17年度における独占禁止法違反事件の処理状況について」（平成18年5月31日、構成取引委員会報道発表資料）。

3　最近，涉外法务和企业法务的分界线越来越模糊。实务中强烈要求，涉外法务能够用“英语”恰如其分地解说日本的独占禁止法。可谓“说者容易行者难”，比如，关于不公正交易方法规制的现状，需要有日美双方的竞争法的专业知识，以比较美国反托拉斯法的视角进行说明，如何用英语恰如其分地表达才是关键。

二、反垄断法适用于国际贸易的基本框架

1. 反垄断法修改前对国际贸易的运用

反垄断法对国际贸易的运用，迄今为止并不是根据第3条和第19条直接进行域外适用，而是通过第6条进行规制。追其理由，可能是因为曾经存在过国际协定和合同需要事先申报制度（旧法第6条2款），并且为了回避直接适用第3条和第19条而发生争议，适用规制国际协定的条文第6条更为简便的缘故吧。可是，如今一般认为域外适用不必使用第6条，直接使用第3条和第19条就足够了。

36 既然现在事先申报制度已经被废止，还有必要讨论第6条本来的存在意义吗？那么，第6条存在的意义所在，间接域外适用又是指什么呢？请看如下观点。在限制包括在日本没有营业场所的外国经营者在内的国际不正当竞争行为时，根据第6条，只能指定该合同的一方当事人日本经营者作为收件人，可以采取禁止缔结该协定的限制措施。通过这种间接域外适用，即使在对于外国企业无法有效送达的情况下，也可以对其适用反垄断法。

37 关于间接域外适用，有著名的丹麦诺波公司案。[4]丹麦的诺波制药公司与日本天野制药公司签订了引进洗涤剂原料名为“阿乐卡

4 最高裁判所判决（以下简称“最判”）昭和50年、1、28民集29卷10号1592页。

拉美”（碱性蛋白酶）的长期供货合同。合同规定，日本天野公司在合同终止后不得生产和销售与该碱性蛋白酶相竞争的产品，因此违反了反垄断法。由于本案的劝告审决是以违反第6条1款为由，以天野制药为收件人而作出的，所以天野制药以合同利益受到诺波制药的侵害为由，提起了撤销该审决之诉。由此，间接域外适用的论点引起了社会的关注。

判决显示，劝告审决既不能约束收件人以外的第三方，也不能 37
确定收件人的行为属于反垄断法违法行为，而是天野制药自愿承诺劝告而终止合同，“应该理解为天野制药自愿单方因不履行债务而终止合同，并不是审决强制的结果。”[5]

但是，从程序适当的观点来看，应该承认诺波公司原告适格，在审决阶段就向诺波公司送达劝告书，让其直接参与程序。[6]由于在该案件的当时，对在日本没有营业场所的外国经营者的文书送达规定尚不完善，而影响了判决。2002年修改后，根据该法第69条3款准用民诉法第108条，公示送达规定（第69条4款1项2号、3号）也得到完善，如今原则上不能以送达不完备为由，而采用间接域外

5　但是，劝告审决要求以违反独占禁止法违法为由而终止合同，鉴于刑法对审决的遵守是强制性的（第90条3项），所以很难说是天野制药自愿终止合同。另外，有关独占禁止法条款所规定的不履行也不大可能成为债务不履行的损害赔偿对象。

6　参见根岸哲，《经济法讲座第2卷》，133页。但是，不可忽视当时的背景是，因合同中有外国经营者不公平竞争的内容，出于救济日本经营者的初衷，才以第6条为依据进行规制。参见川滨升、濑领真悟、泉水文雄、和久井理子，《基础经济法》（有斐阁，2002年）267页。

适用。[7]

出于上述观点，就会对第6条存在的意义产生疑问。可是，第6条规定“经营者不得在国际协定和国际合同中有与不正当交易限制或不公平交易方法相关的内容”，因此，其适用范围有时比不正当交易限制更广。[8]关于这一点，也有学者从立法论的角度质
38 疑。[9]不管怎么说，如今即使是以外国经营者为违法行为人的反垄断法案件，一般都是以外国经营者为收件人直接适用第3条、第19条。[10]今后，如果揭发国际卡特尔案件，请不要拿出第6条，而是直接适用第3条就可以了。这就意味着第6条实际上正在失去存在的意义。

---

7 但是，由于有一些问题尚待解决，公示送达能否保障外国经营者的程序适当问题，民事诉讼法108条要求受公正交易委员会的委托，如何完善有外国送达权限的“管辖机关”还有待解决，所以第6条依然有存在的意义。参见《经济法讲座第2卷》，130页。

8 参见前引书籍（注6），《基础经济法》（有斐阁、2003年）265、268页，丹宗晓信、岸井大太郎编《独占禁止程序法》（有斐阁、2002年）381页。即这关系到，日本的经营者在国外参与外国市场不正当竞争的行为时，是否可以根据第6条限制国内的经营者在国外参与卡特尔。此时，第6条的“国际协定和国际合同”要求必须是国内经营者与国外经营者之间的涉外合同，由于没必要理解为必须是对国内市场有影响的协定，理论上可以适用独占禁止法。例如，有一个对维生素厂商警告的案例，对其日本市场限制竞争的同时，也对其世界和地区的海外市场进行限制，根据第3条和第6条给予警告（http://www.jftc.go.jp/pressrelease/01.april/010405.pdf）。另外，虽然与域外适用的论点没有关系，但日本的经营者在国外进行对日本市场有影响的不正当竞争行为时，当然应该适用独占禁止法。此时，需要根据执行合作协定等请求外国反垄断当局的配合。

9 白石忠志《独占禁止法》（有斐阁、2006年）356页。

10 微软（非讼事项）案件（2004年9月1日开始审理）中，其被审人为美国的微软公司。

2.关于域外适用的效果原则

一般认为竞争法是维持国内竞争的法律，其适用的中心仅限于国内。但是，随着经济的全球化，经常发生海外的限制竞争行为对日本市场造成恶劣影响的事例，比如，国际卡特尔就是一例。此时，对于在国外发生的限制竞争行为，如果涉及对日本市场造成恶劣影响的，也有必要适用反垄断法。这就是所谓反垄断法的域外适用问题的论点所在。[11]

首先，如果对外国经营者在国外的行为适用反垄断法，有侵犯外国政府主权之嫌。这个问题不仅是反垄断法的问题，也关系到国际法上的国家管辖权问题。[12]今后，随着中国等发展中国家的竞争法不断完善，国家管辖权问题作为通商纠纷的一环有可能会引起争议，[13]但是，当下，恐怕涉外法务直面的是外国企业送达程序层面的问题。[14]

下面，让我们概观传统国际贸易中反垄断法的事例，再从国际贸易的视角来讨论涉外实务中可能发生的问题。

法的域外适用（国家管辖权）一般指，“国家对本国领域以外

---

11 最近，出现了怀疑这个域外适用问题的观点。白石，前引书籍（注9）355页。

12 现在，虽然已经签订了执行合作协定，但是在海外进行正式调查仍然有各种各样的困难。例如，在没有签订执行合作协定的情况下，如何处理与外国政府、外国的竞争法执行当局的协调、外国企业的合作程度、以及外国经营者的合法手续的保障等具体程序上的法律问题等，在实际业务中悬而未决。

13 世人瞩目的中国反垄断法于2008年8月1日实施。随着与日本经济关系密切的中国反垄断法的实施，可以说国际贸易反垄断法的适用问题更加重要。

14 参见白石忠志監修、西村常磐律师事務所、長島大野长松律师事務所編『独占禁止法の争訟実務——違反被疑事件への対応』（商事法務、2006年）155頁。参见鸠饲惠子編『独占禁止法実務の手引き』（判例タイムズ社、2006年）12頁〔横手哲二〕。

39 的人、财产和行为行使国家管辖权”。[15]通常，国家管辖权可以划分为国内法适用范围的立法管辖权和程序管辖权（强制管辖权）。

关于立法管辖权，仅对本国领域内发生的行为适用国内法的称为属地原则；只要部分行为发生在国内也可以适用国内法的称为客观属地原则；即使行为发生在本国领域以外，即使是外国经营者在国外发生的行为，如果这种行为对日本市场产生直接的、实质性的[16]排除或者限制竞争的效果和影响，就可以适用反垄断法的称为效果原则。

对于这个问题，日本公正交易委员会首先要看，虽然外国企业没有在日本国内设立分公司和子公司，但是，其在海外的限制竞争行为是否对日本市场产生了实质性的效果和影响，然后考虑国际礼让，对日本和国外造成的影响。[17]这些考虑基本源于效果原则，现实中，部分违法行为发生在日本国内或者可以视为发生在日本国内的案件就可以适用反垄断法。[18]

在曾经的审决案例中，日本光学工业株式会社在向旧金山所在的Overseas公司授予有关日本光学工业的光学设备全部产品的独家销售权时，在签订的合同中规定，日本光学不得销售本产品，Overseas公司不销售日本光学以外的其他厂商的光学产品，因此引发反垄断法问题。[19]本审决案中判断，“由于对日本国内和日本的国

15　参见根岸哲《经济法讲座第2卷》136页。

16　参见前引书籍（注8）392页。

17　参见山田昭雄、大熊まさよ編著『流通取引慣行に関する独占禁止法ガイドライン』（商事法務、1991年）283頁。

18　参见前引书籍（注9）393页。

19　公正交易委员会审判审决，1952年9月3日，审决集4卷30页。另外与瑞典的Western公司签订了同类合同，公正交易委员会审判审决，1952年9月3日，审决集4卷46页。两者皆为决定开始审理的撤销案例。

际通商造成影响，可以适用反垄断法”。可见反垄断法域外适用的初期，采用的是效果原则。

日本邮船株式会社以及其他经营货运定期航路业务的公司组成联盟，在关于欧洲货运定期航路业务的运输协定中规定，如果由未 40
加盟的船舶航运公司进行货运的话，就要支付损害赔偿金，这一合同条款违反了不公正交易法。[20]日本邮船案件中[21]，虽然合同条款的对象是海外公司在海外的行为，但也是与日本港口的定期航路有关的合同，本案着眼点是妨碍了被审人在日本的业务活动。此外，在小松比赛勒斯案件中，[22]根据电力挖掘机技术合作合同，未经比赛勒斯的同意，不得终止合同，还规定了限制生产和销售竞争产品条款，而且对于技术改进也规定了小松制作所许多披露义务。这种行为是否违反了不公正交易法？本案的着眼点是在日本国内进行了部分经营活动的外国公司，以外国公司为被审人。由此看来，到目前为止，如果部分反垄断法的违法行为是在日本进行的，公正交易委员会将采取以外国人为被审人的客观属地原则，这是因为当时还没有像如今这样的执行合作协定，很难在海外展开调查的缘故。

其后在Nordion案件（公正交易委员会1998年9月3日）中，有关放射性医药品原料钼99的排他性供应合同发生了限制竞争问题。Nordion公司与日本的两家公司约定，这两家日本公司在使用钼99的10年期间，应该全部从Nordion公司购买。由此，将仅次于Nordion公司位居钼99世界第二位的厂商比利时的IRE公司排除在 41

20　「海運業における特定の不公正な取引方法」（1959年公正交易委员会告示17号、2006年废止）。

21　公正交易委员会审判审决1972年8月18日，审决集19卷57页。

22　公正交易委员会程序中止决定1981年10月26日，审决集28卷79页。

日本市场之外。由于从日本的钼99销售领域排除竞争者，构成了实质性的限制竞争，所以违反了反垄断法第3条前段的私人垄断的规定。但是，由于在审决中明确表示本案的合同地为东京市内（见审决集45卷151页），所以既是肯定基于客观属地原则的域外适用案件，[23]也是基于属地原则[24]或者客观属地原则进行判断的反垄断法适用案件。[25]日本反垄断法并没有明确采用效果原则的审决和判例，但是，今后伴随着经济的全球化，公证交易委员会将会对国际限制竞争行为逐步增强规制。今后还要特别注意，核心卡特尔等各种限制竞争行为，并不一定仅限于先进国家的企业。在没有签订执行合作协定的国家所发生的限制竞争，对日本国内也会造成重大影响，对此应该毫不犹豫，只要对日本国内造成影响，即使是外国企业在海外进行的限制竞争行为，也要适用反垄断法。当然，今后在域外适用的实践当中，可以说有关程序问题将是关键所在。

3.域外适用与程序管辖权

如上所述，比起立法管辖权问题在实践中理解程序管辖权的法

---

23 金井贵嗣著『外国事業者の私的独占に対する勧告審決』ジュリスト1152号168頁。

24 在审决中，有从日本国内钼99的销售领域排除竞争者的相关记载，可以理解为限制竞争行为是在日本进行的，本案是基于属地原则适用独占禁止法的。参见吉井文夫＝远藤厚志「エム・ディー・エス・ノーディオン・インコーポレーテッドによる独占禁止法違反事件について」公正交易579号76頁。

25 但是，独占禁止法第15条1款明确规定了，对外国公司之间的合并进行合并审查的可能性，鉴于已经与美国和欧洲签订了执行合作协定，国际执行体制逐渐完善，可以断定公正交易委员会针对日本独占禁止法域外适用的运用，将会向基本采用效果原则方面大大倾斜。参见审决集4卷30页审决集4卷30页根岸、舟田『独占禁止法概説』（有斐阁、第三版、2006年）61—62頁。

律论点更为重要。虽然曾经存在送达规定不够完善的问题，[26]但是，2002年已经得到修正。首先，作为反垄断法域外适用的大前提，让我们从向外国企业的送达开始探讨吧。根据反垄断法，应该送达的文书有排除措施命令书副本（第49条2款），课征金缴纳命令书副 42
本（第50条2款），审判开始决定书副本（第55条2款），审决书（第70条的2），以及公正交易委员会规则要求送达的其他文书（第70条的16）。

通常，如果外国企业在国内有场所、代理店等时，就送达到这些场所等。[27]关于这方面，在日本邮船案件中，以日本营业场所和日本驻在人员为收件人的送达是合法的。但是，在国内没有营业场所的，也可以通过日本代理人，实际上向外国企业送达。在Nordion案件中，由于该公司在日本没有场所，只好向该公司在日本的代理律师送达了文书。但是，这里有一个问题，律师是否有接受文书的权限。由于Nordion公司向律师授予了接受文书的权限，向代理人送达变得可能。并且，Nordion公司认可了这种送达措施，劝告审决才得以进行。另外，如果在日本国内没有送达地址，向外国公司直接送达时，根据第70条之17，准用民事诉讼法第108条，“委托该国的管辖机关或者该国在日本的大使、公使或者领事”进行送达。特别是，向外国公司送达的文书有命令性和强制性后果的，如勒令缴纳课征金等，需要得到对方国的同意，在这种情况

26　由于旧第69条之2，关于外国送达没有规定准用民诉法第108条，所以无法向在国内没有场所的外国公司送达。在法律修改之前，在国内既没有场所也没有代理人的，因为不能送达而导致无法开始审判程序。参见厚谷襄児＝糸田省吾他『条解　独占禁止法』（弘文堂、1997年）246頁。

27　参见前引书籍（注8）395页。

下，只有得到外国同意后才能送达文书。[28]

其次，即使准用民法第108条仍无法送达时，也可以进行公示送达（第70条之18）。无法送达的情况是指“不能根据民事诉讼法第108条的规定”的情形，重点在于即使根据民诉法第108条的规定也“无法送达”。民诉法第108条规定的无法送达的情形指，没
43 有日本外交使节的情形。[29]还有，即使民诉法第108条有规定也无法送达的情形指，因该国发生战争或灾害，在物理上无法送达的情形。[30]在这种情形下，公正交易委员会在公示栏上公示，可以随时向接收人发送送达文书（第70条之18第2款），该公示开始6个星期后，发生公示送达的效力（第70条之18第4款）。但是，由于许多反垄断法违法行为的被审人外国公司，通常在海外都有场所，如果向海外进行送达，一般是准用民诉法第108条进行送达，实际上进行公示送达的可能性不大。

三、近期案例回顾引起注意的几点问题

1. 国际卡特尔

当今，对于严格限制国际卡特尔问题，在先进国家之间没有异

28　参见菅久修一、小林涉著『平成14年改正独占禁止法の解説——一般集中規制と手続規定等の整備』（商事法务、2002年、以下简称、菅久、小林『平成14年解説』）42頁。

29　参见菅久、小林『平成14年解説』46頁。

30　参见菅久、小林『平成14年解説』46—47頁。

议，特别是在美国和欧洲，揭发国际卡特尔已经成为竞争法国际执行的重要支柱。例如，在人造石墨球形电极案件中，美国对美德日7家公司罚金4亿2480万美元，欧盟对美德日8家公司命令支付总额达20亿1880万欧元。还有维生素案件，美国对美国、瑞士、德国、日本、加拿大的11家公司罚款总额9亿1050万美元，EU命其支付制裁罚金98亿5522万欧元[31]。

在日本，至今为止，从国际贸易适用反垄断法的案例来看，对于国际垄断同盟和进出口卡特尔的限制方面堪称一大特色。具有代表性的事例是，日本企业和外国企业的国际企业垄断同盟。例如，在人造丝国际卡特尔案例中，[32]与欧洲企业签订了有关人造丝等化合纤维的限定销售地区、出口数量、最低销售价格的协定，实质上限制了各产品面向该地区出口交易领域的竞争，是有不正当交易限制内容的协议，违反了日本反垄断法第6条1款。顺便提一下，近年来，随着美国和欧洲的限制加强，国际卡特尔活动越来越密室化，导致对其取证、揭发困难重重。最近倾向于通过基于制裁减免制度去促进企业主动放弃卡特尔，从这一制度的利用情况来看，首先到美国的司法部反托拉斯局等相关当局揭发案件的件数，比先到日本公正交易委员会揭发案件的件数要多。[33]这种情况下，对于在美国

31 参见独占禁止法研究会報告書（平成15年10月、独占禁止法研究会）别紙8。

32 旭化成案件（公正交易委员会劝告审决、1972年12月27日审决集19卷124页）、东洋纺案件（公正交易委员会劝告审决、1972年12月27日审决集19卷140页）。

33 反托拉斯法中的大赦制度是在搜查开始前或开始后申报了违法事实时，给予免除刑事追诉的制度。日本的课征金减免制度对调查开始前的第一位申报人（或该企业的高管违法行为人的申报）不进行刑事控告。「独占禁止法違反に対する

和欧洲适用制裁减免制度的国内企业和外国企业，可否域外适用日
44 本反垄断法，命令其缴纳课征金呢？可以说，今后对国际卡特尔域外适用问题的研究非常重要，[34]日本引入课征金减免制度，对于加强国际卡特尔的执行力前进了一大步。关于课征金制度，在涉外法务中有两点非常重要。第一，日本的课征金减免制度，由公正交易委员会作出的减免裁量不被认可，而是依照法定要件决定减免率，这里需要指出的是，没有司法交易（谈判）的余地。[35]第二，还要注意，利用日本国内课征金减免制度时，处理好律师和企业负责人之间制作的文件与美国诉讼的关系。[36]例如，进行了国际卡特尔的日本企业，在利用课征金减免制度时，向公正交易委员会提供的追加信息的文件，需要由律师制作。特别是其中有包含美国国内市场的信息时，根据美国的反托拉斯诉讼证据公示程序，很有可能被命令提交这些信息。因此，公正交易委员会《关于提交有关课征金减免的报告和资料规则》（2005年10月19日公正交易委员会规则第7号）第3条2款，认可了给公正交易委员会的报告也可以口头的方

刑事告発および反則事件の調査に関する公正取引委員会の方針」（公正交易委员会2005年10月7日）。另外，关于该美国制度，参见多田敏明著『米国反トラスト法とコンプライアンスプログラム』大见西一清編『企業のコンプライアンスと独占禁止法』別冊NBL115号（2006年）135頁以下。

34　例如，针对参加维生素卡特尔的企业的警告「ビタミンの製造販売業者らに対する警告について」（2001年4月5日、http://www.jftc.go.jp/pressrelease/01.april/010405.pdf），也警告了参加维生素卡特尔的日本企业。在脚注中，有日本企业接受与美国司法部司法交易的记载。

35　另外，目前，已经公布的适用课征金减免制度的事例只有一件，今后会发生法解释上的问题。因此，随着解释和运用，与非裁量性的关系也可能会受到质疑。参见白石，前引书籍（注9）484—485页。

36　参见（注14）书籍97页以下（川合弘造、森大树）。

式。这个问题在国家卡特尔案件中极其重要，应该引起充分注意。[37]

2.私人垄断案件

关于私人垄断案件，除了上述Nordion案件以外，还有英特尔案件也非常重要。[38]本案中，英特尔公司的忠诚折扣（即，以增加与英特尔的交易，或者只和英特尔进行交易为条件支付折扣），属于限制公平竞争的私人垄断案件。英特尔把每家电脑制造商购买使用英特尔CPU芯片占该制造商CPU购买总数的比例定义为MSS指数（MSS, market segment share），英特尔公司要求日本的5家（在日本市场的占有率达77%）电脑制造商（OEM），厂商生产销售的电脑所搭载的CPU芯片数量中英特尔CPU占有率为100%，不采用竞争厂商的CPU；或者MSS为90%，竞争厂商的CPU控制在10%以内；或者系列产品（生产数量比较多的复数产品群）搭载的CPU一律不采用竞争厂商的CPU。作为回报，英特尔向OEM提供了折扣和资金。这样一来，英特尔的竞争对手AMD和Transmeta的CPU国内市场占有率从2002年的24%降至 45
2003年的11%。本案的被审人虽然是英特尔在日本国内的子公司英特尔株式会社，但是不可否认，其背后与英特尔母公司面对国

37　与此相关，考虑到违法企业的代理人之间的关系也可能存在相互利益冲突，在合同中有必要明确合作的内容，参见（注14）书籍97页。另外，伴随着国际卡特尔的论点，在海外利用宽恕制度有可能引起股东代表诉讼，三菱商事在人造石墨卡特尔事件中，与美国司法部达成量刑协议支付罚金，应诺向卡特尔被害人支付和解金，该公司的股东因此提起了股东代表诉讼［参见三菱商事股东代表诉讼，东京地判2006年5月20日判时1871号125页。还有，长谷川新「判事」ジュリスト1296号（2005年）150頁］。虽然本案请求被驳回了，但是在国际卡特尔的律师业务中，也应该重视这个问题。

38　公平交易委员会审决2005年4月13日审决集52卷341页。

际性竞争展开的市场营销策略相关。

从本案的市场环境背景来看，由于占市场竞争优势的英特尔公司提供了忠诚折扣，电脑制造商出于对英特尔市场的品牌魅力，相继接受了忠诚折扣，再加上接受折扣的OEM的总市场占有率和MSS的100%至90%等交易条件相辅相成，可以判断其市场封锁效果该当“在一定交易领域内实质性限制竞争”。但是，关于忠诚折扣的违法性，各国对竞争法的观点略有不同。[39]特别是美国，在LePage案件之后，[40]在整理关于折扣方面的讨论时，如果像这次英特尔单一产品的折扣该当谢尔曼法（Sherman Antitrust Act）第2条的话，一般认为，以折扣等设定的折扣价格要有掠夺性定价的属性，[41]像日本的英特尔案件这样没有对成本进行认定，就直接判断为限制竞争的私人垄断行为，对美国英特尔来说是难以接受的。[42]尽
46 管这次英特尔应诺了劝告得以结案，但是今后对外国企业适用私人垄断和不正当交易法时，可能会出现外国企业在审判中，与本国

39　有一个短文，川濱升「競争者排除型行為規制の理論的根拠——不公正な取引方法を中心に」(競争政策研究センター第6回公開セミナー資料、2006年6月2日 availeble at http://www.jftc.go.jp/seminar/06/060602os.pdf)。

40　LePage's v.3M, 324F.3d 141 (3d Cir. 2003)。LePage是透明胶带的私人品牌制造商，90年代3M公司进入PB（Private Brank）商品战略市场，当时向大型超市等按照3M公司全部商品的购买量的比例提供折扣，将3M公司的多种产品捆绑销售，由于LePage只销售透明胶带单一商品，无法对抗拥有多种产品的3M公司的捆绑销售。对此联邦控诉审判决认为，3M将本公司多种产品捆绑销售，在透明胶带具有市场支配地位，对该领域唯一的竞争对手LePage造成损害，实属垄断行为，违反了谢尔曼法第2条的规定。

41　Herbert Hovernkamp, Federal Antitrust Policy the Law of Competition and Its Practice, 371. (West Publishing Co. 3rd Ed. 2005)

42　参见英特尔的新闻公告。

法、美国反托拉斯法和欧洲竞争法进行比较，展开对反垄断法的解释和适用的抗辩。另外，从外国企业的谈话和照会事例来看，对于公正贸易委员会的排除命令，通常，即使对日本企业来说没有争议的案子，外国企业也不能接受，可以预见转入法院诉讼的案子会增多。这就意味着，在反垄断法的涉外法律服务中，与外国竞争法的比较法视角非常重要。

3.经营者集中限制

关于经营者集中的反垄断法的域外适用，还没有发生公正交易委员会进行劝告的案例。然而，对于外国企业和国内企业以及外国企业之间的经营者集中案件，是否会适用反垄断法的审查基准，是否会进行域外适用，跨国公司等外国企业却非常关注。开展国际业务的外国企业越来越倾向于事先确认，是否与反垄断法有冲突，将各国竞争法作为合规的一环，在制定国际业务战略方针时，作为企业行动的前提，将日本市场和日本公司纳入视野。

现行反垄断法于1998年修改，关于经营者集中，由条文表述的“国内的公司”修改为“公司”，明确规定了有关外国公司的经营者集中案件的独占禁止法的域外适用。首先，禁止外国公司以取得或者持有日本国内公司的股权，在日本国内，成为过度集中控制经营的公司（第9条2款）。其次，关于银行保险公司议决权保有限制，也要服从外国公司与国内公司同等的规定（第11条1款）。关于市场集中限制，针对公司股权持有的限制（第10条1款）、高管兼职的限制（第13条1款）、合并限制（第15条1款）、共同新设分立和吸收分立限制（第15条之2第1款），以及事业受让限制（第16条1款）等，外国公司也适用于这些限制。但是，在每个条款中，相关国内总资产的规定适用于外国公司时，请注意需要将国内总资产一词换成国内总销售额（第10条3款、第15条3款、第15条之2第5款、16条4款）。

47 另外，与国内的经营者集中案件一样，一般并不进行正式审决，而是通过事先谈话解决问题，这也是日本限制经营者集中的一大特色。因此，出现了许多以非正式程序修正及变更外国企业经营者集中的案例。[43]例如，麒麟啤酒与阿道弗斯·布希的百威啤酒合资项目，公正交易委员会指出，考虑到百威啤酒在日本啤酒市场对麒麟有竞争性和抗衡性，通过合资公司的成立对麒麟的影响力加大，将进一步强化麒麟的市场地位，因而触碰了反垄断法。结果，百威啤酒向公正交易委员会提交了改进方案，列出了在没有麒麟协助下独自开展业务的各种条件，并且规定该合资事业限定期限为10年，降低出资比例等，公正交易委员以同意结案。[44]

还有，日本企业在海外接受营业转让时，也要考虑对日本市场的影响。例如，日本烟草（JT）与雷诺纳贝斯克烟草控股公司（RJR）之间的营业转让，[45]收购RJR子公司的股权、商标权和工厂，全盘接受其在美国境外的烟草业务。公正交易委员会考虑到JT在日本烟草市场占有80%的销售份额，判断随着日本国内竞争者的减少，会影响日本市场的竞争。本案的结果是，JT以不参与RJR向日本国内的出口业务为条件，得到了公正交易委员会的认可。同时，随着反垄断法1998年的修改，第15条1款的适用范围扩大，外国企业之间的合并也需要进行合并审查，这方面可以参考公正交易委

43 前引书籍（注8）387页。

44 参见1993年公正交易委员会年度报告149—150页。

45 参见1999年公正交易委员会年度报告270页。

员会对埃克森与美孚的美国业务合并进行的审查。[46]在本案中，公正交易委员会针对日本国内的石油精炼公司，在原销售公司的原油销售和全部石油产品的销售的两个领域中，是否存在实质性的竞争限制进行了审查。公正交易委员会综合分析后认为，原油市场占有 48
率10%，相对较低，并且考虑到原油供应市场的特性，再则石油产品在日本市场存在有力的竞争对手，判定本案合并不属于实质性限制日本市场竞争的行为。

2005年12月公布的关于Jonson & Jonson收购Guidant Corporation股权[47]的调查报告，针对用于心肌梗塞等原因的心脏冠状动脉疾病治疗的医疗器械制造商收购竞争对手公司的股权，是否对日本市场竞争造成影响进行了分析。在本案中，对心脏冠动脉患者使用的12种医疗器械分别确定其交易领域，其中在10个交易领域中存在有力的竞争对手，以此为据判定不存在实质性的竞争限制。对DES、EVH器械的所属交易领域进行了重点审查，首先，关于DES，虽然当前Johnson & Johnson是国内唯一的供货人，但是也存在计划新进参与日本市场的企业，包括Guidant Corporation，这一点已经审查到了。但是，Guidant Corporation仍然在临床实验阶段，具体何时参与尚不明确，因为存在比Johnson & Johnson更有实力的企业，所以最终判断没有实质性竞争限制。其次，关于EVH器械，本案股权收购的结果将是Johnson & Johnson成为事实上的垄断者。但是这一点，由于Johnson & Johnson在美国联邦交易委员会和欧洲委员会的合并审查时，申明将卖掉EVH器械事业

46 参见1999年公正交易委员会年度报告263页。

47 公正交易委员会报道发表资料2005年12月9日。

的制造和销售部门，从而“反垄断法问题得以解决”。

2006年10月30日公布了株式会社东芝等两家公司收购Westinghouse集团两家持股公司的股权案件，在该案中，公正交易委员会针对提供沸水堆成套设备和压水堆成套设备，对两家公司是否存在潜在的竞争关系进行了审查。公正交易委员会认为，从两家公司交易的情况来看，没有潜在的竞争关系，认可其合并。同时，欧洲委员会和美国司法部也同样进行了调查，欧洲委员会2006年9月19日给出结论认为，本案股权收购虽然有妨碍核燃料供给业务领域潜在竞争之嫌，但是当事人表明可以修改出资
49 合同，最后，以履行解决问题的措施为前提，判定本案没有竞争法方面的问题。美国司法部在2006年9月28日也给予了认可。

如上所述，公正交易委员会今后处理经营者集中案件，将越来越具有国际色彩。这也意味着，在涉外法业务中，有关日本反垄断法的合并审查的照会和谈话会增多，会有越来越多的外国企业向公正交易委员要求合并审查的透明性、要求解释合并审查的内容是如何判断的，特别是与重视美国和欧洲的合并规制相比较，可以说比较法的视野在这个领域更为重要。[48]

4.不公正交易方法

与国际贸易相关的不公正交易方法，过去以第6条为中心，[49]对与知识产权相关的许可合同（技术转让合同）、以及并行进口相关

48　根据『企業結合審査に関する独占禁止法の運用指針』(2007年3月修改)，引入SSNIP基准等，使人们开始关注精致的市场划定手法。参见林秀弥「米国における企業結合訴訟の主張・立証方法について」外国学研究63号（2006年）93頁等。

49　参见前引（注8）384页。

的合同进行规制。[50]关于这一点，在《专利和技术秘密许可协议中的反垄断法指南》中有说明，外国许可人向国内被许可人要求限定转售商品价格等时，属于违反第6条和第19条问题。[51]在实务中，关于合同条款中的竞争品处理禁止条款，[52]参考案例有，对中国长春的企业技术许可合同中设置了禁止在日本生产销售许可产品的条款，[53]还有丹麦诺波公司案，技术合同中规定了合同终止后禁止生产销售竞争品条款，这两个案例属于附带限制条件的案件。另外，最近虽然不太引起人们议论的并行进口问题，作为妨碍交易（一般指定15款）违反不公正交易方法的案例也有许多。代表性的案例有， 50
无线电仪表公司对本公司的血液气体分解装置中使用的清洗液等“试剂”的并行进口进行阻碍，所谓无线电仪表贸易案件。[54]限定转售价格附带并行进口不当阻碍案例，有指定冰淇淋的销售价格同时阻止并行进口的肯德基案件。[55]

对于外国企业适用一般指定第13款的重要案例有微软案件。[56]在本案中，微软在与制造商（OEM）之间合同中规定非系争条款，

50　案件的详细内容，参见前引（注8）388页。

51　第七章第四节二（3）。

52　日本光学事件（Overseas）、公正交易委员会审决（取消审判开始决定）1952年9月3日审决集4卷30页，日本光学事件（Western）、公正交易委员会审决（取消审判开始决定）1952年9月3日审决集4卷46页。

53　旭电化工业事件、公正交易委员会审决1995年10月13日审决集42卷163页，环氧乙烷化学事件、公正交易委员会审决1995年10月13日审决集42卷166页。

54　公平交易委员会劝告审决1993年9月28日审决集40卷123页。

55　公平交易委员会劝告审决1997年4月25日审决集44卷230页。

56　公平交易委员会审判开始决定2004年9月1日。

微软产品的被许可方（OEMs）因许可的MS产品（包括后续产品和交换品）发生专利侵权时，不参加、不请求、不支持向其子公司及其他被许可人提起的专利侵权诉讼，以及其他司法上行政上的程序。[57]这些制造商出于微软公司的平台软件操作系统有压倒性的市场支配地位，不得已只好签订了非系争条款，其结果“压抑了OEM制造商有关AV机能技术开发的欲望，阻碍了我国该技术领域的公平竞争”。目前公正交易委员会已经对本案的微软公司进入审判程序。在本案中，虽然是微软公司方在回避Platform software操作系统发生专利纠纷的风险，但是其结果对OEM也有好处，因此对于公正交易委员会的主张是否得当发生了争论。[58]根据微软对知识产权风险的认知，公正交易委员会对压抑AV技术开发的欲望的
51 主张，认定有可能对AV技术开发领域的竞争有实质性的限制。美国微软公司方从日美竞争法差异的角度进行了反驳，这也是提示公正交易委员会有必要在排除措施命令书和审决书中，对于外国企业反垄断法的解释和适用，要附以充分的可理解的法律理由。[59]

57　特别是非系争条款，许可合同终止后也要在一定期间存续。

58　例如，预见OS可能会普及，对非系争条款作为防止被许可方提起诉讼对策的有效性等提出质疑（http://www.itmedia.co.jp/news/articles/0404/22/news069.htm）。本案在本文脱稿时，下达的审判审决认为一般指定违反了第13款。公平交易委员会审判审决2008年9月16日（http://www.jftc.go.jp/pressrelease/08.september/08091801shinketu.pdf）。

59　这对日本企业也是同样的。另外，这里的意思是说公正交易委员会应该尽到说明责任，对于仅以外国法运用的不同为由而主张判断不当的外国企业，不应该过于顾虑。关于这一点，参见小原喜雄「マイクロソフト社のライセンス契約における特許侵害訴訟禁止条項と独禁法」国際商事法務33巻3号（2005年）310、312頁。

四、结语——反垄断法在涉外法务中的重要性

综上所述，随着反垄断法的修改，预计涉外企业法务的反垄断法相关业务会不断增加。但是，在与现有反垄断法相关的涉外企业法务中，不是适用从前的第6条的问题，而是可以考虑直接对外国企业适用第3条和第19条。其次，随着课征金制度的引入，外国企业想要利用这一制度，因程序等问题，可能会产生新的纠纷，因此，需要随时留意公正交易委员会的动向。

此外，在外国企业参与的所谓非核心卡特尔案件中，比如，不公正交易方法和私人垄断案件，公正交易委员会很有可能会比较和参照日本反垄断法与各国竞争法，以法解释进行反驳。因此，在解释反垄断法时，将会更加重视与美国和欧洲的竞争法相关的比较法观点，这就要求律师和企业法务人员应该更加努力深入研究反垄断法。同时，随着法律实务的不断变化，当然也提醒我们要重视培养法律家人才，这也预示着我们肩负着经济法研究的重大使命。

田村次郎／庆应义塾大学

第三章　企业之间合同规制的国际性适用

小塚庄一郎

世界各国为了保护代理商和经销店，以转包法等法律来确保交易的公正性，这种对遵守合同意思自治原则的企业间合同施加强制性规范的立法例屡见不鲜。对于国际贸易是否可以适用这些法律，法律的性质是否是"国际强行法规则"，这虽然是法解释方面的问题，但是在现实中，每个法律的性质，与其一语破的，毋宁通过立法和解释去逐步阐明。

54

一、问题之所在

合同意思自治原则是指引企业之间交易的最基本原则，对此，除了曾经的社会主义国家的极个别例子之外，是普遍被认可的原则。但是，许多国家与该原则并行，在企业之间的合同关系中介入了强制性规范的各种规则。本章将研讨这种规范在国际贸易适用中的法律关系。

传统的国际私法理论认为，这或许应该是适用公法的问题。如果定性为“公法”的话，其适用关系则非国际私法［对于日本现行法来说，关于法律适用通则法（以下简称通则法）］的对象，而是不管合同的准据法（通则法第7条、第8条）的规定如何，由法规确定固有的适用范围。[1]因此，在这样的前提下，在民事法律关系方面，属于“公法”意义上的法规与日俱增，即所谓的“私法的公法化”倾向。[2]

这里论述的“私法的公法化”是指，当我们纵观传统的私法领域整体时看到，作为“公法”归类的法规开始引人瞩目，而不是具体分析论证各个法规的性质。也可以说，以某种方法是可以对各个法规进行“公法”和“私法”的分类的，此时，并不是将（国内实体法上的）强制性规范全部都划分为“公法”，对这一点毫无异议，

1　山田燎一『国際私法』（第3版，2004年）16頁。

2　道垣内正人『ポイント国際私法・総論』（1999年）73頁，神前祯=早川吉尚=元永和彦『国際私法』（第2版，2006年）324頁以下。

但具体划分“公法”的基准是什么？这只能根据案件的关联性和强制性规范的性质等因素来进行判断。[3]

但是，当我们深入研讨各国法规对企业间交易如何进行规制 55
和介入时发现，不管准据法如何，都明确规定强制适用本国法，进而还得承认该国法院的专属管辖，否定或者限制仲裁协议的有效性等。在此，上述提到的“公法”归类，可以说充分体现了立法者的意愿。另外，当设置的这些规定不能充分彰显政策的力度时，就会通过解释规则和后续立法的形式，由“公法”到“私法”，或者相反由“私法”到“公法”，出现了公私法之间相互转换的情况。这种情况说明，一个法规是否属于“公法”着实一言难以断定。

从以上问题意识出发，本章将列举不同国家的企业之间合同规制的事例，来研究达到何种程度才属于政策性立法（传统用语为“公法”）。为了便于论述，分以下章节详述国际适用关系：首先，在概观所提出的法规的实质性内容的基础上（二、规制的类型），通过规制准据法的选择、管辖协议和仲裁协议，彰显不允许当事人回避适用的政策力度（三、当事人回避的禁止），[4]相反，与其承认合同准据法的适用，不如将其发展为适用于一般私法的法理（四、合同准据法的适用）。最后，总结各国法的观察结果，根据每个法

3　溜池良夫『国際私法講義』（第3版、2005年）359頁，山田・前揭（注1）323頁。在某种程度上属于“公法”类型的有劳动法和消费者法［山田・前揭（注1）324頁，澤木敬郎=道内正人『国際私法入門』（第6版、2006）198頁，关于这个问题，通则法有另行规定（通则法第11条、第12条）］。

4　以强行法规则限制企业间合同的立法，虽说在日本只有转承包法（后述二、2），但在比较法视野下广泛存在，由于篇幅有限，敬请参考本人另一篇论文［小塚莊一郎「事業者間契約の強行法的規律」『前田庸先生喜寿祝賀・企業法の変遷』（近刊予定）］。

规的性质划分“公法”和“私法”，再回过头来考察这种方法是否符合现实（五、结语）。

二、规制的类型

1. 代理商和经销店的保护

对企业之间合同的一方当事人给予“保护”的法律制度中，许多都与流通交易方面有关。典型的例子是，欧洲诸国的代理商保护
56 法。[5]这种法律制度是在1940年以后由各国引入的，目前在欧洲联盟（EU）域内，已经基本上被1986年发布的EU［当时是欧洲共同体（EC）］《欧盟商事代理指令》（以下称为《代理商指令》）统一了。[6]其具有特色的内容是关于代理商合同终止的规定，具体条文是《代理商指令》第15条，无固定期限的代理合同终止时，必须设定通知期限，合同终止时，除非特殊情况，代理商有补偿请求权和赔偿请求权。补偿请求权是针对代理商开拓的新客户给予的补偿，赔偿请求权是代理商因合同终止所蒙受损失的赔偿。代理商能

5　代理商是独立的商人，为了特定的企业（本人）享有持续的交易权限。在日本的商法和公司法中有若干规定（商法第27条以下，公司法第16条以下）。

6　Council Directive 86/653/EEC of 18 December 1986 on the coordination of the laws of the Member States relating to the self-employed commercial agent, OJ 1986 L382, p.17. 日译，柴崎洋一=藤平胜彦「自営商業代理人に関するEC閣僚理事会の指令」国際商事法務18巻10号（1990年）1078頁。

否获得补偿，要根据各成员国的国内法的规定。[7]

经销店以自己的结算从供货商采购商品再转卖给所需要人的，[8]EU域内没有统一的法律制度。但是，也有个别国内立法，如比利时1961年制定的经销店保护法（以下称为1961年法）。[9]该法虽然适用或准适用于无固定期限的排他性的经销店合同（1961年法第1条），但是也有关于解约的规定，除非当事人对方重大不履行，（1）是否设置了合理的通知期限，（2）如果没有给予适当的补偿，就不能解除合同（1961法第2条1款），除此之外，当事人对方有权请求因解除经销合同而带来的损失（1961年法第3条）。

关于在经销合同中限制供货商解约等方面，给予经销店更有利地位的法律制度，在美国也可见。美国的特点是，州立法比联邦法的限制性规定更多一些，并且根据行业的不同而制定了行业规则。联邦立法有，汽车经销商起诉权法[10]和石油销售惯例法[11]，两者都限 57

7　德国、意大利、西班牙等多国采用了补偿请求权，法国采用了赔偿请求权。英国法对于当事人在合同中规定了补偿请求权的给予认可，如果没有达成协议的，发生法律规定的赔偿请求权。参见中田裕康『継続的売買の解消』(1994年) 251—256頁。

8　也称为特许经营店（Vertragshändler; concessionaire）。

9　Loi du 27 juillet concernant la résiliation unilateral des concessions de vente exclusive à durée indéterminée.

10　Automobile Dealer's Day in Court Act, 15 USC §§ 1221-1225. 关于介绍和研究，参见中田・前揭（注7）344頁，行澤一人「継続的取引関係の終了に関する法的(5)」神户法学杂志42卷3号 (1992年) 522頁以下。

11　Petroleum Marketing Practices Act, 15 USC §§ 2801-2806. 关于介绍和讨论，参见小塚莊一郎「継続的売買契約と商標——石油製品の流通契約を素材として」「米国石油フランチャイズ法に関しての一考察」日本工業所有権法学会年報23号 (2000年) 92—93頁，行澤·前揭（注10）529頁以下；若林亜里砂『正田彬先生古希記念・独占禁止法と競争政策の理論と展開』(1999年) 287頁以下。

制供货商终止经销合同。关于允许合同终止的事由，在汽车经销商起诉权法中，被抽象规定为“诚实”（good faith）履行，在石油销售管理法中，针对解约和拒绝更新两种情况分别进行了规定。州立法的限制性规定有，根据行业不同每个州都有不同的限制性规定，比如纽约州，啤酒的供货商（brewer）和批发商（wholesaler）之间的经销店合同，[12]汽车燃汽（汽油）的经销店合同，[13]农机具的供货商（supplier）与经销店（dealer）之间的经销店合同，[14]船舶经销店合同，[15]汽车（包括动力雪橇、以及其他陆地交通工具和私人用舟艇）的经销店合同。[16]其内容多为，禁止供货商没有正当理由解约或其他不公正行为。关于“正当理由”，与联邦石油经销惯例法一样，设置了具体且详细的规定。

以中美和中东为中心的非欧美诸国，没有代理商和经销店的区别，大多情况是将两者作为共同制度赋予保护。例如，危地马拉商法规定，本人和供货商要求解除代理商合同或经销店合同时，
58 除非以正当理由[17]解除，应该对代理商或经销店因此而发生的损失负责（商法典第290条）。[18]阿拉伯联合酋长国（UAE）的代理

---

12 N. Y. Alco. Bev. Con.Law § 55-c.

13 N. Y. Gen. Bus. Law §§ 199-a-199-n.

14 N. Y. Gen. Bus. Law §§ 696-a-696-i.

15 N. Y. Gen. Bus. Law §§ 810-816.

16 N. Y. Gen. Veh. & Traf. Law §§ 460-473.

17 在一定的情况下，视作有正当的事由，有这种规定。

18 Juan Alfonso Solares, Agency and Distribution Agreements in Guatemala, § 2.17, in: Thomas F. Clasen & Joseph E. Puchner (eds.), International Agency and Distribution Agreements, vol. 4 (2005).

商法[19]同样规定，无正当理由不能解除代理商合同（代理商法第8条），不仅如此，还规定代理商在特定地区有排他性权限（代理商法第5条），另外，由于代理商必须在代理商注册簿中注册（代理商法第3条），供货商即使希望有效终止代理商合同，为了注册新的代理商，也要采用合同期限届满、协商一致解约和法院注销令的三个方法之一来注销现有的代理商。

2. 交易公正的实现

日本没用特别针对代理商和经销店的所谓流通行业法规，但是，介入企业之间交易的法规有《转包法》，作为保护中小企业利益的准则发挥了作用。

《转包法》被定位为反垄断法的特别法，[20]与反垄断法规定的不公正交易方法（反垄断法第2条9款、第19条）相比较有以下特点：第一，该法的管辖范围是根据交易当事人的企业规模（资本金或者出资总额）的大小来划分（《转包法》第2条7款、8款）；第二，规定的禁止行为（母公司的遵守事项）具体有11项规定（《转包法》第4条），公正交易委员会有权对其违规行为进行纠正和劝告（《转包法》第7条）。

从企业之间合同规定的视角来看，《转包法》所禁止的行为被

19　Howard L. Stovall, Recent Revisions to Commercial Agency Law in the United Arab Emirates, Arab Law Quarterly 22 (2008) 307. 该法所谓“代理店”（commercial agency）包括，代理商、经销店等无论交易的形式如何，所有流通经营者（根据代理店法第1条定义的规定）。

20　粕渕功編著『下請法の実務』（2006年）11—12頁。虽然法条上没有明文规定（对照《不当赠品类及不当表示防治法》第1条），其理由是，已经被包括在中小企业厅长官的调查和措施请求权限里了。参见铃木满著『新下請法マニュアル』(2004年) 28頁。

划分为两种类型：[21]一个是，有可能违反合同的行为，具体来说有，拒绝接受、支付迟延、减少支付价款以及无理退货（《转包法》第1条4项）。此类行为，如果取得债权人的转包经营者同意的话，在合同法上是被容许的，但是，转包法为了防止被强迫要求同意，因而对合同法的原则加以变更。另一个是，由合同内容的不正当所构成的违规，包括恶意压价、强迫购买、强制使用、要求对原材料等价格进行早期结算、出具难以贴现的票据、提出带来经济损失的无理要求以及要求变更或修改不正当给付内容等（《转包法》第4条1款5项、6项、2款）。尽管限制此类行为的《转包法》规定出于转包交易的特殊性，显然限制了合同意思自治原则。

在海外也有与前述类型同样的保护合同利益的立法，比如EU的《关于制止商事交易中的延迟支付指令》[22]（以下称延迟支付指令），与日本的转包法一样，基于对支付迟延是大企业利用市场优势地位压迫中小企业甚至导致破产的问题认识，规定加盟国有义务采取立法措施以制止迟延支付的发生。但是，具体的保护措施，不是像日本那样将权限赋予竞争当局，而是约定支付日期（对于没有约定的，根据规定认定），过期未付者至少可以在基准利率之上追加7%计收迟延利息，同时认可保留买方所有权协议的有效性（延迟支付指令第3条、第4条）。因此，该指令的国内法化，通常见于
59 民法和民事诉讼法这样的一般私法，比如德国2002年债权法现代

21　此外，法律禁止对检举违反转包法进行报复（转包法第4条1款7项）。另外，关于转包法第4条与民法的合同法理关系，参见川越宪治編著『下請取引の法務』（2004年）64頁以下。

22　Directive 2000/35/EC of the European Parliament and of the Council of 29 June 2000 on combating late payment in commercial transactions, OJ 2000, L 200/35.

化进程中对法定利率规定的修改，对交易对价的迟延利息规定为基准利率[23]加8%（德国民法典第288条2款）。[24]但是，这只是任意规定，当事人另有约定的，从其约定。[25]

与日本的转包法规定的第二种类型同样，也有限制在企业之间的交易中滥用不正当的合同内容的立法例，比如德国民法典采用的一般交易条款（德国民法典第305条以下），就是企业间的格式合同经过历史的演变发展而成，[26]现今格式合同依然经常用于企业之间的合同之中。[27]

另外，澳大利亚的贸易惯例1998年，经过斟酌种种情况后，对于企业之间的交易（对方为上市公司时除外）中的不道德行为进行了认定，设立了禁止性规定。[28]该规定中，对于什么行为属

23　基准利率，每半年根据欧洲中央银行的贷款利率变动（德国民法典247条）。

24　关于所有权保留的效力，在德国法没有什么疑问，认为没必要修改。Helmut Heinrichs, Die EG-Richtlinie zur Bekämpfung von Zahlungsverzug im Geschäfts verkehr und die Reform des Verzugsrechts, in: Reiner Schulze & Hans Schulte-Nölke (Hrsg.), Die Schuldrechtsreform vor dem Hintergrund des Gemeinschaftsrechts, S.99 (2001).

25　参见制止延期支付指令第3条1款d。德国民法典第288条，Kurt Rebmann, Franz Jürgen Säker & Roland Rixecker (Hrsg.), Münchener Kommentar zum Bürgerlichen Gesetzbuch, BGB § 288, Rdn. 28 (Ernst) (5.Aufl., 2007).

26　关于特许经营规制法制定之前的德国判例法，参见河上正二著『約款規制の法理』(1988年) 318頁以下。

27　但是，不当行为清单（德国民法典308条，309条）不适用企业间交易（德国民法典第310条1款）。

28　Trade Practices ACT 1974, sec.51AC. 关于修改的经过，Cristina Cecere, Australia-Section 51AC of the Trade Practices Act: Impact on Franchising Sector, 1 International Journal of Franchising Law 8 (2003); Anne Finlay, Unconscionanal Conduct and Business Plaintiff: Has Australia Gone Too Far?, 28 Anglo-American Law Review 470 (1999).

于不道德行为，法院如何判断，列举了11项内容。[29]根据这些要素推断被认为该当不道德行为时，不仅仅是要求对方停止请求、[30]损害赔偿，[31]还会成为澳大利亚竞争和消费者委员会（Australian
60 Competition and Consumer Commission: ACCC）的执法对象。

三、当事人回避的禁止

1.国际强行法规则与明示规定

（1）明显属于政策性立法

如上二所述，各国的法规中基本上都从不同层面，对当事人之间的合同在某种程度上加以限制，即强制性规定。即使该法规属于强制性规范，但合同是国际性的，如果以他国的法律为准据法时，该强制性规范当然就不能适用于该合同。在这个意义上，暂且不论准据法如何，强制性规范的适用仅限于被承认属于传统语境下的"公法"的情形。强制性规定中的这种分类称之为"国际强行法"

---

29 （1）当事人之间的谈判能力的差距；（2）向对方提出的条件，是否被认为是不合理且不必要的；（3）对方是否理解了有关交易的文件；（4）是否向对方施加了不正当的影响力或压力；（5）同等的交易对价；（6）与行为人对其他交易对象进行的所为多大程度上类似程序；（7）所适用的行业行为规范的内容；（8）其他行为规范中，相信有对方可适用的内容；（9）关于行为的意图和风险，行为人多大程度怠慢了向对方说明情况；（10）行为人多大程度参与了合同条件的谈判；（11）双方当事人多大程度上遵守了诚实信用原则。

30 Trade Practices Act 1974, sec 80.

31 Trade Practices Act 1974, sec 82.

（internationally mandatory law）[32]，具体是否该当国际强行法，要根据每个法规的性质进行判断。[33]

因此，对企业间合同限制的立法有很强的政策性考量，有时根据现有法律的强制性规定，即使以合同准据法选择了他国法律，也 61
不得不适用该强制性规定。此时，由于强制性规定的立法国同时也是法院所在国，法院不必讨论该强制性规定的性质和内容，直接作为“国际强行法”适用。当然，由于主张强制性适用的规定对他国法院没有效力，如果当事人之间协商同意他国法院管辖的话，立法者的政策性目的就可能落空。如果要排除这种可能性的话，不管该合同中有没有管辖协议，本国法院对该合同都要有审判管辖权，这个问题在立法阶段就应该考虑周全。同样，也要考虑设置否定仲裁协议效力的法律规定。

例如，比利时1961年立法，经销店合同终止时，应该保障经

32　传统的国际私法中，税法、刑罚等被称为“公法”的核心，而民商事法领域中的强制性法规范只不过是其外延［在国内法中，“公法”的概念被理解为“有关行政的特殊固有的法”，参见田中二郎『新版行政法』（全訂第2版、1994年）25頁］，扩张到民商事法领域的强制性法规范的“公法”概念，是一种比喻性的用语）。另一方面，“国际强行法规则”用语着眼于强行法规范的性质，根据准据法的选择确立了不可回避的范畴。并且，在日本使用“绝对强制性规范”的用语也很多［法例研究会編『法令の見直しに関する諸問題（1）』（別冊NBL80号、2003年）65頁以下等］。

33　这种观点基本受到国际性认可（例如，关于合同债务的准据法罗马条约第7条），通则法制定之前的日本判例也作为“限定于属地有效的公序”，认可日本工会法的适用（东京地决昭和40・4・26労民16巻2号308頁），作为“绝对的强制性法规范”认可有关职务发明的日本法适用（东京地判平成16・2・24判事1853号38頁）。但是，关于法庭地以外的第三国的强制法规范，可否像法庭地的强制法规范一样被适用，这也是一个问题，从日本的判例中尚没有显示进一步的判断。

销店在比利时法院提起诉讼的权利。[34]限于该规定，管辖协议条款的效力被否定了。另外，虽然没有明确的书面仲裁协议，但根据比利时上诉法院的判例，在仲裁庭适用比利时法的情况下，该仲裁协议被认定为有效。[35]同样，关于各种经销店合同，纽约州法有具体规定：啤酒经销店合同应选择纽约州专属法院管辖；[36]汽车经销店合同选择其他州法为准据法时，那么就等于选择了这个州的法院作为管辖法院；供货商单方要求同意合同管辖条款是不公正行为。[37]阿拉伯联合酋长国（UAE）代理商法也规定，本法所适用的代理商
62 合同由UAE法院管辖，[38]可以理解为是否定了管辖协议条款有效性的规定。[39]

此类立法都是在适用法律时不会适用外国法处理本国民商事纠纷处理的规定，也可以说，从外观上看，不像"公法"更像是民事特别法。但是，从有关国际性适用关系的规定中，清晰可见立法者有意赋予经销店更有利的地位。[40]从内容上看，这不过是政策性立

---

34 比利时1961年法4条。但是，现在，优先适用关于EU诸国之间的民商事判决的承认与执行的布鲁塞尔条约，以及周边国家的卢加诺条约，1961年法4条的意义不大。

35 Ingrid Meeussen, Country Report Belgium: Distribution, sec. 20.3, available at IDI Project www.idiproject.com.（收费数据库）。

36 N.Y.Alco. Bev. Con. Law § 55-c.6.

37 N.Y.Vev. & Traf. Law § 463 (t), (x).

38 UAE代理店法第6条。

39 其宗旨见阿布扎比上级法院判决（Stovall, supra note 19, at 319）。

40 这种政策性意图可以贯彻到何种程度本来就不太明确。通常经销店在合同终止后对请求损害赔偿发生争议，供货方在本国（本州）没有资产时，如果在供货方的本国起诉的话，判决执行也必须在供货方本国，这种情况下，否定管辖协议的有效性而承认本国管辖规定的效力，就会不限于供货方本国法院。

法，其限制性规定有悖于民商法的基本法理。

（2）融合了公法内涵的私法原理

在以明文规定确保在特定情况下适用本国法的立法例中，澳大利亚的贸易惯例法的规定显得稍有不同。该法对所谓域外适用的限度作了明确的规定，该法第四部关于不道德行为中规定，如果行为人是在澳大利亚设立的企业和经营业务的法人，或者是澳大利亚市民和在澳大利亚有经常居所的人时，应该适用本法。[41]由于立法者界定了法律适用的属地和属人的范围，无论不道德行为的合同关系准据法的规定如何，该强制性规定应当予以适用。

贸易惯例法全面禁止卡特尔行为，况且具体负责实施的执法机构又是行政当局澳大利亚竞争和消费者委员会（ACCC），这些规定显现出“公法”的渗透与融合。但是，否定不道德行为效力的立法渊源来自普通法的合同法理，贸易惯例法的规定[42]只不过是将其完善、内容条文化而已。换言之，这就是“私法的公法化”，规定域外适用范围的法律形式是将法理运用到实体法中的具体表现。

2. 依据解释论确保适用 63

当立法者的意图模糊不清，疑惑国内强行法规则是否可以视为国际强行法时，往往以解释论来阐明。例如，危地马拉商法典291条关于经销店合同规定，有关合同终止的纠纷，依据危地马拉民商事诉讼法由法院解决，这条规定能否排除国际贸易合同管辖协议的效力，条文没有明确规定。但是，从本条规定所涵盖的整体内容来

41　Trade Practices Act 1974, sec. 5. 最终，澳大利亚企业受到外国企业不道德行为的影响时，或者澳大利亚企业对外国企业进行了不道德行为时，适用贸易惯例法。

42　Trade Practices Act 1974, sec. 51AC.

解释的话，无论准据法的规定如何，经销店合同规定都要适用国际强行法（public policy law），[43]已经达成的外国法院管辖协议无效，经销店合同纠纷应该由危地马拉法院或者危地马拉国内仲裁解决。[44]

关于EU代理商指令规定的代理商保护，在2000年的欧洲法院判决中，法官认为，代理商根据与EU域外企业订立的合同，在EU域内进行活动，不管合同准据法的规定如何，都应该适用赋予代理商补偿请求权和赔偿请求权的规定（代理商指令第17—19条）。[45]欧洲法院简述道，这是因为该规定的宗旨是保护代理商的利益，所以有必要确保域内经营活动的自由和公平竞争。但是，欧洲代理商以个人居多，现实中经常可见，对代理商的保护就等同于对劳动者（销售人员）个人保护，法官正是基于对这种背景情况的认知，[46]根据代理商指令应该最低限度的保护代理商的利益，作出了本判决。[47]

---

43 Solares, supra note 18, §1.3.

44 Id., §2.15.

45 Ingmar GB Ltd v. Eaton Leonard Technologies Inc. (C-381/98), [2000] ECR-I 9305 (9 Nov.2000). 美国的供货商与英国的代理商案例。详见桑原康行「代理商指令の国際強行法規性」国際商事法務32巻11号（2004年）1530頁。

46 Michael Martinek, Vom Handelsvertreterrecht zum Recht der Vertriebssysteme, ZHR 161, S.74−75 (1997)；高田淳「特約店契約およびフランチャイズ契約の特徴とその解消について」（二）（中央大学）法学新報105巻10＝11号（1999年）109—110頁。

47 作出判决当初，有批判学说，新川量子「国際私法における絶対的強行法規と『法の同化』の限界」, in : Karl Riesenhuber & Kanako Takayama (Hrsg.), Rechtsangleichung: Grundlagen, Methoden und Inhalte, S.407ff. (2006)，至少目前不是批判一边倒了。Vgl. Klaus J. Hopt & Hanno Merkt, Handelsgetzbuch (Beck'sche Kurz-Kommentar), §92c, Rdn. 10 (Hopt) (33.Aufl., 2008).

可是，EU的代理商指令的渊源来自德国商法典的补偿请求权，
经销店合同的终止显然不在该法适用的范围内，一直以来就对是否 64
可以从文义中“类推”有争论。尽管对判断的具体标准有争论，但
一般还是认可将经销店“视为代理商地位”的类推，德国判例肯定
了合同终止时，可以向供货商行使补偿请求权。[48]然而，关于这种
类推方面的案例，在上述欧洲法院判决之后，也有不认可国际强行
法的见解。[49]认可这种类推的国家还有澳大利亚、芬兰、希腊、葡
萄牙，[50]在此基础上，由学术团体公布的《欧洲合同法原则》作为代
理商合同、经销店合同、特许经营合同三种合同的共同规范，也有
这样的规定，即，对合同存续期间一方当事人开拓的客户，在合同
终止时，有权向他方当事人请求补偿。[51]该规定不仅局限于上述合
同，显然也顾及双方当事人权利义务的对称，不是从政策性考量， 65
而是以不当得利为依据。[52]另外，该规定是任意规定，当事人达成

48　关于哪些场合可以“视为代理商地位”，目前的判例，只是超越买方和卖方的关系，将特许经营店纳入流通组织（编入），特许经营合同终止后，要求厂商和供货商等可以利用特许经营店的顾客（顾客转让义务）。参见高田，前引（注46）128页以下。

49　Hopt & Merkt, supra note 47, §92c, Rdn.11 (Hopt); Michael Martinek, Franz-Jörg Semler & Stefan Habermeier (Hrsg), Handbuch des Vertriebsrechts, S.1412 (Oechsler) (2.Aufl., 2003).

50　Martijn Hesselink et al., Principles of European Law, Commercial Agency, Franchise, and Agreements, Article 1: 305, Note 4. 另外，意大利、荷兰、西班牙的经销店合同，还有法国、英国、瑞典的特许经营合同，对合同终止时补偿请求权的类推适用持否定态度。

51　Principles of European Law, supra note 50, Article 1: 305.

52　Principles of European Law, supra note 50, Article 1: 305, Comment B.

其他不同的协议也无妨。[53]

基于上文分析，对于代理商和经销店合同的终止存在相互类似法律制度时，判断是否适用国际强行法规则的基准并不相同。如果任凭解释论的话，就会偏重政策性考量而肯定国际强行法规
66 则，反之接近民商事法一般法理来理解时，就会否定强行法规则。换言之，是否适用国际强行法规则的解释，并不是直接导入法规的性质和内容，而是法院进行的解释和学说，到底何种程度能彻底达到其法制的目的，那要看是否恰好与立法者持有同样的政策性判断了。

四、合同准据法的适用

既然企业之间的贸易以合同意思自治为原则，对企业间贸易的强制性规范，从某种意义上说，多少存有政策性考量之嫌。以民商法一般法理作为理论根据对这类强制性规范进行理解，可以说是“公法的私法化”现象。随着“私法化”的演进，强制性规范作为国际强行法规则的性质渐渐失去，直至成为国内法（实体法）问题，失去了作为强制性规范的性质。

例如，德国法上的格式条款的规制，经过单行法《一般交易条件法》到纳入《德国民法典施行法》的变迁，一直没有将其理解为国际强行法规则（《德国民法典施行法》第34条）。因此，除了该

53 Principles of European Law, supra note 50, Article 1: 305, Comment L.

当消费者交易的特例（现行《德国民法典施行法》第29条、29a条）以外，以德国法为合同准据法时才可以适用。[54]现如今格式条款的规制被编入民法典，定位为民商事法的一般法理，仅限于在合同准据法下适用的意图更为明确。[55]

EU防止延迟支付所呈现的“公法的私法化”现象更为明显。67
制定指令的目的本身，尽管是保护中小企业的政策性规定，但是，由于提高延迟付款的利息和承认保留所有权的效力，这些实现手段选择了纯粹民商事法制度，结果成为可以另行协商的任意法律规范（见上文二、2）。如果规定的延迟利息比法定利率还低的话，就难以达到防止拖欠的目的，要根据具体情况，做出严格的规定以遏制恣意拖欠账款（EU制止延迟支付指令第3条）。

缺乏成文法上的根据，仅以解释论主张的法理来认可“国际强行法规则”，其难度更大一筹。所谓“法理”说辞的背后隐藏着某种价值判断，通常是以民商事法一般原则的内在价值观主张其正当性。例如，日本的案例，韩国的厂商解除了销售代理合同，销售代理根据日本法主张，“在有固定期限的长期供货合同中，规定了自动更新时，除了不得已终止合同的事由（正当事由）外，不得解除合同”，该主张是已经被确定了的法理，这是以保护弱者为目的的“日本公序良俗”。法官认为，即使所主张的法理在现实中是存

54　Peter Ulmer et al (Hrsg.), AGB-Gesets, §12 a.F.,Rdn.12 (Schmidt) (9.Aufl.2001).作为立法时的议论，ハンス・シュトル＝エリーザベト・マルテンス（石黒一憲＝青山善充訳）「国際私法及び民事訴訟法の最近の発展について」日独法学3号（1979年）80—81頁。

55　Vgl. Rebmann et al, supra note 25, §307, Rdn. 265 (Kieninger).

在的，[56]也不应该局限于当事人的属性和立场，应该根据合同关系持续的事实来判断是否该当“公序良俗”，本案难以判断足以称其为“公序良俗”的政策利害。结果，法院以在民法之外不存在保护长期合同的特例法为由，否定了所谓“公序良俗”（通则法42条）的存在。[57]

五、结语

通过调查各国的立法例，我们发现，对企业间的贸易介入强制性规范的立法屡见不鲜。从这个意义上说，的确存在着“私法的公法化”现象。但是，当我们仔细观察各个法规时，不难看出，有的外表看似民商法，实则有极强的政策性考量，还有的原本是民商事法规范，却以竞争法那样的“公法”形式来表现。反之，本来是从
68 政策性考量的角度出发，却以利用民商事法规范为手段，以便达到政策目的等，变化多端。而且，对于在条款文义上没有明确显示出公法还是私法性质的法规，试图通过解释论去释义其多大程度上属于政策性立法，多大程度上基于民商事法一般原理。在国际贸易方面，是否承认即使排除准据法也要适用国际强行法规则的问题，在

56　最高裁判所在持续性经销店合同的解约的有效性争议一案，没有明确说解约是否需要“正当的理由”（最判平成10・12・18民集52卷9号1866頁），所主张的“法理”作为日本判例法存在的本身，就有争论的余地（『最高裁判所判例解説 民事篇　平成十年度（下）』（2001年）1020頁小野憲一）。

57　東京地決平成19・8・28判例時報1991号89頁。

国内法（实体法）的适用方面，是否承认对案件类推适用的问题，这两个问题给解释论提供了运用的机会。

如上所述，解释论时而超越立法者的意图，确定解释对象的法规性质，时而又反向转换。另一方面，即使立法者明确规定了法规的性质，如果当事人在他国起诉或仲裁，积极引用法规，以各种各样的手段进行对抗时，也有可能无法完全实现政策目的。[58]因此，立法（议会）、解释（法院、学说）、诉讼行动（当事人）构成整体，决定某国的政策贯彻的范围和程度。[59]国际贸易强行法规则的适用问题，并不是简单的将各个法规分类为“公法”和“私法”这样的静态工作，而是截取整个过程中某个时间点的断面的动态作业。

小塚庄一郎/上智大学法科大学院教授

58　See Larry E. Ribstein, From Efficiency to Politics in Contractual Choice of Law, 37 Georgia Law Review 363, at 396-400 (2003). 该论文的介绍请参考，森大辅「準拠法選択における当事者自治の経済分析」ジェリスト1350号（2008年）68頁。

59　不是从正面阐述政策的妥当范围，而是以确定连接点的方式确立解释论方面的问题（例如，石黒一憲「国際金融取引と国際私法」、鈴木禄綾・竹内昭夫編集『金融取引法大系　第3巻』（1983年）283—284頁），结果构成了整个过程的一部分。

第四章　租税条约与社会保障协定下跨国交易时的税费负担

宰田高志

在各国相互独立的法律制度下，跨国交易不可避免会发生双重征税和保险费负担，租税条约和社会保障协定的目的就是为了尽可能地防止其发生。租税条约不仅调整纳税人在居住国的外国所得纳税和在外国被征税问题，而且规范在第三国的征税，尽可能地避免在居住国以外被征税，以达到国际避税的目的。

70 # 一、引言

租税是各国政府（或者地方政府）以各种征税形式取得的财政收入，基本上按照各国政府各自制定的国内法来征收。如果各国政府完全不顾及他国，而独自征收的话，就可能出现各国政府对同一交易收入分别征税——双重征税、甚至三重征税的情形，不可避免给国际经济活动造成阻碍。因此，各国政府特别针对所得税，[1]纷纷缔结租税条约以避免双重征税，创造国际经济活动的发展空间。租税条约是由国与国之间通过谈判而缔结的双边特有的条约，目前尚没有统一的国际租税法典。但是，经济合作与发展组织（OECD）通过了OECD税收协定范本，联合国拟定了联合国税收协定范本，实际上各国缔结的双边租税条约基本上都是套用这两个范本建议的条文规则，几乎所有的租税条约至少在主要部分参照了范本的格式。因此，本文拟论述几乎所有的租税条约都套用的范本中的几个主要条文规则。

另外，关于养老保险等社会保障制度，与税金同样，许多国家都有缴纳保险费制度。关于保险费的征收也会与租税条约产生同样的问题，为了避免保险费的双重负担，也需要缔结双边社会保障协定。再则，社会保障制度中，既有保险费的征收一面，也有保险

1 另外，虽然还有日本与美国之间有遗产、继承和赠与租税条约，但是有关所得的租税条约占绝对多数，况且本文以商事法务为主线，以下仅论述关于所得的租税条约。

费的给付一面，所以社会保障协议不仅要调整避免保险费的双重负担，还要调整加入多少年后才可以领取养老金的年限计算。这种社会保障协定将尽可能地避免发生保险费的跨国双重负担，给国际经济往来提供方便。

二、居住国的调整——外国税额的扣除与国外所得的免除 71

通常，以纳税人为该国的居民（纳税人为法人时，以该国法为准据法成立，并实际管理和控制该法人）为由，向该纳税人进行征税（居住国征税）。居住国的征税，如果是针对纳税人在世界范围内的所得的话，对同一所得的征税，就可能出现所得来源国对源于本国境内的所得进行征税（来源国征税）等双重征税现象。因此，为了防止双重征税的发生，租税条约通过外国税额扣除法和外国所得免税法，来调整居住国征税。[2]

1.外国税额扣除法的调整

外国税额扣除法指，首先将纳税人在世界范围内的所得税额纳入计算范围，限于国外应税所得，再扣除国外所得税额，以便消除双重征税的方法。这种方法以全部扣除国外应税所得额为前提，不论是国内所得还是国外所得，其结果都是按照居住国的税率征税，

2　外国税额扣除方式和外国所得免除方式，居住国的国内法也有规定，租税条约大多规定交由国内法调整，但租税条约明确规定如何进行该调整，根据具体情况扩充国内法的规定。

从而保持了资本输出的中立性。日本和美国都采用了这种方法。

扣除法一般不仅扣除纳税人本人所征的外国税款（虽然是针对该纳税人的所得课税，但也包括根据征收来源等他人纳税），该纳税人为法人时，由于该纳税人按持股比例从关联公司获得分红，所以还可以扣除该关联公司（大多是该关联公司的居住国）在外国所
72 征的税款（即间接扣除外国税费）。这个问题在后述的决定海外发展时，以子公司形式还是以分公司的形式，选择哪一种形式对外国税费扣除更有利，前后选项对比平衡利弊非常重要。

2. 国外所得免税法的调整

国外所得免税法指，对于一定额度的国外所得，由来源国征税，在居住国免于征税，从而消除双重征税的方法。这种方法因为仅在所得的来源国进行征税，所以只要是来源于该国的所得，不管是作为来源国的纳税人也好，还是作为来源国以外的采用免税法国的居民也好，都只在来源国征税，从而保持了资本输入的中立性。大多欧洲的国家至少部分采用这种方法。

3. 外国税额扣除的限额

根据外国税额扣除法消除双重征税时，如果对境外已缴纳所得税款无限制全额扣除的话，来源于境外进行高比率征税国家的所得，自然就会冲抵其就境内来源所得应纳的本国税额扣除，从而影响本国税收。显然，为了确保税收，不可忽视这种事态的发生。因此，通常外国税额扣除法不实行全额扣除，而是对境外所得应税额加以一定的限制。

由于存在这样的限额，即使有外国税额扣除，如果在居住国以外的地方纳税超过一定限额的话，从居住国的征税中也无法通过外国税额扣除来收回所附加的税负。因此，纳税人应该了解为什么要

尽可能降低居住国以外纳税的益处。另外，因为外国税额限额的计算不是按照各个国家进行，而是计入国外总所得进行计算，所以增加国外所得就会增加外国税额扣除的额度，在低税率的国家有益于提高所得。再则，因为来源于国外所得还是来源于国内所得，关系到外国税额扣除限额的变动，所以，通常不作为来源于国内所得，而是作为国外所得，则对纳税人更为有利。是否作为来源于国内的
所得，是否作为来源国征税，这虽然是纳税人关注的重点问题，在 73
居住国征税方面，在外国税额扣除限额的计算方面，对征税影响的可能性也很大。

如上所述，由于存在外国税额扣除限额，即使有外国税额扣除制度，对来源国的所得征税过度的话，这种征税过度就难以消除双重征税。另外，如果采用国外所得免除法的话，来源国征税就会成为纳税人的税负。因此，租税条约不但要规定外国税额扣除法和国外所得免除法来调整居住国征税以消除双重征税，还要规定大量的调整来源国征税的条款。以下我们将研讨来源国征税方面的规定和各种所得类别。

三、企业所得税的征收

租税条约规定，只有在居住国以外有常设机构的情况下，才可以对企业所得进行征税，“没有常设机构就不征税”是国际上普遍认可的企业所得征税原则。常设机构指，企业进行营业的场所，他国的居民在该场所开展营业活动，分公司就是典型的例子。关于企

业所得税，通常，交易对方征收来源国企业所得税并非易事，只能依赖申报，由于是跨境企业活动，如果要求开展企业活动所涉及的所有国家，即使没有设立常设机构也必须进行申报的话，势必对企业的国际业务活动造成阻碍。况且，如果对进行企业活动的每个国家，即使没有常设机构也要征收企业所得税的话，与企业所得相关的国家之间就不得不分别切割与己相关的部分，实际上这种切割工作难乎其难。在这样的背景下，所谓“没有常设机构就不征税”的企业所得征税原则得到了普遍认可。

1.是否属于常设机构问题的事例

74 毫无疑问开展分公司等盈利活动的办事处应该构成常设机构，如果以“常驻代表处”为名，设立了仅在所限定的活动范围内开展业务的代表处，这样的代表处是否也属于常设机构呢？通常按照租税条约，专门为本企业进行采购和保管货物、收集信息等其他准备性质或者辅助性质活动的目的而设立的固定营业场所不视为常设机构。因此，在缔结了租税条约的国家设立“常驻代表处”时，如果该代表处仅开展收集信息等准备和辅助性质的活动的话，则该代表处不属于常设机构，设立了该代表处的企业在代表处的所在国，不作为企业所得税的征收对象。[3]但是，现实中很难分得清什么是准备性质的或者辅助性质的活动，虽然没有进行直接产生营利的活动，但这种活动也不尽然是准备性质的或者辅助性质的，比如，销售商品，为了提供售后服务而设立的营业场所，即使售后服务本身不收费，考虑到售后服务是对顾客提供的商品劳务的一个重要组成

3 但是，常驻代表处职工的薪金可能会发生源泉纳税义务和社会保险缴纳义务。

部分，该营业场所很可能被判定为常设机构。因此，想要开设非常设机构的经营场所时，需要慎重考虑在该营业场所开展活动的内容，必须要对开展的活动加以严格限定。

同时，还要关注，另行设立的子公司，虽说是有独立性格的法人形态，也不是没有被当做母公司的常设机构的风险，由于该子公司可能被定位于从属母公司的代理人，因而有可能被作为母公司的常设机构。关于这个风险，待后述5解说。

2.子公司形态与分公司形态的选择

虽说“没有常设机构就不征税”，但也不能光考虑避税而不设常设机构。当今的跨国企业如果不能确保在各国设立固定场所 75
进行常设机构业务活动的话，就很难想象能够跨境开展商务活动。因此，如果有常设机构，至少要向设立常设机构的当地国家缴纳企业所得税，还有一个选择，一个法人公司在各国设立分公司，或者在各国设立子公司，构建企业集团另行设立法人公司。当然，实际上银行业被要求只能以分公司的形式在海外开展业务，除了这种以法律限制只能选择分公司形式的情况以外，通常的选择是在各国构建企业集团另行设立法人。“跨国”企业这一用语是以在不同的国家设立的多个法人的集团为前提，而不是由一个法人构成的企业形态。

至于分别在各国另行设立法人的理由，也可以说在各个国家都有法人的话有益于经营业务，但最终还是税务筹划为了避免常设机构纳税。在一个国家设立了法人，在该国当然就会发生税务申报和纳税，在这个意义上与设立分公司也没有什么区别吧。但是，如果在该国设立了法人的话，可以按照向其他法人支付的交易价格计算应税所得，暂且不论企业集团之间的交易还要考虑后述的转移价格税制的限制，而在分公司的情况下，在同一法人内的总公司和分公司之间的交易或者分公司之间的交易，不会允许按照内部设定的价格计算应税所得。由于不允许在同一法人内按照内部设定的价格计算应税所得，只能按照进行外部交易的总公
76 司或者分公司的交易价格计算应税所得，比起另行成立的法人来说分公司的申报工作更加烦琐。比如，按照特定的商业模式开展连锁店业务的企业，在某国设立这类连锁店时，与拥有该连锁店营业秘密的法人一起另行设立了一家新的经营连锁店法人，向拥有营业秘密的法人支付营业秘密使用费时，虽然受到转移价格税制的限制，但是可以根据该使用费计算经营连锁店法人的应税所得。相反，如果拥有营业秘密的法人直接经营这种连锁店，该连锁店就要作为在所在国的常设机构进行税务申报，尽管同一法人内的总公司与分公司之间的交易或者分公司之间的交易中已经内部设定了使用费，也不能根据该内部设定的使用费进行应税所得计算。因此，该营业秘密的成本只能作为开发、积累该营业秘密的外部费用，在该国连锁店商务活动中存在费用分摊的情况下，该分摊费用可以计入应税所得扣除。[4]即，如果另行设立了法人，营业秘密等无形资产的费用就可以计入法人之间相互支付的使用费中；如果没有另行设立法人，在同一法人内设立常设机构，该常设机构在设立的国家以外发生了费用，如果在该常设机构设立的国家计算应税所得的话，必须逐一累算分摊费用。而且这种累

4　根据OECD税收协定范本及注释，与无形资产权相关的使用费的支付或者费用分摊，在同一法人部门内之间不适用法人与法人之间的规制，与无形财产权相关的创作费用，应该由各部门之间分摊计算应税所得（该注释中关于第7条注释的17.4款）。

算的分摊费用，大多低于法人之间相互支付的使用费，因此在实际使用无形资产的国家计算的应税所得所扣除的费用降低。[5]

综上所述，现今，如果不是万不得已一定要以分公司形式开展海外业务的话，通常大多还是以在各个国家设立有固定场所的子公司形式来拓展海外业务的居多。[6]

3. 转移价格税制

在各国另行设立法人，与集团公司的交易被视为不同法人之间的交易，所以各国根据其交易价格计算法人的应税所得，由于该交 77
易是在同一集团公司内部进行的，不可否认有肆意设定价格的可能性。这种肆意价格的设定，造成从支付高价的法人向受领该高价的法人的所得转移（或者受领肆意低价的法人向支付该低价的法人的所得转移）的可能性。这样的所得转移造成本国法人的纳税所得减少，本国政府因税收减少不可能无视所得转移。转移价格税制就是为了防止因转移所得而流失税收的制度，将关联企业间进行的交易视为独立企业间交易，用独立企业间进行交易所设定的价格（独立

5　虽然在使用无形资产的国家计征所得扣除经费的数额变少了，但是如果另行设立了持有无形资产的法人的话，该法人不存在因受领使用费而所得，整体来看，并没有增加征税所得。但是，如果持有无形资产的法人在低税率国的话，使用费所得会成为低税率的征税对象，从这个层面上说，还是另行设立持有无形资产的法人更为有利。

6　另外，在日本曾经有这样的案例，先在外国设立法人然后日本设立分公司，但实际上开展的业务活动却与日本设立子公司相似。这种情况下，与其说是该法人的总公司与分公司之间进行交易，还不如说是集团公司内部不同法人之间的交易，从集团公司内部之间的交易视为独立法人之间的交易这个角度上看，确实类似子公司形式开展业务。根据2006年实施的新公司法，由于模拟外国公司受到限制，以外国法人的日本分公司形式开展业务的形式也受到影响。

企业间价格）对比关联企业间的交易价格。如果受领价格低于独立企业间价格时，则填补差额所得。如果支付价格高于独立企业间价格时，则扣除差额计算征税所得。

适用转移价格税制最重要的是确定独立企业间价格，在日本基本上采用独立价格标准法和转售价格标准法以及成本标准法，优先选择其中之一进行计算。首先，独立价格标准法指，将独立企业间成交的货物品种、成交条件、成交数量，与其他毫无特殊关系企业间的交易相比较，来调整独立企业间价格的方法。其次，转售价格标准法指，关联企业间业务往来的买方将购入的货物再销售给毫无关联的第三方的成交价格，从此项成交价格减除“正常的利润额”后的余额，来调整该关联企业间交易的独立企业间价格的方法。最后，成本标准法指，关联企业间交易的买方以其购入、制造等所发生的成本费用，加上“正常的利润额”，来调整关联企业间交易的独立企业间价格的方法。

78 准备好以上提到的独立企业之间价格的相关计算资料，以备适用转移价格税制时陷于不利境地之用。正如上述第2所说明的，在某国开展业务不是采用分公司形式，而是采用了子公司形式时，虽然对于另行设立的法人所发生的费用分摊，不需要一一累算计入该子公司的纳税所得，但是必须要事先准备好转移价格税制相关的资料。[7]特别是，近来税务当局正在不断强化适用转移价格税制，据日本2004年至2007年的新闻报道，要求本田更正申报所得约214亿日元，要求京瓷更正申报所得约243亿日元，要求日本金钱机械

7　特别是，如果独立企业间价格的计算采用原价标准法的话，必须要掌握关联公司买方的成本，可以说与以同一法人所在的外国部门发生的费用为基础计算纳税所得的情况很相似。

更正申报所得约34亿日元，要求索尼更正申报所得214亿日元，要求TDK更正申报所得213亿日元，要求日本电产更正申报所得69亿日元，要求三菱商事更正申报所得89亿日元，要求三井物产更正申报所得82亿日元，等等，与转移价格税制相关的巨额申报更正处分接连不断。[8]

转移价格税制中的价格调整更正，通过相互协商是一个有效的救济渠道。租税条约一般都规定协商条款，缔约国双方的职权当局应协议设法解决在解释或实施本协议时发生的困难或疑义。对纳税人的征税不符合双边租税条约的规定时，该纳税人可以向居住国职权当局进行申诉。也有的租税条约规定，缔约国职权当局之间达成共识时，可以先行采取纠正措施（降低额度、退税等）。这种相互协商的救济方法，常见于租税条约规定的国际税务中，在转移价格税制关系方面也特别奏效。因为转移价格税制关系中，常见的问题在于关联企业间交易的独立企业间价格是多少？如果这些关联企业的居住国职权当局之间对具体的独立企业间价格意见一致的话，即使关联企业间与当初设定的价格不同，至少也可以避免双重征税。
也就是说，纳税人转移所得采用的交易价格不同于独立企业间价 79
格，对于独立企业间价格与实际交易价格之间的差额虽然需要更正增加纳税所得，而接受所得转移的纳税人，对于独立企业间与实际交易价格之间的差额需要更正减少纳税所得。即，在两国之间存在税率差额和合计税额等追加税，接受所得转移的关联企业一方由于亏空而纠正所得转移减少纳税额，如果抛开这些可能性，职权当局

8　日本经济新闻2004年6月30日朝刊43页，同2005年7月13日朝刊19页，同2007年6月29日夕刊23页，产经新闻2006年12月28日朝刊22页。

之间对独立企业间价格意见一致，即使所得转移被更正，在一方国家的纳税额增加，而在他方国的纳税就会减少。因此，转移价格税制的更正大多通过相互协商求得救济。

另外，独立企业间价格因计算方法的内容如何可能造成结果不同，一旦接受转移价格税制的相关调查，就有可能要追溯相当长时期的纳税额被要求更正，所以从企业预测可能性的角度，最好事先确定独立企业间价格。基于这个观点，有关转移价格税制，一般都认可事先确认，纳税人一方事先将与独立企业间价格计算相关的各种信息提供给当局确认，原则上可以防止受到之后的基于转移价格税制的纳税额更正。只是，事先确认要在预测可能的情况下才值得推荐，有时需要提供的信息很繁琐，工作负担也会大量增加。当然，不经过事先确认而受到转移价格税制关联调查时，可能工作负担更大，不管是否事先确认，跨国企业需要对转移价格税制方面的
80 巨大工作量有精神准备。

4.国外的子公司与资本过少税制

随着企业经营活动的国际化，需要在多个国家设立子公司，而每一个子公司必须在居住国申报所得并缴纳税款。并且，这些所得以利润分配的形式还原到母公司时，后述我会提到，该子公司的居住国对分配的利润往往会征收预提所得税。利润分配汇入母公司时，如果母公司所在国采用外国税额扣除法的话，通常根据间接外国税额扣除法，子公司所得纳税也作为外国税额扣除的对象，对该利润分配还要再进行来源国征税，这样一来，母公司所在国对子公司的课税加上子公司在居住国的缴税额，税负过重，根据外国税额扣除限度额可能会受到外国税额扣除的限制。因此，既要子公司向母公司返还利益，也要压缩子公司的应税所得，需要采用子公司居

住国减轻税负的良方，于是出现了不是资本而是作为贷款出借给子公司，子公司再以利息的方式向母公司返利的方法。通常情况下，向子公司提供非资本形式的贷款利息，会从子公司的应税所得中扣除，即使母公司所在国对利息所得进行来源国征税，由于压缩了子公司的应税所得，也减轻了子公司层面的纳税负担，所以比向子公司出资再以利润分配的形式收益回报更为有利。

但是，对于子公司的营业资金以贷款的方式从母公司借出，压缩了子公司的应税所得，减少了子公司的税收这种情况，子公司的居住国不会放任不管。因此，在许多国家存在资本过少税制，针对母公司等关联公司提供过度的贷款所支付的利息，以某种方式限制子公司从应税所得中扣除。日本采取的制度是，对国外的母公司等特定的关联公司的负担，或者接受保证等的负债平均余额，原则上超过该关联公司持股三倍时，其超过部分的贷款利息、保证金等不 81
得从应税所得中扣除。

5.子公司与常设机构

在境外设立子公司，由境外子公司在该国进行商务活动，商务活动所得的利润应该由该子公司向所在国纳税。因此，关于境外子公司是否构成母公司的常设机构？母公司居住国是否对其所得征税？一般是不成问题的。这种情况下，子公司的商务活动并非以母公司为目的而是为自己，所以不会因为进行了这样的商务活动而被认为是母公司的常设机构。但是，也有这样的情形，母公司虽然在境外设立了子公司，但同时在该国也进行商务活动，将设立境外子公司定位为向母公司提供服务，母公司只是向子公司支付服务费（比如，在子公司支出的费用之上，再加一点佣金）。那么母公司在设立子公司的国家也进行了商务活动，该商务活动的所得是否应该在该国纳税呢？这里的关键是要看母公司在该国是否有常设机构。于是，如果设立子公司是为了向母公司提供服务的话，子公司是否属于母公司的常设机构，这就成问题了。

关于这一点，首先，根据租税条约，从子公司向母公司提供服务的活动内容来看，如果单纯是商品的买入、保管、收集信息以及其他准备性的和辅助性的活动的话，无疑，该子公司不应该被看作是母公司在该国的常设机构。因为，母公司进行的这些活动，即使是办事处，按照上述第1所说也不能算作母公司的常设机构，独立法人的子公司进行的这些活动，当然也不能视为母公司的常设机构。

但是，根据租税条约，缔约国一方企业通过非独立代理人在另一方进行活动，如果代理人有权并经常行使这种权利，并以该企业的名义签订合同（有独立地位的代理人除外），则该代理人（即从
82 属代理人）在该国构成常设机构。在这种情况下，“以该企业的名义签订合同的权限”，按其文义不限于以企业的名义签订合同的代理人，对企业有约束力的合同，实际上不是以企业名义签订合同的代理人，也可以成为常设机构的从属代理人。[9]另外，由企业总部的代表签署的形式上的合同，实际上所有的合同条件都是由授权代理人进行谈判达成的，对该企业有约束力时，可以理解为该代理人是常设机构的从属代理人。其实企业总部与子公司签订形式上的合同，就是为了避免被认定为从属代理人。[10]对此，将协助母公司进

9 请参考OECD税收协定范本及注释第5条注释的32.1。

10 根据OECD税收协定范本及注释第5条注释的33款，当对企业有拘束力的合同规定，授予所有内容和细节的谈判权时，即使该合同的署名是所在国第三人，该谈判权人也视为从属代理人。

行商品、服务等经营活动作为子公司的业务时，实际上是子公司与客户全面进行谈判、决定商品和服务提供条件，合同的形式上是母公司直接与客户对接，这种情况下，子公司视为母公司常设机构的从属代理人。因此，关于是否让子公司从事这种业务，母公司应该慎重考虑。

当然，虽说是为了母公司的业务才接受了重要的商务活动，但作为独立法人的子公司本不该视为母公司的从属代理人，更不应该认定为母公司的常设机构。例如上文第1所述，企业为了自己商品的售后服务而设立办事处时，该办事处很有可能被认定为常设机构；而设立子公司，子公司以自己的名义向自己的客户提供售后业务时，子公司不应该因接受其售后业务而被理解为常设机构。因为子公司是独立于母公司的法人，子公司或者子公司的办事处，仅从子公司的性质而言就不应该被理解为母公司的常设机构。可是当子公司接受了母公司的委托进行售后服务时，以母公司代理人的身份签订合同的行为就完全不同了。如果子公司在设立所在国为了母公司的业务进行重要的商务活动，很可能发生当地国不能向母公司征税的情况。但是，如果是重要的商务活动，就应该成为当地国的纳税对象，子公司从母公司接受业务，本来属于母子公司间的交易，对于母公司和子公司之间的交易由转移价格税制来处理足矣。即，子公司为了母公司而进行的重要商务行为，如果从母公司接受了适当的对价的话，其所得应该成为子公司居住国的纳税对象，子公司的居住国应该对在本国进行的商务活动所得进行征税。因此，既然不属于母公司的从属代理人，独立法人的子公司不视为母公司的常设机构，那么根据租税条约释义，实际上并没什么大碍。

四、利润分红课税

关于利润分红，通常，向母公司分红的境外子公司居住国为所得来源国，来源国也有征税权，但对征税权的行使设定了税率的上限。

关于利润所得课税，从调整公司法人与其股东之间的双重课税的视角来看，各国有各自的法律制度，对于境外子公司向跨国母公司汇回利润，有些国家会顾及国外股东的利益给予制度上的优惠。
83 例如，法国曾经存在股东利润退还制度，[11]这是调整公司法人与股东双重课税的制度。虽然这个避免双重征税制度，根据法国国内法，仅适用于从法国公司法人取得分红的居民股东，但是日法租税条约承认，也适用于该租税条约的对方缔约国的居民股东。不过，从调整公司法人与其股东之间的双重课税的视角来看，日本规定的利润抵免制度仅适用在日本进行税务申报的纳税人，母公司作为非居民从日本公司法人取得的利润所得，需要缴纳日本预提所得税，不可能享受利润抵免优惠。所以，调整公司法人与股东之间的双重征税措施，很少适用于国外股东。

上述三的4提到，从对子公司的投资所得的角度来说，该子公司的居住国不仅针对该子公司的所得征税，还要对母公司的分红也征收预提所得税，来源国课税过度，即使母公司的居住国采取外国

11　但是，已经于2005年1月1日废止。

税额扣除法，也不可能全额扣除外国税额。通常，大多租税条约规定，持股一定比例以上的法人股东取得利润分红时，来源国课税的税率会低于一般情况。尽管如此，只要来源国对利润所得征税这一制度还在，与分公司形态相比，营业所得课税（以子公司形态开展经营活动时，对子公司所得课税）加上利润分红课税，来源国课税负担就显得太重了。接受海外投资较多的发展中国家强烈要求确保来源国课税，而先进国家之间是双向性的，母子公司从促进跨国投资的视角出发，不欢迎母子公司之间的利润分红征收预提所得税。从以下先进国家之间缔结的租税条约倾向可以看出，拥有子公司一定比例股份的母公司分红可以抵免来源国课税：2003年11月6日签订的日美租税条约（以下称为《新日美租税条约》）、2006年2月2日签订的日英租税条约（以下称为《新日英租税条约》）、根据2007年1月11日签订的议定书修改的日法租税条约（以下称为《新日法 84
租税条约》）、2008年1月31日签订的日澳租税条约（以下称为《新日澳租税条约》）等。

五、利息课税

关于利息，与利润分红相同，一般情况下，支付利息一方的居住国（但是，支付利息的债务与常设机构进行的业务有关，该利息由该常设机构负担的，则认为该常设机构为居住国）为所得的来源国，来源国也有征税权，但对征税权的行使设定了税率的上限。

利息与分红又有不同，通常支付一方可以抵免应税所得，所以来源国为了确保行使征税权需要予以明确规定。但是，来源国对利息征税，通常是针对不计入费用的净值金额，而在金融机构进行的融资基金交易中，贷款和筹款利息之间的差异并不重要，如果是以5%或10%的税率对收取利息的净值金额进行课税的话，即使居住国以外国税额扣除法调整了双重征税，也很有可能超过来源国征收的外国税额扣除限额，在某些情况下，来源国课税甚至有可能超过从该资金交易中获得的利益。如果接受资金一方基本上是发展中国家的话，就会强烈要求对利息征收来源国税，但是先进国家之间的资金往来是双向性的，从不阻碍国家资金流动的观点来看，不欢迎来源国对金融机构获取的利息征税。《新日美租税条约》《新日英租
85 税条约》《新日法租税条约》《新日澳租税条约》等规定，对银行等金融机构获取利息免除来源国课税，至少在先进国家之间有缔结这样的租税条约的倾向。

六、特许权使用费课税

关于特许权使用费的定义，依租税条约不同而略有差异，一般指使用或有权使用著作权、专利权、商标权、实用新型、设计、模型、图纸、保密配方或秘密程序所支付的款项，也包括使用或有权使用工业、商业或科学经验的信息所支付的各种款项。对于特许权使用费，发展中国家往往力争来源国的课税权，而先进国

家之间根据租税条例大多宽免来源国课税。[12]如果租税条约明确规定，来源国对特许权使用费给予抵免，并且列举出其他可以抵免来源国征税的所得（即其他所得）时，[13]判断哪些属于特许权使用费，哪些属于“其他所得”，是否抵免来源国课税，是否符合特许权使用费的概念，一般不成问题。但是，租税条约没有规定来源国对特许权使用费予以抵免时，如果不属于特许权使用费定义的范围，就不能成为来源国课税的对象，因此，是否该当特许权使用费定义的范围，成为关键。由于日本缔结的租税条约中，大多没有规定免除特许权使用费的来源国课税，所以对非居民支付的特许权使用费是否要征收预提所得税，判断是否符合特许权使用费的定义就非常重要。

关于特许权使用费，在实践中，许多场合是很难与其他种类的支付费用相区别的。例如，即使提供的信息只有一句话，如果是经过了市场调查报告的结果，是针对提供的市场调查服务而支付的报酬的话，虽然不属于特许权使用费，但取得信息一方制造的产品是根据所提供的该产品的制造方法进行的，其报酬也应该视为特许权使用费。另外，虽然统称为技术支援，但其内容是为了让被支援者能够自己制造产品而传授该产品的制造方法，所支付的报酬，与其说是针对传授过程中的劳务，还不如说是针对移转技术的使用费。重点考虑技术指导的劳务所支付的报酬，应该对劳务基本价值进行评价。因此，支付报酬的劳务行为，即使是外在形式相似，也应该探究其本质是什么，究竟是否属于特许使用权费，有许多具体事例

12　OECD税收协定范本也规定了免除来源国特许使用费课税（OECD税收协定范本第12条1款）。

13　如果是按照OECD税收协定范本缔结的租税条约，从其规定。

86 待我们去深挖。

还有许多在同一个交易中混杂着各式各样的支付费用的事例。例如，在特许经营合同中，特许人将其知识和经验传授给被特许人，同时提供各种技术支援，有时还提供金融方面的支援和物品供给。这种情况下，被特许人支付给特许人的报酬，特许权使用费和非特许权使用费的两种性质混合存在。当没有具体规定该报酬属于哪一种性质时，该如何区分，如果当事人在合同中进行了大致的区分，并按照合同约定的区分支付了相应的报酬，问题是该合同约定会得到税务当局的尊重吗？税务处理上会按照该区分进行征税吗？

如上所述，当特许权使用费与其他费用混合存在时，如何区分特许权使用费的性质，在实务中常常被困扰。如果只将特许权使用费作为来源国征税的对象，从税制中立的角度来看也有问题。例如，如果传授了技术诀窍，让其根据许可的技术要求制造产品，作为报酬从销售额中提取了一定的技术许可费的话，作为特许权使用费就会成为来源国征税的对象。但是，如果将产品技术的核心部分（或者饮料中的原液）作为物品提供给对方的话，则其提供物品的对价就不是特许权使用费。如果提供方在被提供方国家没有常设机构，则被提供方国不征税。[14]因此，虽然实际支出的特许权使用费在金额上没有什么不同，但由于使用费的支付形式不同，其征税结果也不同。问题是，有没有必要将特许权使用费作为来源国征税的对象？当然，对于发展中国家来说，压倒多数的是技术引进，希望

14 但是，在选择物品供给的方式时，进口物品发生的关税等税务负担，都不同于特许权使用费的来源国课税。

确保对国内企业引进技术所支付的报酬有征税权，而先进国家之间有各自的知识产权积累，特许权使用费的支付是双向性的，没必要确保来源国的征税权。新日美租税条约、新日英租税条约及新日法租税条约都规定了免除来源国对特许权使用费征税，今后缔结这样的租税条约会越来越多。 87

另外，关于特许权使用费来源地的判定，根据租税条约分为两种，一种是因使用知识产权等相关业务而发生特许权使用费的国家为来源国的使用地规则，另一种是以特许权使用费的支付人的居住国为来源国的债务人规则。采用使用地规则时，必须要判定产生使用费报酬的知识产权等的使用行为是在哪个国家发生的，但是实际情况错综复杂很难判断。

七、提供劳务报酬课税

关于提供劳务报酬，通常以其劳务提供国为来源地国。但是，对于法人高管的报酬，不管高管在哪里工作，通常以该法人高管的居住国为来源地国。虽然提供劳务的报酬原则上认可由来源国课税，但是医生、律师等从事独立性活动取得的所得“自由职业所得”，有的租税条约采取在来源国无固定场所的不征税原则。另外，即使租税条约没有这种“自由职业所得”相关规定，鉴于提供劳务的业务性质，从提供劳务的内容看，属于具有独立性活动所得，应该采用无常设机构不征税原则。再则，如果报酬并非来源国居民的雇主等支付，并且不是来源国的常设机构所负担，以此为条件，非艺术家和运动员的个人在一定期限内连续停留进行工作的所得报酬，通常按照租税条约可以免除来源国征税。这些抵免来源国课税的措施，是为了尽量排除在非居民国对个人劳务课税而带来的麻烦，方便国际人才相互交流。

八、关于其他所得课税与隐名合伙出资人所得课税

88 许多租税条约规定，凡在租税条约中未列举的所得（即，“其他所得”），可以免除来源国课税。从租税条约是为了限制来源国课税以排除双重征税的角度来看，这样的规定顺理成章。

但是，近年来在日本频频发生利用“其他所得”免除来源国课税，滥用租税回避等问题。具体来说，比如组成隐名合伙，让该隐名合伙的经营者在日本开展业务，经营者从自己的应税所得中扣除隐名合伙人的分红，隐名合伙人在来源国的日本对其分红不交付税费。[15]

对此有不同见解：一种认为，隐名合伙人分得的隐名合伙利润属于经营所得，隐名合伙人通过经营者等在日本保有常设机构，应该对其征税（固定永久性场所规则）；另一种认为，隐名合伙人分得的利润为利息所得，不管隐名合伙人在日本是否保有常设机构，

15　并且，即使隐名合伙人在居住国，由于隐名合伙出资的所得属于国外所得扣除法消除双重征税的对象，一般也可以适用免征模式。

来源国对利息可以征税（利息所得规则）等。[16]

首先，关于固定永久性场所规则，即使隐名合伙人分得的隐名合伙利润被分类为经营所得，如果在来源国没有常设机构的话，也可以免除来源国征税。如果经营者在日本以办事处等名义经营隐名合伙，什么样的情况下可以认定隐名合伙人在日本保有常设机构？以什么标准进行认定？这些都是难题。隐名合伙中，所出资的财产全部归属经营者，不能成为共有财产（商法第536条1款），经营隐名合伙业务的办事处等始终都是经营者的办事处，不能视为隐名合伙人的事务所等。其次，关于认为经营者是否是从属代理人，即使隐名合伙人在从属代理人行使其权限的国家有常设机构，也不能因此就认为隐名合伙的经营者是隐名合伙人的从属代理人。在上述三的5中谈到，从属代理人不仅是以企业的名义签署合同的代理人，在签署的对企业有约束力的合同中，实际上也是不以该企业的名义 89
签署合同的代理人。隐名合伙的业务由经营者经营，隐名合伙人对于经营者的行为不向第三人享有权利和义务（商法第536条4款），隐名合伙业务中，经营者签署的合同对隐名合伙人没有约束力。当然，隐名合伙人从隐名合伙业务中享受分红，分担损失，但是，这是业务年度的利润得失，每个经营者签署的合同并非对隐名合伙人有拘束力。

有时，所签署的合同名称是隐名合伙合同，实际上却是任意合伙合同，隐名合伙人共同完成了业务，经营隐名合伙业务的办事处等与隐名合伙人共有，这种情况很可能被认定为隐名合伙人拥有常

16　详细请参照，谷口勢津夫「匿名組合の課税問題——TKスキームに関する租税条約の解釈適用」日税研論集55号（2004年）。

设机构。只有存在不同于本来的隐名合伙的事实的情况下，才可以进行认定，只要基于本来的隐名合伙真实存在这样的事实关系，就没有理由做这样的认定。

关于利息所得规则，如果租税条约中有明确规定，利息的定义中包含隐名合伙所得分红，或者根据将隐名合伙所得分红作为利息处理的国内法规定的话，则另当别论。而没有租税条约和国内法规定做依据，作为租税条约上的利息来处理是不妥当的。在租税条约中，通常对于没有特别定义的用语，除了上下文另有解释的以外，往往规定由该国的国内税法解释。[17]在日本缔结的租税条约中，通常将利息定义为，滋生于公债、债券、公司债等信用相关的债权所得，以及滋生于来源国的国内税法上的贷款所得。但是，日
90 本国内法对隐名合伙所得分红，并没有包含在公司债等利息（所得税法第161条3项，法人税法第138条4项）和贷款及其他准贷款的利息（所得税法第161条6项，法人税法第138条7项）的规定中，而是作为另行规定（所得税法第161条12项，法人税法第138条11项）。隐名合伙所得分红不仅没有作为日本国内税法上的贷款滋生所得同等处理，就是基于租税条约上的利息所得进行债权解释，试图适用租税条约，解释为隐名合伙出资也不妥当。[18]

综上所述，除了特别存在所谓隐名合伙实际上并非隐名合伙的事由，即使隐名合伙人是与日本缔结租税条约的国家的居民，租税条约规定了“其他所得”免除来源国征税，根据隐名合伙合同，作为受益人利润分红时，也很难得出免除日本课税的结论。

---

17 OECD税收协定范本第3条2款。

18 正如日德租税条约作为隐名合伙人取得的所得分红处理那样，如果租税条约明确规定了作为隐名合伙利润分红处理，当然从其规定。

这个解释与限制来源国课税的租税条约的宗旨是吻合的。只是在隐名合伙的居住国也存在免税的情形，从排除双重征税的租税条约目的的角度来看，没有必要限制来源国课税，来源国征税也有一定的必要性。租税条约规定了对“其他所得”免征来源国税，根据该规定隐名合伙的分红所得可以免除来源国征税，即使这个解释与上述租税条约和国内法吻合，目前为止，由于年收处理方面频频发生问题，推翻现有结论也不妥当。如果隐名合伙所得分红等同于贷款利息的国内立法得以完善，大部分日本缔结的租税 91
条约中利息的定义就会包含隐名合伙所得分红，利息可能作为来源国征税，年收方面的问题也会随着国内立法的完善得到妥当处理。

九、社会保障协定

随着企业走向海外，被企业派遣到异国他乡工作一段时期的外派人员不断增加。外派人员不仅仅是出差访问，还需要在当地国定居一段时期，并在当地国工作领取工资，因此通常要按照当地的国内法参保缴费。虽然只是暂时离开本国去异国他乡居住，但外派期限届满后还要回到本国，即使在离开本国期间没有参保缴费的义务，许多人为了确保将来在本国领取养老金的权利，也会持续在本国支付养老保险费，因此，出现了养老保险费的双重负担。保险费往往由派遣企业负担，双重缴费对企业国际人才流动带来不利影响。于是，社会保障协定规定，受雇于一方缔约国，在该国加入养老保险一定期限（比如5年）内，被派遣至他方缔约国就业时，可以不加入该他方缔约国的养老保险（即，可以不支付养老保险费）。

如果被派遣到另一方国家就业的期限有可能超过所规定的期
92 限的话，就得加入该另一个国家的养老保险。可是，养老金制度往往要求在就业期间，至少要满足加入养老保险的一定期限，否则即使支付了几年保险费，也不会有领取养老金的资格。[19]为了取得领取养老金的资格，需要确保在另一方国家的加入年限，如果未达年限，在该国缴纳的保险费就会有去无回。如果预料将来在被派遣的另一方国家无法取得领取养老金的权利的话，为了确保将来回到本国后的养老金领取资格和养老金领取额度，就必须在本国持续支付保险费。这样的后果是保险费双重负担。社会保障协定为了避免这种事态发生，规定了两个缔约国的参保缴费可以叠加。可以进行叠加计算的话，只要在就业期限最长的两个国家择一加入养老保险的话，就可以根据各个国家的不同制度按照加入的期限和支付的保险费领取养老金，保险费就不会有去无回。而且，有希望可以从双方国家领取养老金，为了确保养老金领取额度，虽然将来打算回国，也没必要在本国持续支付保险费。因此，为了确保养老金领取资格和足够的养老金领取额度，事实上也可以避免被强制双重负担保险费。

截止2008年6月，日本与德国、英国、韩国、美国、比利时、法国和加拿大之间，已经有生效的社会保障协定。另外，与澳大

19　例如，在日本，为了取得老龄基础年金等其他老龄年金的领取资格，至少要满足加入日本国民年金25年以上这个要件。

利亚、荷兰和捷克之间有已经签署等待生效的社会保障协议。[20]不仅是税金，社会保险费也发生国际性的双重负担，阻碍了国际经济活动，所以希望能尽早与更多国家之间建立起社会保障协定网络。

宰田高志/律师　93

20　根据厚生劳动省官网。

第二部

国际商事私法准据法

第五章　法人设立准据法与其适用范围及外国公司的法律规制

神前祯

关于法人诸多事项都适用法人属人法的设立准据法这一观点，没有什么争议。但是，关于其适用范围，例如，对于法人格否认法理的准据法则存在分歧。尽管我们可以认为公司法已经对其跨国适用范围进行了规定，但是国际私法上的一般原则在这里仍然应该理解为是妥当的。包括公司法第821条的具体适用范围等，还有许多遗留问题。

98

一、引言

本文将针对法人设立准据法的适用范围和外国公司的法律规制问题，围绕公司法的修改，从法人格否认法理和跨国公司债发行准据法的维度，进行若干理论和实务性探讨。[1]

1　纵观国际公司法相关的最新文献，有以下重要参考论文：石黒一憲「国際企業法上の諸問題——商法学と抵触法学との対話」小塚荘一郎＝高橋美加編『落合誠一先生還暦記念・商事法への提言』（商事法務、2004年）581—626頁、江頭憲治郎「商法規定の国際的適用関係」国際私法年報2号（2000年）136—150頁、落合誠一ほか「国際会社法（日本私法学会シンポジウム資料）」商事法務1706号（2004年）4—41頁、同「シンポジウム国際会社法」私法67号（2005年）48—91頁、佐野寛「国際企業活動と法」国際法学会編『日本と国際法の100年7　国際取引』（三省堂、2001年）167—188頁、高桑昭「わが国の外国法人制度について」法学論争140巻5＝6号（1997年）16—40頁、同「わが国の商法（会社法）規定の国際的適用に関する若干の問題について」国際99巻1号（2000年）32—56頁、津田進世「法人の準拠法をめぐる諸問題（国際私法の改正動向と金融実務）」金融法務事情1717号（2004年）40—47頁、道垣内正人「企業の国際的活動と法——会社法の国際事案への適用」落合誠一他編『岩波講座・現代の法7　企業と法』（岩波書店、1998年）143—166頁、藤田友敬「国際会社法の諸問題」（上）（下）」商事法務1673号（2003年）17—24頁、1674号（2003年）20—27頁、法例研究会『法例の見直しに関する諸問題(3)——能力、法人、相続等の準拠法について』（商事法務、2004年）77-102頁、山内惟介「法人の従属法とその適用範囲——欧州諸立法の比較検討とその立法論への示唆」国際私法年報2号（2000年）117—134頁、そして、「国際的な企業組織・活動と法律問題」が特集されたジュリスト1175号（2000年）に掲載された諸論文などがある。

首先，我们在第二部分中，概观公司法制定前的有关法人属人法的判例和学说，具体研究几个判例引出的法人格否认法理准据法问题。

接着，在第三部分中，介绍近年来公司法制定过程中有关国际公司法的议论，以国内公司法制定后的跨国公司债的发行为课题展开讨论。

最后，在第四部分中，关于外国公司的法律规制，简述第821条关于拟制外国公司的核心问题。

关于国际公司法的研究，虽然国际法院管辖中的民事程序法问题也很重要，[2]鉴于篇幅有限，本文只好忍痛割爱。另外，关于外国 99
法人许可制度的意义、民法关于外国法人的规定等，本文也不一一赘述了。

二、传统的判例和学说

1. 问题的全貌

国际公司法是国际私法与公司法双方关联的法律规则，一方面

另外，虽然本文没有直接涉猎，但也应该引为关注的研究有：大杉謙一「会社の代理・代表の実質法・準拠法——『取引安全』のあり方について」ジュリスト1175号（2000年）42—49頁、森田果「株主間契約をめぐる抵触法上の問題(1)(2)完」法学67巻1号（2003年）39—77頁、67巻6号（2003年）1140—1167頁。

2　石黑，前引（注1）多处点出这一问题。另外，关于跨国企业国际民事程序法问题的讨论，有田中美穗的『多国籍企業の法的規制と責任』（大阪大学出版会、2005年）。

以国际私法的视角探讨准据法选择和本质特征判断，另一方面聚焦公司法规定的法律解释问题。关于国际私法与民商法（实体法）的关系，经过梳理大致有以下几点问题。[3]

首先，关于私法上的问题，必须要决定适用哪一个国家的法，即，准据法选择问题。在此，虽然法人属人法[4]的确定是关键，由于没有明文规定，需要根据法律解释确定，以什么样的标准（连接点）来决定法人诸多事项的准据法。

其次，即使确定了法人属人法的判断标准，对于某个具体问题应该遵循法人属人法呢？还是其他不同的准据法选择规则呢？这是本质特征判断问题。[5]

根据上文所述，日本的私法适用，原则上局限于以上讨论的以日本法为准据法的情况。但是，从日本法规的宗旨来看，也适用于
100 以外国法为准据法的情形，也存在所谓“绝对强制性规范”。本文论述中所涉及与公司法有关的规定是否属于绝对强制性规范问题，由于对此没有明文规定，[6]应该根据法律解释进行确定。例如，公司法第6编外国公司的规定是以直接规制外国公司为目的的，即使有关外国公司在私法上的各种问题以外国法为准据法，通常也应该适用公司法第6编的规定。[7]

3　关于公司法制定后的国际私法和公司法的关系，参见后述三、3。

4　这是适用于有关法人诸多问题的法律用语，也称为法人从属法。

5　这个问题正如本文题目所示，虽然用法人属人法的适用范围来表述，但是这种表述容易引起误解（见后述3）。

6　这一点与修改前的商法和公司法相同。

7　此外，一直以来就有争议，公司债管理公司的强制性设置是否属于绝对强制性规范。这也是公司法修改时讨论的要点，本文将在三、4中涉及。

2. 法人属人法的判断标准

日本法中没有关于法人属人法的明文规定。对于法人诸多事项应该适用单一法则，即法人属人法这一观点，虽然在学说上基本一致，但在判断标准上却有分歧。具体有两大对立学说，一个是法人设立时依据设立国法的法人属人法（设立准据法说），另一个是法人依据本座所在地法的法人属人法（本座法说）。[8]近年来，由于不断对其妥当性和日本法的实质性进行整合，大多学说采用设立准据法说。[9]

从判例的角度来看，还没有出现依据设立准据法说与本座法说，明确地判断出不同结论的案件，判例的观点尚不明确。[10] 101

8　本座法说是指法人必须在该所在地设立并适用该本座所在地的法律，也称为“本座要件必须说”（木棚照一＝松岡博編『基本法コンメンタール国際私法』（日本評論社、1994年）28頁、山内惟介也有同样的观点），本文统一称为本座法说。

国际上也有主张以设立准据法说和本座说相融合确定法人属人法的标准，对此，虽然日本也有研究，但是还没有出现明确支持这一观点的主张，因此本文也没有涉及的必要了。关于确定法人属人法的主要学说，参见山内惟介『国際会社法研究第一巻』（中央大学出版部、2003年）第一部论文集。

另外还有学者主张，关于外国公司，不仅要研究准据法选择的标准，还要研究外国国家行为承认的标准（道垣内正人『ポイント国際私法各論』（有斐閣、2000年）189頁）。从本文关注的内容来看，这种主张与设立准据法差异不大，本文也没有涉及。

9　参见河野俊行「会社の従属法の決定基準」ジュリスト1175号（2000年）2—8、4頁以下，佐野・前引（注1）。支持本座说的主张有，折茂豊『国際私法（各論）』（有斐閣、新版、1972年）51頁。

10　最高裁判所昭和50年（1975年）7月15日民集29卷6号1061頁，“被上诉人以纽约州法为准据法设立，并且总公司也设在该州，被上诉人的属人法应该为纽约州法”。该判决以总公司所在地为确定属人法的理由，可以理解为采用了本座法说，但是这与设立准据法说也没有多大差别。另外，东京地方裁判所平成4年（1993年）1月28日判时1437号122页，法人的“属人法理解为法人的设立准据法比较适宜”，明确地采用了设立准据法说，但是这与本座法说也没有多大差别。

在《关于法律适用的通则法》(以下称为《法律适用通则法》)的制定过程中，曾经讨论过是否明文规定将设立准据法作为法人属人法。虽然对于将设立准据法作为法人属人法本身没有争议，但是，如果将其明文规定时，主体之间的法律关系如何表示，另外，当时正在进行审议的还有制定中的公司法，也在讨论是否删除关于拟制外国公司的规定。结果是，在《法律适用通则法》中没有规定法人属人法。[11]

毋庸置疑，关于法人属人法的确定还有许多课题有待探讨，以下，让我们仅以法人属人法的设立准据法说为前提进行深入研讨。[12]

102 **3. 法人属人法的适用范围和本质特征判断**

当我们考虑有关法人的诸多事项适用法人设立准据法时，首先碰到的问题是，具体什么事项应该适用法人设立准据法。这是国际私法上的本质特征判断问题，也就是特定的法律问题是否属于应该适用法人设立准据法的“有关法人的诸多事项”。

---

11 关于《法适用通则法》的立法过程中的议论与《公司法》的审议之间的关系，参见神前祯『解説　法の適用に関する通則法』(弘文堂、2006年) 18頁以下。

12 从上述“与日本实体法规定的一致性”的视角来看，公司法中定义的外国公司为“以外国的法律为准据设立的法人及其他外国团体，与公司同类或与公司类似”(公司法第2条2项)。与公司法同样，民法中关于外国法人的登记，将“外国法人设立的准据法”作为登记事项(2007年修改后的民法第37条)，引为关注。另外，在公司法的制定过程的议论中，也将设立准据法说作为前提，“如果外国公司法没有类似股份的交换制度，就无法实现，这是其外国公司设立准据法问题……”，“外国公司为母公司时，按照外国公司设立准据法子公司不得取得母公司股份，需要整理还有哪些限制性规定，还要进一步研究。”以上，引用于法制审议会公司法(现代化相关)部会第25次会议记录。

关于国际私法的本质特征判断，[13]与特定的实体法的内容如何没有关系，应该以国际私法独自的视角进行判断。[14]无论适用以特定的实体法为准据法与否，都要在判断本质特征后才能进行准据法的选择。具体来说，在判断本质特征阶段应该抓住的核心问题是，每个准据法选择规则的宗旨和目的。[15]

那么，我们的着眼点是否应该是，针对法人的各种事项适用单一的设立准据法，使这些问题能得到一贯的统一解决，即，在研究对某个问题是否应该适用法人属人法时，首先考虑，在多大程度上有必要与法人属人法规制的诸多事项适用同一个准据法，这是最重要的观点之一。[16]

另外，还存在区别于国际私法上的本质特征判断的问题，即，在根据本质特征进行判断确定了准据法之后，根据其准据法需要明确，该问题被视为什么法律关系，应该适用什么法规。对此，一般认为“是准据实体法的解释和适用问题，是专门依托准据法的问题”。[17]也就是说，既然对某个问题已经确定适用了特定的准据法，就应该根据该准据法对其问题适用所确定的规范，不管其问题或

13　对于国际私法上的性质判断，其对象、标准等存在各种争论。这些问题作为今后的课题去研究，以下所述为笔者对国际私法的一般理解。

14　溜池良夫『国際私法講義』(有斐閣、第3版、2005年) 142頁、山田镣一『国際私法』(有斐閣、第3版、2004年) 51頁。

15　参见池原季雄『国際私法（総論)』(有斐閣、1973年) 115頁，“划分相关联的冲突规定之间的适用范围，根据这些规定的精神、目的以及宗旨决定法律关系的性质”。

16　参见藤田友敬「会社の従属法の適用範囲」ジュリスト1175号 (2000年) 9—20、10頁。

17　溜池，前引（注14）143页。

103 其规范在该准据法上被视为何种本质特征。以此观点为前提，“某某规定的国际性适用范围”这种表达可能会引起误解。之所以这么说，是因为国际私法直面的问题，不是准据法上特别规定的适用范围，而是什么问题应该适用该准据法。的确，根据国际私法上的本质特征判断可以确定法人属人法的范围，从而确定了规制这种问题的国际性适用范围，从这个意义上说，“某某规定的国际性适用范围”这种表达不至于被误解吧。但是，“规定的适用范围”这样的表达很可能会导致，本应该相互独立的国际私法中的本质特征判断与准据实体法的规定内涵和宗旨，变得模糊不清。[18]

4. 法人格否认法理的准据法[19]

在以上简要概括的基础上，将进一步研究法人格否认法理的准据法。[20]

法人格否认法理并不是指，某个法人是否有法人格的一般性问题，而是“在特定案件的必要范围内否定公司的法人格的独立性，将公司与其背后的股东在法律上视为同一主体，以达到公平解

18　此外，与此相关的有道垣内，前引（注1）153页，“私法以连接点决定准据法，公法采用不同的方法确定一国的法律适用范围”，“‘私法’与‘公法’混同的公司法，可以从法律的侧面，对于涉外案件试着斟酌适用具体规定。这是宝贵的尝试过程，在本文中，我将遵循传统的国际私法所采用的手法”。

19　关于法人格否认法理的准据法，江头宪治郎在「法人格否認の法理の準拠法」『田村諄之輔先生古記念・企業結合法の現代的課題と展開』（商事法務、2002年）1-19頁中有详细论述。此外，参见龍田節「国際化と企業組織法」竹内昭夫＝龍田節编『現代企業法講座2　企業組織』（東京大学出版会，1985年）282页，石黑・前揭（注1），藤田・前揭（注1）等。

20　关于法人格否认法理，这次的公司法修改中仍没有加以明文规定，以往的议论今后还会沿用。

决案件的法理”[21]。法人格否认法理被引用的情形涉及多方面，对究竟“法人格否认法理的准据法是什么”这一命题本身也存在分歧。[22]以下研究典型事例，公司与股东之间一方所承担的债务或特定的债务，是否可以扩展到向另一方加以行使或追索？[23][24] 104

近年的学说中最有力的见解为，适用法人格否认法理有两种情形，一种是应该适用被否认的公司的属人法，另一种是应该适用交易或不法行为等的准据法（以下称为类型化说）。[25]

龙田教授认为，“将股东对过少资本公司的贷款视为出资，或是面临公司倒闭时，在否认财产混同的控股股东的有限责任的情况

---

21 江头宪治郎『株式会社法』(有斐阁、第2版、2008年) 38頁。由于该书主要论述股份公司，定义使用了“股东”一词。另外，关于法人格否认法理近年来引人关注的论著还有『株主有限責任制度の弊害と過小資本による株主の責任——自己資本から株主のインセンティブへ』(商事法務、2007年)。

22 例如，关于法人格否认的效力，江头，前引（注21）43页以下列举了，“程序法上的效力”理所当然是，对于“实体法上的效力”中有关公司破产程序中股东对公司劣后债权的处理也要从程序法的角度进行研讨，由于篇幅有限，本文仅提到为止。

23 即，江头，前引（注21）43页列举了法人格否认的效力：（1）公司金钱债务向股东倾斜；（2）股东和旧公司之间的金钱债务向新公司倾斜；（3）和解协议、竞业禁止义务等特定债务向公司与股东倾斜等。

24 再者，作为以下议论的前提，很难说日本的法人格否认法理具有绝对强制性规范，一般来说并没有这样理解。高桑昭『国際商取引法』（有斐阁、第2版、2006年）23頁，“在与日本有密切关联的案件中，也存在着是否应该适用日本法的问题，但该法理似乎并没有考虑到，不论准据法的内容如何都必须适用强制性规范”。

25 以下所述的江头，前引（注19），龙田，前引（注19），此外还有，藤田，前引（注1），同前引（注16）10页以下，稍有微妙之处的佐野，前引（注1）182页也善意地介绍了这一观点。

下，平等对待公司债权人是非常必要的。不管在哪个国家遇到这种问题，想必都要一律适用本国公司法进行处理。对此，如果对方本来认为是与个人进行的交易，而实际上的当事人却是公司，或者营业转让人与其他公司发生同业竞争时，需要公平对待每一个交易，根据每个交易应该适用的法律进行处理”。[26]另外，江头教授在前引论文中，引用德国的学说判例详细论述了类型化说，从维护制度利益的维度，阐述了法人格否认法理，“否认的要件主要关系到公司内部组织，且由于是公司法规范对公司债权人保护较弱的国家大多采用的类型，其准据法理所当然是公司的属人法了”，另一方面，从调整个别利益的维度，认为法人格否认法理“尽管其实质是外观信赖保护法理等各种交易法的解释问题，但由于用某种法律技术性规范无法得出当下交易法理的妥当结论，……是目前作为法人格否认法理的适用事例所采取的类型。因此，不是公司属人法，而是应该根据案情选择交易法，以效果原则为准据法”[27]，这是基本观点。[28]

因此，所谓类型化说是指，关于需要“一律适用本国公司法进

26　龙田，前引（注19）282页，同299页注63，“被称为‘维护制度利益’的团体，在本国公司法的‘调整个别利益’中的各种问题可以说是合同或者违法行为的适用对象”，“但是，具体问题还要具体分析”。

27　以上，江头，前引（注19）10页。

28　但是，关于为债权人诈害而设立公司的案例，该论文认为，“本案承认法人格的否认，实质上意味着股东和员工债权人可以和本来的公司债权人按同顺序请求公司财产，因为关系到公司制度根本，公司属人法必须得承认该法人格否认”，另一方面，“从传统的日本国际私法的角度来看，与诈害行为取消权相同，作为债权的效力问题，如果在债权的准据法上没有承认法人格否认，就没有必要救济债权人”，因此，“得出的结论是，应该积极地适用债权的准据法和公司的准据法”（以上，参见11页）。

行处理”的问题，或者适用与“其他公司法规范”相关联的同一法律进行判断的问题，适用法人属人法，而对其以外的问题，适用个别具体交易等的准据法。换言之，根据类型化说，“应该为了维护制度利益而适用法人格否认法理”还是“应该为了调整个别利益而适用法人格否认法理”，这是两个相互独立的问题，应该理解为适用不同的准据法。

但是，这里的疑问是依据实体法上的类型化，在国际私法上是 105
否应该分别考虑两个类型？确实，例如按照公司设立准据法，关于公司所负的一定债务，通常其社员（股东）也负债的话，可以说根据其设立准据法有充分的理由肯定社员的责任。但是，法人格否认的法理说到底是“针对特定案件”，否定公司法人格的独立性以谋求公平的解决的法理。根据公司设立准据法，公司与股东分别为独立的法律主体，尽管如此，可否应该例外地将法人格视为不存在？这种观点一般情况下是有问题的。并且，在法人格否认法理的适用中，该案件包含该公司和股东的关系的内部事项和该公司与债务人的关系的外部事项的两个方面，应该考虑到该案件的各种因素进行综合判断。根据类型化说，特别是从维护制度利益的角度，适用法人格否认法理发生问题时，即，“过少资本”、“财产混同”等发生问题时，[29]如果仅依托设立准据法来判断的话，恐怕不会充分地考虑到交易对方等外部利害关系人的利益吧。[30]

29　江头，前引（注19）8页。

30　后藤，前引（注21）597以下提到，“股东责任的准据法”，对于“将法人格否认法理分为个别利益的保护和制度利益的保护，过少资本责任属于后者，应该适用设立准据法”，“从本文的观点来看，‘过少资本责任’并非是单一的，因此以此总括准据法是不恰当的”。

正如类型化说所述，在法人格否认法理的问题上，一方面其法
106 人格否认问题似乎成为法人属人法问题，另一方面，对于个别具体交易等的准据法也存有疑问，两者的关系究竟如何划分呢？因此，按照类型化说进行划分是否妥当还需要进一步研究。[31]

三、公司法的修改

1. 公司法制定过程的议论

在公司法制定过程中，有关国际公司法议论的焦点，除了对外国公司法的规制以外，就是国际适用范围的若干规定。关于国际适用范围，是指公司法的有关国际适用范围的规定，具体指法制审议会公司法（现代化相关）部会所讨论的几个问题，即，公司债的跨国发行、与外国公司的股份交换、禁止外国子公司取得国内母公司股份等。[32]

其中，关于跨国发行公司债需要研究的问题是，国内公司在

31　关于两者的关系，石黑，前引（注1）认为，以包括“所谓代理法理”的维度研究法人格否认，“应该发展性地解决合同当事人的确定和围绕其外观保护问题”。作为基本方向，黑石先生赞成这个观点［神前祯《批判》ジュリスト1233号（2002年）140页以下］，但是内部关系和外部关系的区别等问题与国际私法上的各种问题相关［石黑论文还引用了关于继承的最高裁判所平成6年（2005年）3月8日的判决，民集48卷3号835页］，还有商榷的余地。

32　请参考法制审议会公司法（现代化相关）部会第25次会议记录，该部会第25次至28次会议，展开了各种有意义的讨论。另外，关于对外国公司的规制，请参考本文四。

外国发行公司债时，与外国公司在日本国内发行公司债之间的适用关系。从当时的会议记录来看，事务局认为，“虽然是外国公司的债券，由于是在日本国内发行，应该适用与公司债管理公司、公司债债权人集会相关的日本商法规定，另一方面，虽然是国内公司债券，由于是在国外发行，不应该适用相关的日本商法规定”。[33]但是，几经议论之后，改变了这种观点，认为“关于公司债管理公司的强制性设置和公司债债权人集会的许可制度，在目前的商法框架下，仅适用国内公司在国内发行公司债的情形，不适用其他情形”。[34]结果，在关于公司法制的现代化纲要中，没有明确提及这一问题。

同样，为了明确承认与外国公司的股份交换，需要讨论如何保护国内股东等诸多问题，在关于公司法制的现代化纲要中也没

33　请参考该部会第25次会议记录。

34　在该部会第26次会议，事务局的结论是不做明文规定，具体说明如下：“一方面实务界指出，国内公司在国外发行公司债时，根据现今事实上没有设置公司债管理公司的状况，至少没有必要进行实质性的改变。如果是这样的话，还需要进一步讨论，……如果明文规定，国内公司在国外发行公司债时，不适用这些规定的话，那么对外国公司该如何处理？

假设对外国公司什么都不提的话，……外国公司在国内发行公司债时，当然这些规定就对外国公司不适用了。经过本次修改，这个问题更清楚了。关于强制性设置公司债管理公司和公司债债权人集会决议的许可制度，在现行商法框架下，仅适用于国内公司在国外发行公司债，不适用于其他情况。这种观点的讨论到此为止可否告一段落，这个观点是否自相矛盾需要听听大家的意见。”

另外，本阶段将发行地是否在国内作为标准，而公司法将公司债是否根据日本法发行作为标准。

有提及。[35]

对此，关于禁止外国子公司取得日本国内母公司股份问题，107 大多意见表示赞同当子公司为外国公司时也应该受到该限制的提案，[36]并且确认了“关于子公司的一般规定尽可能的也适用于外国公司”。[37]

2. **公司法的内容**

经过以上讨论制定的公司法，参照讨论意见明确了各规定的国际适用范围。[38]

即，将公司和外国公司分别定义，公司法第2条1项将公司定义为“股份公司、合名公司、合资公司和合同公司”，该条2项将外国公司定义为“以外国法律为准据设立的法人及其他外国团体，与

35　在该第25次会议，关于是否承认外国公司和国内公司之间进行股份交换，事务局做出以下说明：“本来，如果外国公司没有类似这种股份交换制度的话是无法实现的，但属于外国公司法的设立准据法问题，……而与国内公司相关的日本公司法，只能进行这样的梳理了”。经过该第26次会议和27次会议的讨论，最后在第28次会议的结论是：“关于与外国公司股份交换相关规定的条文化，……由于悬而未决的问题还很多，所以未能在纲要中明确提案。”

36　参照该第25次会议记录。

37　参照该第26次会议记录。另外，对此，在关于公司法制的现代化纲要（草案）第4部（股份公司、有限公司的关系）第9（其他）1（关于子公司规定）中规定，“公司法（名称暂定）中的‘子公司’，不仅包括株式会社和有限公司，也包括来自母公司的一定的支配权的外国公司法人等”。

38　公司法关于区分公司与外国公司的定义，在公司法第823条规定“外国公司有关其他法律的适用，视为日本同类公司或者类似公司。但是，其他法律另有特别规定时，不在此限”。也可能有人批判这是“外国公司不应该适用日本公司法规定的论说”的复活［石黑一宪，《日元计价外债与日本商法（公司法）规定的适用关系——对于KEPCO公司债权人集会事件的质疑（下）》贸易41卷5号55页］，但本文暂且不涉及立法论，仅围绕公司法解释论展开讨论。

公司同类或与公司类似”。由此可见，公司法明确区分了“公司”和“外国公司”，单独规定“公司”时，则不包括外国公司，如果欲包括外国公司时，则以“公司（包括外国公司）”作区别规定。[39] 108

另外，根据公司法第2条3项，“子公司”虽然应该符合日本法务省令（译者注：属于部门规章），但公司法施行规则第3条1款规定，对于两公司之间是否属于母子公司关系，“公司法第2条3项规定的法务省令，该项规定的公司支配其他公司的财务以及营业方针时的该其他公司”为子公司。这里，因为“公司等”也包括外国公司，[40]所以日本公司中的外国公司的子公司，也视为公司法上的子公司。[41]

根据以上梳理可知，公司债在公司法中的适用范围相当有限，即，根据公司法第2条23项，公司债是指“根据本法规定，公司通过发行所发生的以该公司作为债务人的金钱债权，依据第676条各项所列事项的规定可以得到偿还”。从而，（1）外国公司发行的不是公司法意义上的公司债，不能适用公司法有关公司债的规定，因为不是由“公司”发行所发生的以该“公司”作为债务人的金钱债权。（2）公司债的准据法为外国法时，由于不是日本公司法意义上的公司债，不能说是“根据本法规定”，所以不能适用

39　公司法中的“公司（包括外国公司）也包括准用条文，限于公司法第2条33项、第5条、第6条1款、第8条、第9条、第10条至第24条、第135条2款1项、第155条10项、第467条1款3项、第468条、第978条3项。”

40　该规则第2条3款2项。

41　有关母公司也同样，参见公司法第2条4项，公司法施行规则第3条2项。

日本公司法有关公司债的规定。[42]

109 相反，关于母子公司的规定，即使子公司为外国公司时，原则上也适用日本法，所以有关子公司取得母公司股份的规定[43]也适用于子公司为外国公司的情形。[44]另外，关于子公司的调查权，公司监事可以“请求子公司提交营业报告，并可以对其子公司的业务和财务状况进行调查”，[45]如上所述，因为子公司也包括外国公司，所以子公司为外国公司时，无正当理由的话，不能拒绝报告和调查。[46]

3. 公司法与国际私法的关系

我们似乎应该从公司法与国际私法的角度，进一步探讨公司法的适用范围与国际私法之间的关系。

公司法的适用范围只能由公司法自身规定，至于国际私法上的一般原则的适用，如果在公司法中有明文规定的话，当然可以排除公司法的适用范围。具体来说，第一，如果将公司法整体理解为属于绝对强制性规范的话，就可以排除国际私法的适用。但是，如果

---

42 以上，参见相澤哲編著『一問一答　新·会社法』(商事法務、2005年) 200頁以下。另外，日本的公司以日本法为准据法发行公司债，即使是在外国发行也属于日本公司法上的公司债。

43 公司法第135条1款等。

44 公司法第135条1款规定，“公司不得取得母公司为‘股份有限公司’的股份”，由于“股份有限公司”指的是日本公司法上的公司，所以母公司为外国公司时，不适用本条规定。[叶玉匡美『新·会社法100問』(ダイヤモンド社、第2版、2006年) 182頁]。关于其理由，该书指出，“第135条的规定是为了确保日本国内母公司的正常运营，而外国公司的问题应该由外国法规定”。

45 公司法第381条3款，该法第396条3款对于会计监查人的规定亦同。

46 公司法第381条4款。

公司法没有明文规定排除选择准据法的话，就很难想象公司法所有的规定都是具有公法性质的绝对强制性规范，根据公司法制定过程 110 的议论可知，是将国际法的准据法选择问题当作另行独立存在而论的，即使在公司法中肯定有绝对强制性规范的存在，也不能理解为公司法的所有规定都是绝对强制性规范。

第二，可以将公司法上的确定适用范围的规定理解为准据法选择规则的特别规定（即，一方的冲突规定），公司法的适用范围可以理解为只能由公司法自身规定。确实，在公司法中对国际适用范围有明文规定时，也有可能会顾及到国际私法问题。如上所述，关于子公司取得母公司股份的相关规定，母公司为日本法人，子公司为外国法人时，肯定适用该规定，相反，母公司为外国法人时，就不能适用该规定，可以说这里体现了准据法选择的传统解释的精神。[47]但是，另一方面，如果对该规定的国际适用范围设置明确规定的话，就会发生解释上的困难，还不如不设置具体规定，结果，根据公司法的定义规定，其规定的适用范围被限制得非常狭小。[48]从这些讨论来看，比起积极试图缩小公司法规定的适用范围，还不如考虑将公司法的适用范围交给国际私法上的一般原则更为合理。

出于这样的考虑，最终还是要按照原则对某个问题适用什么法律，首先由国际私法的性质来决定，只有在根据国际私法以日本法为准据法的情况下，才可以适用日本的公司法。公司法对适用范围的个别规定，不能直接回答国际私法的性质决定问题。也就是说，

47　有若干保留意见，参见藤田，前引（注1）（上）21页，江头，前引（注1）140页以下，叶玉，前引（注44）。

48　参见上述有关公司债和股份交换的议论。

根据国际私法准据法为日本法还是外国法，是独立于公司法的规定而独立进行判断的。当准据法被视为外国法时，即使有应该按照日本公司法的规定，如果没有该规定被视为绝对强制性规范的根据的话，还是应该理解为不适用日本公司法。另一方面，当准据法被视
111 为日本法时，即使公司法限定了其规定的适用范围，也不能因此而理解为适用该规定，或者对该案件类推适用日本公司法，应该理解为是公司法针对具体规定的解释问题。[49]

4. 公司债规定的适用范围

以下，举例说明公司法的国际适用范围的具体问题，对国际公司债发行展开讨论。关于公司债的各种相关问题，无论是依据公司债合同准据法，还是依据公司债发行公司的设立准据法，都属于国际私法上的问题。另一方面，通过上述对公司法的梳理可知，日本公司法的适用，仅限于日本公司以日本法为准据法发行公司债的情形。

首要问题是，在日本公司法关于公司债的规定中，是否存在绝对强行性规范？在以往的讨论中大多认为，为了保护国内投资者的利益，无论准据法如何都应该适用有关设置公司债管理公司的强制性规定。[50]对于公司法中的公司债管理人是否也应该维持这

49　对此，日本最高裁判所平成18年（2007年）10月17日判决，民集第60卷第8号，第2853页，关于平成16年（2005年）修改前的专利法第35条3款的见解引人瞩目："在文义上很难理解关于接受外国专利权的转让而支付对价的请求不能直接适用该条3款和4款的规定"，但是"接受外国专利权的转让而支付对价的请求可以类推适用该条3款和4款的规定"。公司法的规定也是如此，可以同样以此类推适用。

50　参见藤田，前引（注1）（下）22页，松井秀征「国際的な社債発行をめぐる法的問題」商事法務1675号（2003年）59—69、62頁。

样的解释有意见分歧，虽然也可以考虑根据与以往讨论相同的实质性观点对其进行肯定的解释，为此，就要比公司法第2条23项的定义拓宽理解公司法702条的公司债的意义，并且其作为绝对强制性规范必须是妥当的才可以。[51]这样，在言辞上限定了对其适用范围的规定，为了超越其范围而对绝对强制性规范加以解释有些勉强，另外，在公司法制定的审议过程中就有人指出，对于公司债的发行地或者公司债的义务履行地难以单独地进行界定，[52]因 112
此将公司法上设置公司债管理人的规定解释为绝对强制性规范还是有些牵强附会。

于是乎问题来了，有关公司债的诸多事项的准据法选择该怎么办呢？对此有的专家认为，关于公司债发行决议的组织法各种事项可以根据发行公司的属人法，关于公司债权人集会等的投资人利益保护各种事项可以根据公司债合同准据法。[53]这样的解释依据公司法会得到支持的，问题是，如果以日本法为准据法，却不适用日本公司法有关公司债的规定的话，又该如何解释呢？

例如，一家日本公司准备以外国法为准据法发行公司债，[54]对其发行在公司内部采用的手续，我们理解应该根据日本法进行。此时，很难以公司法的文义来判断，不适用该法有关公司债发行的所

51　参见江头，前引（注21）648页。

52　法制审议会公司法（现代化相关）部会第26次会议上，讨论了这样一个案例："公司债合同规定，在美国、欧洲和日本三个国家募集公司债，关于本金和利息的支付分别为，在东京向日本的投资人支付，在伦敦向欧洲的投资人支付，在纽约向美国的投资人支付"。

53　参见江头，前引（注1）142页。

54　公司法的定义表述为，"类似公司债的证券"也许更为贴切，以下所述即使不属于公司法上的公司债也统称为公司债。

有规定，而是应该类推适用这些规定为妥。[55]

同样，外国公司以日本法为准据法发行公司债（类似证券），关于公司与投资人的关系依据公司债准据法的日本法，此时，一般没有理由不适用公司法关于公司债管理人或者公司债权人集会的规定。

综上所述，关于公司债的相关事项，以日本法为准据法时，即使不符合公司法定义的公司债，很多情况下也应该理解为可以类推
113 适用公司法有关公司债的规定。[56]

四、对外国公司的规制

关于对外国公司的规制，公司法制定的最大变更就是对拟制外国公司的规制。[57]以下对公司法第821条有关拟制外国公司的内容与修改前的商法第482条进行比较和介绍，从解释论的维度概观其规定的要件和效果所涉及的法律问题。[58]

55　参见前引（注49），举个类似这种情况的例子，比如，有关募集的重要事项应该由公司的什么机构决定（参见公司法第362条4款5项、公司法施行规则第99条）。

56　但是，是否适用任何场合，公司法如何解释，还要根据具体规定研究分析。

57　其他修改的地方，还有关于外国公司的日本代表人，其中只要有1名在日本有住所足矣（公司法第817条1款后段）。

58　关于公司法第821条有关拟制外国公司制定过程中的议论，参见神作裕之「会社法総則・擬似外国会社（特集／新会社法の制定）」ジュリスト1295号（2005）134—145、142頁以下。

1.与以往规定的异同

修改前的商法第482条规定，“在日本设立总公司或主要在日本营业为目的的公司，虽于外国设立的，仍须以在日本设立的公司遵从同一之规定”。对于该规定中的“同一之规定”的解释，一直以来饱受争议。即同一之规定是否包含有关公司设立规定，未做出确切完整的界定，既未否认此类公司在外国法上的法人格，也未认定其为本国公司；还有认为同一之规定是指有关公司的设立规定以外的与公司相关联的其他规定。[59]但是，对于否认拟制外国公司的法人格的解释，有专家认为这会有损日本法的安定性和交易的安全性；而对于外国公司适用日本商法设立规定以外的规定，具体应该如何适用，使得法律的适用难以把握。

因此公司法第821条承认拟制外国公司的法人格，拟制外国公司不得在日本继续进行交易，违反该规定进行交易者，与外国公司 114
承担连带责任。由此，在确保法的安定性和交易的安全性的同时，还促使拟制外国公司之类的公司在日本设立国内公司。

2.公司法第821条的解释

如上所述，公司法第821条对旧商法第482条做了较多修改，关于其要件关键是看，该外国公司是否“以在日本设置总公司，或以在日本开展营业为主要目的”，并没有什么实质性的改变。但是，该要件暧昧不清，鉴于违反第821条的后果严重，[60]不得不限定性的

59　参见上柳克郎等編『新版注釈会社法(13)』(有斐閣、1990年) 534頁以下〔冈本善八〕。

60　根据公司法第979条，还可能处以罚款。

理解该用词。[61]

是否适用公司法第821条，实质上取决于该外国公司是否“以在日本开展营业为主要目的”，因为作为外国公司，总公司设在国外并不难。[62]“在日本开展营业为主要目的”这句话实际上延续了商法第482条的规定，由于在公司法制定的过程中并没有对其意义做充分的讨论，因而难以解释清楚。

首先，应该理解，公司的营业“目的”是什么，而不是现实中该公司在经营什么业务。[63]如果根据公司营业的实际情况进行判断的话，随着该公司在日本营业重点的变化，就会发生可以适用该
115 条，又变得无法适用该条的情况。

另一方面，如果在这里只从章程的记载等形式上判断“目的”的话，只要仅仅在形式上整合了营业目的，就可以不适用本条，这样就会湮没本条的宗旨。那么，这里的“目的”应该从什么角度来进行实质性判断呢？另外，“主要”目的一词的意思表明，即使以日本国外的营业为目的也可以适用第821条。关于这一点，在国会审议过程中，虽然多次使用了“专门”一词，[64]应该理解为这只不过

61　澤木敬郎=道垣内正人『国際私法入門』(第6版) 191頁以下，在参议院公司法审议的政府答辩中［参见神作·前揭（注58）145頁］以及附带决议，公司法第821条的适用仅限于极个别案例。

62　也可以这样理解：关于是否在日本设立总公司，尽管从章程等的记载形式上判断，“不是章程上的总公司，但事实上是总公司……是公司业务指挥的中心机关所在地”。上柳克郎等编，前揭（注59）533頁〔冈本善八〕。

63　相澤，前引（注42）241页同样主张，“‘主要目的’不是客观要件，而是主观要件”。

64　参见神作，前引（注58）145页注54。这里引用第162次国会参议院法务委员会第22号（2006年6月9日）政府专家顾问的发言：“所谓‘以在日本开展营业为主要目的的外国公司’是指，基本上在日本开展营业是其外国公司存在的

是举例说明而已。

尽管如此，如上所述，从公司法第821条的限定性解释的角度，我们会理所当然地理解，从设立到现在，始终只在日本开展营业的外国公司属于公司法第821条的拟制外国公司，除此之外，应该慎重对待以在日本开展营业为主要目的的情况。

3.与资产流动化模式的关系

日本在有关金钱债权、不动产等的证券化、流动化方面，有时会采取在国外设立SPC（特别目的公司，Special Purpose Company），由日本分公司开展主要营业活动的模式。[65]如果公司法第821条适用于这样的SPC的话，交易人对其债务就要承担连带责任且被处以罚款，因此在立法过程中，对于公司法是否适用于SPC有争议。[66]

首先，这种模式是将在外国的资产或在外国的居住人的债权也
作为证券化的对象，或者向居住在外国的投资人发行证券，这种外 116
国SPC很多情况下都不能说是拟制外国公司吧。

对此，证券化对象的财产在日本，向日本的投资人发行证券，该SPC将被视为拟制外国公司。但是，在这种情况下，如果只是一次性地从发起人处购买资产并向投资人发行股票的话，那就不能说

必不可少的条件，也是设立外国公司的前提，实际上，用通俗的语言表述的话，就是以专门在日本进行营业为目的而设立的外国公司，这正是我们考虑的关键所在"。

65 以下有关基本模式，参见渕圭吾「取引・法人格・管轄権（1）——所得課税の国際的側面」法学協会雑誌121巻2号123—212、186頁以下，及209頁注118登载的文献。

66 还有，尽管外国证券公司以在日本设立分公司的形式开展业务，在实务中也存在很多问题［第162次国会参议院法务委员会第20号（2006年5月19日）等］，鉴于篇幅有限，本文不做详细说明。

是继续性的交易，可以认为这种SPC不违反公司法第821条禁止拟制外国公司“在日本继续进行交易”的规定。

但是，对于继续产生的应收账款收益权的证券化，可能会被理解为拟制外国公司的外国SPC在日本继续进行交易，[67]这种情况，只能理解为应该适用公司法第821条和第979条2款。

117 神前祯／学习院大学

67　在法制审议会公司法（现代化相关）部会第26次会议上也有专家指出：“因为证券化等的SPC也要进行收购应收账款收益权等各种业务，所以以继续进行交易为目的的SPC，在现实中也是存在的。”

第六章　国际合同准据法

北泽安纪

2006年制定的《关于法律适用的通则法》，对日本的国际合同准据法规则进行了大幅度的修改。本文以该通则法的规定为前提，围绕国际合同的诸多方面，主要讨论有关合同、债权转让、抵消的准据法等问题，并论述这次法律修改在解释论方面应该注意的问题。

120

一、前引

2006年制定的《关于法律适用的通则法》(以下称为《通则法》)[1]，对国际合同准据法规则进行了大幅度的修改。关于合同准据法的规定由《法例》第7条至第9条，变更为《通则法》第7条至第12条；关于债权转让准据法的规定由《法例》第12条，修改为《通则法》第23条。另外，在本次修改时，曾经讨论是否要明文规定抵消的法律适用，但是最终还是没有加以涉猎。以下，以《通则法》的新规定为前提，特别是针对合同（见标题二）、债权转让（见标题三）、抵消（见标题四）的准据法，研讨本次法律修改中解释论方面应该注意的问题。同时，由于篇幅有限，本文仅限于介绍重大修改条款和讨论几个热点问题。

二、合同准据法

1. 概观《通则法》对确定合同准据法的规定[2]

《法例》第7条1款规定，关于法律行为的成立及效力，按照当

1　全面解读《通则法》的书籍，参见别册NBL编辑部編『法の通則法関係資料と解説』别冊NBL110号（商事法務、2006年）、小出邦夫編著『一問一答　新しい国際私法——法の適用に関する通則法の解説』（商事法務、2006年）、神前祯『解説　法の適用に関する通則法——新しい国際私法』（弘文堂、2006年）等。

2　关于合同准据法的规定，例如，竹下啓介「法律行為に関する準拠法」法

事人的意思确定准据法，当事人意思不明时，根据该条2款根据行为地法确定。但是，第7条2款规定的客观连接点（行为地法=合同成立地法）太过生硬，[3]是该条的问题所在，为了尽可能地避免启动适用第7条2款的机会，法学界广泛主张要更灵活地确定准据法，121 认可根据第7条1款尽量推定当事人的默示意思，[4]近来的判例也持相同观点，已经逐渐形成定论。[5]也有不同意见认为，尽量推定当事人的默示意思，缺乏准据法的预测可能性，而过于推定当事人默示意思可能会进行与当事人的真实意思无关联的客观连接，再则当事人意思自治与最密切联系地法则本应是彼此独立的两个原则，因

律のひろば59巻9号（2006年）13頁以下，西谷祐子「契約の準拠法決定における弱者保護」法律のひろば59巻9号（2006年）22頁以下，手塚裕之「弁護士がみる法の適用に関する通則法の意義と影響について」法律のひろば59巻9号（2006年）50頁以下，阿部耕一「法の適用に関する通則法と銀行実務への影響について」法律のひろば59巻9号（2006年）58頁以下，佐藤やよひ「契約——法適用通則法適用に当たっての問題」ジュリスト1325号（2006年）47頁以下，安部耕一「国際私法と銀行取引④」銀行法務21　669号（2007年）66頁以下，佐野寛「法適用通則法における契約準拠法の決定」民商法雑誌136巻1号（2007年）1頁以下，中野俊一郎「法例7条をめぐる解釈論の現状と立法論的課題」ジュリスト1143号（1998年）36頁以下，中西康「契約に関する国際私法の現代化」ジュリスト1292号（2005年）25頁以下，森下哲郎「国際私法改正と契約準拠法」国際私法年報8号（2006年）20頁以下，等。

3　参见中野，前引（注2）39页及所引用的文献。

4　折茂豊『国際私法各論』（有斐阁、新版、2006年）130頁，山田镣一『国際私法』（有斐阁、第3版、2004年）326頁，溜池良夫『国際私法講座』（有斐阁、第3版、2005年）367頁。

5　櫻田嘉章「契約の準拠法」国際私法年報2号（2000年）40頁。

不加区别，而变得模糊不清。[6]

《通则法》第7条以下的规定弥补了《法例》第7条的欠缺，使合同准据法规则更加细致化。即，相对《法例》第7条至9条关于合同准据法的规定，《通则法》第7条至12条合同准据法的规定增加了3条。首先，《通则法》对合同准据法的确认，沿用了旧法的“当事人意思自治原则”（第7条），“当事人没有选择准据法时”，不是按照以往的《法例》第7条2款补充性地推定当事人的意思，而是按照最密切联系的国家的法律（第8条），不是依据当事人的意思而是采用客观连接原则。[7]其次，为了保护国际合同中经济上的弱者，设立了有关消费者合同与劳动合同的特别规定，采用了强行法的特别连接理论（《通则法》第11条和第12条）。最后，第9条认可准据法的事后变更。

有学者指出，《通则法》对合同的准据法采用了主观连接与客观连接的二元连接理论，由于当事人意思自治原则与最密切联系原则是根本不同的规制，《通则法》一边采用以当事人意思自治原则为第一顺位的连接理论，另一方面又坚持以具体情况具体处理为第
122 二顺位的最密切联系原则，这是不同性质的两个原则的结合。[8]对此，也有学者认为如果重视当事人意思自治在确定合同准据法时的

---

6 参照櫻田，前引（注5）17頁，奥田安弘「わが国の判例における契約準拠法——契約類型毎の考察」北大法学论集45卷5号（1994年）48頁以下，中西・前揭（注2）26頁。

7 小出邦夫等「『国際私法の現代化に関する要綱』の概要」别册NBL编辑部『法の適用に関する通則法関係資料と解説』别册NBL110号（商事法务、2006年）52頁。

8 参照澤木敬郎=道垣内正人『国際私法入門』（有斐阁、第6版、2006年）203页，佐藤・前揭（注2）49頁。

作用，就要对当事人选择了准据法时和没有选择准据法时的情况加以区别对待，首先在当事人之间已经达成一致协议的情况下，通过当事人意思自治进行第一顺位的连接，在当事人之间没有达成协议的情况下，再进行第二顺位客观连接，如此这般，服从两个不同的准据法似乎也是可能的。[9]

2. 当事人意思自治原则

《通则法》第7条对于合同准据法的选择承认了当事人意思自治，一般认为，当事人意思自治原则的根据具有以下几个点，（1）当事人意思自治原则是实体法中的合同自由原则在国际私法上的体现，（2）很难通过所有的合同找到一个合理的连接点，（3）而且可以提高当事人的预见性等。其中将哪一个作为第一个根据，有学说主张，由于实体法上的合同自由原则是当事人意思自治原则的基础，所以合同自由原则才是其第一个根据，[10]一般合同很难找到一个合理的连接点，允许当事人选择法律，使当事人对其选择的后果具有预见性，有利于保护交易安全，从而打破困境。[11]

在《法例》规定的情况下，与根据当事人的意思选择准据法相关，解释论上有争议的问题是：合同准据法的分割指定、准据法选择的有效性的判断标准、准据法选择的默示意思、辅助准据法、非国家法的准据法的适格性、准据法的事后变更等。其中前三个问题，在《关于国际私法的现代化纲要中间试案》（以下称为中间试

9　相同观点还有：中西・前引（注2）26页，佐野・前引（注2）4页。

10　参照佐藤・前引（注2）50页。

11　参照中西・前引（注2）27页。

案）[12]阶段，曾经讨论从《法例》解释论的角度在《通则法》中加以明文规定，结果没有实现。另外，关于辅助准据法、非国家法作为准据法的适格性，在法制审议会的第一审阅阶段就进行了讨论，由于对设立规定绝大多数持否定意见，只好不了了之。从而，对于这些争议的问题，《通则法》仅对准据法的事后变更做了明文规定（第9条）。

关于合同准据法的分割指定，一直以来在学说[13]和判例[14]上存在两种对立的主张。从中间试案来看，虽然同时记载了承认分割指定方案（A案）和不设特别规定方案（B案），但是最终没有写入法案。在法制审议会上，赞成肯定分割指定的意见占多数，但在是否加以明文规定时，为了避免由于过度分割而导致准据法之间的矛盾和冲突，有必要划清分割的界限，可是建立一个明确的标准又非常困难，因此没有提出条文化的具体方案，于是明文规定被搁浅了。[15]

12　《关于国际私法的现代化纲要中间试案》，参见别册NBL编辑部编『法の適用に関する通則法関係資料と解説』别册NBL110号（商事法务、2006年）91頁以下。

13　肯定分割指定的观点，参见山田前引（注4）335页，溜池前引（注4）336页，澤木=道垣内、前引（注8）209页等。否定的观点，参见石黑一宪『国際私法』（新世社、第2版、2007年）323页。另外，“限于各准据法之间不发生逻辑性矛盾”分割指定就是可能的观点（横山润《当事人意思自治原则》国际法学会编『国際関係法辞典』（三省堂、第2版、2005年）645页。还有，“当事人之间发生不能统一或者难以解决的问题时”，不应该承认分割指定的观点，藤川纯子《关于合同准据法的分割指定》国际公共政策研究1卷1号（1997年）100页。

14　承认分割指定的判例，东京地方裁判所昭和52年（1977年）5月30日判时809号79页。一般认为，没有特别事由的情况下，原则上否定分割指定，东京地方裁判所平成13年（2001年）5月28日判时1093号174页。

15　参见小出等，前引（注7）51页。

今后我们不得不面对这些问题：以解释论如何阐明由于无法划清分割指定的界限而没有条文化，以及当事人没有选择准据法时，是否应该承认对法律行为的一部分进行所谓客观分割。[16]

关于准据法选择本身的有效性的判断标准，一直以来在学说上就有两种对立的主张，一种认为应该根据国际私法本身的规则进行判断，[17]另一种认为根据当事人指定的准据法来判断其指定行为的有效性。[18]在中间试案中，虽然同时记载了基于后者的准据法主张来设置明文规定（A案）和不设置明文规定的方案（B案），但最终阶段没有进行明文规定。在法制审议会上，多数意见赞成基于准据法主张起草的条文，由于没有强调设定这样的条文在司法实践中的必要性而没被采纳。[19] 123

根据《法例》第7条，当事人选择准据法不一定需要明示，判例和学说也允许默示选择准据法。不过，默示指定所认可的范围不明确，以往的大多学说认为应该综合考虑主观的和客观的情况，从各个角度合理探求当事人的默示意思，合同类型、合同内容、合同性质、合同当事人、合同的标的物、法院管辖以及仲

16　关于所谓客观分割，也有主张没有否定的理由，参见澤木和道垣内，前引（注8）201页。

17　参见山田，前引（注4）326页，溜池，前引（注4）352页以下。

18　参见山田镣一和泽木敬郎《国际私法讲义》（青林书院、1970年）144页〔烁场準一〕，泽木和道垣内，前引（注8）200页。

19　参见山田镣一和泽木敬郎《国际私法讲义》（青林书院、1970年）144页〔烁场準一〕，泽木和道垣内，前引（注8）200页。参见小出等，前引（注7）51页。

裁地协议等，[20]另外还有主张根据每个合同的类型来推定当事人的默示意思。[21]最近的判例中，探求当事人默示意思的观点趋于共识。[22]

在中间试案中，同时记载了条文化A案和不设明文规定的B案，A案具体内容为“当事人选择准据法或是明示指定，或是从该法律行为及其它有关因素来看必须是唯一明确的因素进行推定”。但是，在法制审议会上，将A案条文化时，判断是否是“唯一明确的因素”并非易事，由于担心会对以默示的准据法选择为前提的一直以来的司法界产生影响，最终没有明文规定。[23]因此，《通则法》对默示指定的范围，由于解释论的缺陷，没有规定限制默示意
124 思选择准据法的特殊规定，但是默示意思必须是当事人真实的意思表示，而不能只是作假设性的推定，主张限制默示意思选择准据法的观点认为，[24]不管理论上如何论证，在现实中如何区分真实的意思和推定的意思并非易事，应该沿袭一直以来的多数意见来认定默示意思。[25]如何看待这一点，关系到如何理解《通则法》第7条规定的准据法的默示指定和后述第8条客观连接点问题。即，为了处理《法例》第7条2款的缺陷，根据《法例》第7条1款合理的承认默示意思推定，《通则法》第8条取代了《法例》第7条2款，最密切

20　参见折茂，前引（注4）130页，山田，前引（注4）326页，溜池，前引（注4）367页。

21　参见松冈博《国际贸易与国际私法》（晃洋书房、1993年）231页以下。

22　参见樱田，前引（注5）40页。

23　参见小出等，前引（注7）52页。

24　参见小出等，前引（注7）52页，樱田嘉章《国际私法》（有斐阁、第5版、2006年）214页，澤木和道垣内，前引（注8）200页，佐野，前引（注2）12页以下。

25　参见森下，前引（注2）24页以下。

联系地法的适用使灵活的确定准据法变得可能，希望将默示意思解释为仅限于对当事人真实意思的解释。[26]

我们还需要探讨在什么情况下可以根据《通则法》第7条来确定默示意思。例如，关于管辖协议和仲裁协议，可以认为这是当事人真实的意思表示，[27]但是，本来这只是从程序的角度考虑的问题，不能单纯地理解为是确定协议存在的意思表示。[28]另外，当事人采用特定的国家的法律作为解释的标准，或者当事人提到了特定国家的法律具体规定时，应该认可其进行的默示指定是妥当的。

除此之外，关于被称为商人法（Lex mercatoria）的非国家法的准据法适格性问题，[29]在法制审议会上，只在以国家法为准据法的前 125
提下，不承认非国家法的准据法适格性，可是由于学界承认非国家法的准据法适格性的见解也很给力，[30]预计这两种观点今后仍将持续对立。

根据《通则法》第7条，虽然合同当事人在合同签订时必须指定准据法，但是在合同签订后变更准据法也得到认可（《通则法》第9条）。当事人在合同签订时根据《通则法》第7条选择的法律，事后也可以根据《通则法》第9条进行变更。不仅如此，即便在合同签订时当事人没有选择法律，也可以根据《通则法》第8条的客

26　相同见解，参见佐野，前引（注2）12页以下。

27　参见折茂，前引（注4）134页

28　相同见解，参见中西，前引（注2）28页。

29　关于非国家法的准据法适格性，参见高杉直「国際開発契約と国際私法——安定化条項の有効性と日国家法の準拠法適格法」阪大法学52卷3=4号（2002年）459頁以下。

30　参见中野俊一郎「非国家法の準拠法適格法—国際私法的側面からみたLex Mercatoria」CDAMSディスカッションペイパー04/6J（2004年）168頁以下。

观连接点确定准据法，我们认为这是当事人在合同签订后就准据法达成的协议。例如，当事人在合同签订时选择的是外国法，而在诉讼程序中出示的却是选择日本法，这种事后的选择当然会得到承认。但是，如果当事人在合同签订时没有选择准据法，在诉讼时以日本法为前提进行主张和立证，如果简单地承认其为准据法的事后变更，就有些不妥。另外，当事人也可以变更默示的准据法。还有，事后变更的效力可否溯及至合同签订时，《通则法》没有明确规定，由当事人协商决定，[31]一般情况下，经常会发生准据法变更的溯及力问题。[32]最后，准据法事后变更损害第三人时，则该变更不得对抗第三人（《通则法》第9条但书）。这里的第三人是指，比如，为了第三人签订合同的第三人，或者变更主债务准据法的保证
126 人等，当这种“权利的变更实际上对第三人不利”时，即，“具体来说，就是比较准据法前后问题的每个焦点，将适用变更后的准据法的结果，与适用变更前的准据法的结果进行比较，缩减了权利范围，该权利在变更前可以主张，而变更后就不能主张”[33]，这时，准据法的变更不得对抗第三人，变更的效力仅限于当事人之间，对第三人仍继续适用之前的准据法。

3.当事人没有选择准据法时的客观连接点

当事人没有依据《通则法》第7条明示或者默示选择准据法时，可以根据第8条的客观标准确定准据法。《通则法》第8条的1

---

31 《关于国际私法的现代化纲要》第4条2款（注），“准据法变更是否具有溯及力，是否对将来准据法变更有溯及力，当事人在变更时可以选择”。参见别册NBL编辑部编『法の適用に関する通則法関係資料と解説』别册NBL110号（商事法务、2006年）69页，樱田·前揭（注24）212頁。

32 参见樱田，前引（注24）212页，佐野，前引（注2）8页。

33 参见小出编著，前引（注1）62页。

款是以最密切联系地法为准据法，2款和3款设定了根据特征性给付理论等推定最密切联系地法的规定。在确定第8条1款的最密切联系地法时，采用最密切联系地这个连接点的规定，重视准据法确定的灵活性，充分考虑了所有当事人的意思要素和法律行为要素都以最密切联系地为连接点，[34]最密切联系地的连接点的定位是客观连接，主张确定最密切联系地应该纯粹考虑客观要素。[35]关于这一点，从前在探求默示意思时，要综合考虑意思要素和客观情况，而《通则法》将主观连接（第7条）和客观连接（第8条）加以分别规定，这里的问题焦点是客观连接，第8条的客观连接不同于第7条的默示意思推定，确定最密切联系地时应该只限于考虑客观要素。

《通则法》第8条2款和3款设置了推定1款最密切联系地法的规则，从而保证了当事人的预见可能性。在第8条1项下的以不动产为标的的法律行为，其最密切联系地法为不动产所在地法（第8条3款）；劳动合同的最密切联系地法为劳务提供地法（第12条3款），劳务提供地难以确定的，适用雇佣该劳动者的营业所所在地 127
法；其他合同，依据特征性给付理论[36]推定最密切联系地法。特征

34　参见「国際私法の現代化に関する要綱中間試案補足説明」（以下、補足説明という）別冊NBL編集部編『法の適用に関する通則法関係資料と解説』別冊NBL110号（商事法務、2006年）144頁以下、神前・前掲（注1）62頁以下。

35　参见中西，前引（注2）31页，佐野，前引（注2）14页以下。但是，佐野论文认为，“如果从通则法第7条的适用中引申出假定当事人意思除外的解释，关于最密切联系地的确定，与假定意思相当的情形，即，如果是与当事人同样处境的人，就有必要考虑合理的选择适用法”。

36　关于特征性给付的理论，参见岡本善八「国際契約の準拠法——EEC契約準拠法条約案に関して」同志社法学32巻1号（1980年）18頁以下、長田真理「契約の準拠法決定における特徴的給付論と履行地——フランス及びベルギーの判例・学説を中心に」阪大法学48巻1号（1998年）251頁以下。

性给付理论是指，现代合同大多以金钱给付为对价，合同当事人一方以支付金钱来履行义务，而另一方则为非金钱履行，金钱给付没有显示出合同的具体特征，而作为金钱给付对价的非金钱履行在不同的合同中显示的特征各有不同，因此根据非金钱履行一方的经常住所或者营业所所在地法来确定其合同的准据法。所谓特征性给付的当事人，具体来说，如果是买卖合同的话就是卖方，如果是保险合同的话就是保险人，如果是借款合同及消费借贷合同的话就是贷款人，如果是承包合同的话就是承包人，如果是委托合同的话就是受托人，如果是保证合同的话就是保证人等。[37]不过，在现代复杂的合同关系中，经常出现弄不清楚以什么为特征性给付的情况，法制审议会上有人举出这样的例子：合资合同、OEM合同、银行签订的保证合同等，[38]其中合资合同确实不符合特征性给付的理念。另一方面，OEM和银行签订的保证合同，如果套用特征性给付理论的话，则有可能将制造受托人和保证人的营业所所在地法推定为最密切联系地法，在实际交易中，如果存在比推定的法有更密切联系地法的情况下，就可能会推翻第8条2款的推定。[39]

37　此外，特别是对银行交易方面应用特征性给付理论，相关研究参见：安部耕一「国際私法と銀行取引④——『法の適用に関する通則法』の制定と銀行実務への影響」銀行法務21　669号（2007年）69頁以下。

38　参见：補足説明41頁（別冊NBL編集部編『法の適用に関する通則法関係資料と解説』別冊NBL110号（商事法務、2006年）145頁）。

39　参见：小出编著，前引（注1）53页以下，神前，前引（注1）66页以下，森下，前引（注2）27页以下，佐野，前引（注2）16页。另外，中西，前引（注2）30页认为，关于OEM合同，如果委托人详细地参与了产品的设计的话，也可能适用委托人公司所在地法，如果只是加贴委托人品牌的产品，可以适用委托人方的法律。

这样看来，《通则法》第8条1款的规定，对于像交换合同那样特征性给付难以区分的合同，可以直接导出准据法的准则，同时，如果存在比第8条2款和3款推定的法有更密切联系地法的情况下，也可以推翻2款和3款的推定，也具有适用最密切联系地法所谓例外条款的机能（参见《通则法》第15条、20条）。再则，第8条1 128
款作为例外条款机能，对于第8条2款和3款的推定的强度，学界认为虽然将推定推翻并不难，[40]但不能轻易地推翻，要慎重。[41]

4. 合同准据法对弱者的保护

近年来的立法倾向，除了合同准据法的一般规则外，通常针对消费合同和劳动合同，设置特别规则以保护经济上的弱者。《通则法》第11条和12条对消费者合同和劳动合同设置了特别规则。[42]

a 消费者合同

《通则法》第11条1款承认，对于消费者合同的成立及效力，由当事人选择法律（《通则法》第7条）。但是，从保护消费者的目的出发，即使当事人明示或者默示指定的法律为消费者的经常居住地法以外的法律，只要消费者向企业表示了应适用其经常住所地法中特定的强制性规范的意思，该强制性规范应该予以适用。另外，如果当事人没有指定准据法，根据《通则法》第11条2款，合同的准据法为消费者经常居住地法。该第11条1款的规定，并不是由法

40　参见神前，前引（注1）68页。

41　参见佐野，前引（注2）17页。

42　关于通则法的有关消费者合同、劳动合同的规定，参见中西，前引（注2）31页以下，西谷，前引（注2）22页以下。关于的法例的有关消费者合同和劳动合同的解释论，参见出口耕自「国際私法上における消費者契約（2）完了」民商法雑誌92巻5号（1985年）629頁以下，中野・前揭（注2）40頁等。

129 官对合同准据法与消费者经常居住地法的强制性规范的优越性进行比较，而是具有由消费者自己根据自己的经常居住地法中的强制性规范主张的特定效力。设定该规定的理由是，由法官对当事人所选择的合同准据法的内容和消费者经常居住地法的内容进行比较，如何才能适用对消费者更有利的法律，这是非常困难的，确定合同准据法与消费者经常住所的强制性规范和其内容，不仅费时费力，而且可能会导致诉讼迟延。[43]对于消费者的主张，消费者为了受到自己经常居住地法中的强制性规范的保护，仅仅依据该强制性规范立证并主张解除合同等的攻击防御方法的要件事实是不够的，还要依据特定的强制性规范谋求法律效力，即依据特定的法律主张攻击防御方法本身。[44]这种主张并非辩论主义的例外，而是“使以经常居住地法中的特定强制性规范为准据法发生效力的实体法上的意思表示”，消费者在法庭内外都可以进行该主张。[45]此外，请注意，以消费者保护为目的的日本绝对强行性规范，对于在日本有经常住所的消费者，即使没有主张应该适用日本法中的特定强制性规范的情况，也可以优先适用《通则法》第11条。[46]

130 《通则法》第11条2款规定，当事人没有指定准据法时，以消费者的经常居住地法为准据法。如果不设定这样规定，依《通则

43　参见：補足説明50頁（別冊NBL編集部編『法の適用に関する通則法関係資料と解説』別冊NBL110号（商事法務、2006年）154頁）。

44　参见：補足説明49頁（別冊NBL編集部編『法の適用に関する通則法関係資料と解説』別冊NBL110号（商事法務、2006年）153頁）。

45　参见：補足説明50頁（別冊NBL編集部編『法の適用に関する通則法関係資料と解説』別冊NBL110号（商事法務、2006年）154頁）。

46　参见：補足説明53頁（別冊NBL編集部編『法の適用に関する通則法関係資料と解説』別冊NBL110号（商事法務、2006年）157頁）。

法》第8条的规定基于特征性给付理论进行推定的话，原则上就会以经营者所在地法为准据法，显然这样处理对消费者不利。因此，《通则法》第11条2款确保了作为消费者生活环境法律的经常居住地法的适用。[47]

《通则法》第11条规定的消费者合同是指，消费者和经营者之间签订的合同，是劳动合同以外的合同。并且，这里的所谓消费者是指个人，经营或者以经营为目的的合同当事人除外；经营者是指，作为法人及其他社团、财团、经营或者以经营为目的的合同当事人的个人。该定义与消费者合同法第2条中的消费者、经营者、消费者合同的定义一致，国际私法保护消费者的根据与实体法同样，在于合同当事人之间的“信息及交涉能力的差距”，通过定义合同当事人的性质，可以更确切地确定消费者保护规定的适用范围。[48]不过，《通则法》第11条并不是将所有的消费者都纳入保护对象，而是将所谓主动性消费者排除在保护对象之外。主动性消费者是指按照自己的意愿跨境在经营者的营业所在地签订合同的消费者。如果对这样的消费者也采取经常所在地法进行保护的话，超过了只是针对在国内进行活动的经营者要求必须适用消费者经常居住地法的范围，有损经营者的预见可能性。[49]为此，《通则法》第11条6款规定的以下两种情况，不适用《通则法》第11条1款至5款：

47　参见：補足説明50頁（別冊NBL編集部編『法の適用に関する通則法関係資料と解説』別冊NBL110号（商事法務、2006年）154頁）。

48　参见：補足説明51頁（別冊NBL編集部編『法の適用に関する通則法関係資料と解説』別冊NBL110号（商事法務、2006年）155頁）。

49　参见：補足説明51頁（別冊NBL編集部編『法の適用に関する通則法関係資料と解説』別冊NBL110号（商事法務、2006年）155頁）。

在消费者合同所签订的经营者的经营场所与消费者的经常居住地处于不同法域时，①消费者前往该经营场所所在法域签署了该消费者合同（1项）；或者②消费者在该营业场所的所在法域，经营者已经全部或部分履行消费合同规定的债务时（2项）。但是，如果该消费者在签订履行合同时，在其经常居住地受到经营者的“劝诱”的
131 话，可以受到《通则法》第11条的保护（1项和2项但书）。至于什么情况下属于“劝诱”，例如，经营者通过电话、直邮广告或者电子邮件等对消费者进行个别劝诱，消费者被劝诱到经营者的经营场所所在法域，这种行为属于“劝诱”。[50]另一方面，经营者在消费者的经常居住地进行一般性宣传广告活动或者在网络上设立网页，消费者在其经常居住地可以检索到经营者的宣传广告，这种情况不属于“劝诱”。[51]因此，《通则法》第11条6款规定的以下情形不适用《通则法》第11条1款至5款：③在签订消费者合同时，经营者不知道消费者的经常居住地，并且其不知道有合理的理由（3项）；④在签订消费者合同时，经营者误认为对方不是消费者，并且其误认有合理的理由（4项）。

b 劳动合同

《通则法》第12条1款对于劳动合同的成立和效力，与《通则法》第11条1款有关消费者合同的规定一样，承认由当事人选择法律（《通则法》7条）。但是，出于保护劳动者的目的，当事人明示或默示指定的法律即使是最密切联系地法以外的法律，在劳动者向雇佣者表示了应该适用最密切联系地法中的特定强制性规范时，则

50 参见西谷，前引（注2）27页。

51 参见西谷，前引（注2）27页。

适用其强制性规范。最密切联系地法是指，该劳动合同的劳务提供地法，其劳务提供地不能特定时，推定为与雇佣该劳动者的经营场所所在地法有最密切联系地法（《通则法》第12条2款）。另外，当事人没有指定准据法时，根据《通则法》第11条3款推定，该劳动合同的劳务提供地法为与《通则法》第8条1款规定的最密切联系地法。

根据《通则法》第12条1款的规定，与消费者合同相同，并不是由法官对合同准据法与最密切联系地法的强制性规范的优越性进 132
行比较，而是具有由劳动者自己根据最密切联系地法的强制性规范主张的特定效力。设置该规定的理由是，由于实体法上的劳动者保护法理大多源于判例，进行优越性比较非常困难，这大大增加了诉讼关系人的负担。[52]另外，与消费者合同相同，以保护劳动者为目的的日本绝对强制性规范，即使劳动者没有主张应该适用特定的强制性规范，只要合同关系在其适用范围内，就可以优先适用《通则法》第12条。[53]

此外，《通则法》第12条规定的劳动合同，与消费者合同不同的是没有规定定义，但是可以根据三个要素进行判断：①合同属于劳务提供合同；②劳动者服从雇佣者的命令指挥；③劳动者获得报酬。[54]

52　参见：補足説明55頁（別冊NBL編集部編『法の適用に関する通則法関係資料と解説』別冊NBL110号（商事法務、2006年）159頁）。

53　参见：補足説明56頁（別冊NBL編集部編『法の適用に関する通則法関係資料と解説』別冊NBL110号（商事法務、2006年）160頁）。

54　参见：補足説明54頁（別冊NBL編集部編『法の適用に関する通則法関係資料と解説』別冊NBL110号（商事法務、2006年）158頁）。

三、债权转让的准据法

1.《通则法》第23条的立法宗旨

《通则法》第23条规定，“债权转让对于债务人以及第三人的效力，依被转让债权所应适用的法律”。[55]该条针对债权转让准据法相关的各种问题，特别是对于债权转让的债务人以及第三人的效力的准据法进行了规定。在修改《通则法》的法制审议会的议论中，133 虽没有设置特别规定，但法解释之路是畅通的。

《通则法》第23条修改了《法例》第12条的债务人住所地法主义，以被转让债权为准据法的理由：①《法例》第12条规定的债务人的住所是指债权转让时的住所，如果债务人在债务转让时变更了之前的住所时，就会欠缺对债务人以外的第三人的保

55 关于债权转让的准据法，参见：拙稿①「債権譲渡についての留意点」法律のひろば59巻9号（2006年）45頁以下、横溝大「債権譲渡」ジュリスト1325号（2006年〕62頁以下、河野俊行①「債権譲渡」民商法雑誌136巻2号1頁以下、岡本善八「国際私法における債権譲渡」同志社法学39巻１＝１２号（1987年）115頁以下、早川眞一郎「UNCITRAL債権譲渡条約について」国際私法年報3号（1999年）１頁以下、齊藤彰「債権譲渡の準拠法——新たな立法的動向への対応を考える」ジュリスト1143号（1998年）59頁以下、河野俊行②「証券化と債権譲渡」渡辺惺之＝野村美明編『論点解説　国際取引（松岡博教授還暦記念）』(2002年）124頁以下、野村美明「債権流動化と国際私法——立法試案」大阪大学法学部創立50周年記念論文集『21世紀の法と政治』(2002年）359頁以下、拙稿②「フランス国際私法上の債権譲渡」法学研究76巻3号（2003年）1頁以下、同③「債権流動化と国際私法」国際私法年報6号（2004年）2頁以下。

护；[56]②债权转让相关的各种问题中，对于商务中至关重要的债权转让的可能性、债务人对抗要件以及第三人对抗要件问题，应该适用同一准据法处理；③商务中，由于向债务人请求履行债务，需要根据转让时和转让后的被转让债权准据法准备对抗要件，所以不能忽视被转让债权准据法；[57]④根据《通则法》第23条，由于对债务人效力的准据法与对其他第三人效力的准据法是同一的，不会在各准据法之间产生矛盾，受让人根据被转让债权准据法的要件，无论是与债权人的关系还是与其他第三人的关系，都可以确切无疑地取得债权。除此之外，一直以来在学界还有主张⑤债权转让的后果是债权人的转换，这是关系到债权命运攸关的问题，不是变更债权的内容和效力，而是将债权原封不动地转移给受让人，完成债权人转换，因此与债权转让的第三人的关系，在逻辑上也应该适用被转让债权的准据法[58]，这也是有根据的。[59]

2.债权转让的成立和对转让人与受让人有效的准据法

关于债权转让的成立和在转让当事人之间有效的准据法，在

56　参见溜池，前引（注4）389页。

57　至此为止，在日本进行债权转让时，我们体会在实务操作中，为了从债务人方直接回收债权，除了法例12条规定的债务人的住所地法的对抗要件以外，基于转让债权的准据法的对抗要件也需要准备好。例如，参见浅田隆「債権譲渡規定の見直し、債権質・相殺の規定化を中心に」金融法務事情1717号（2004年）32頁。

58　参见久保岩太郎《国际私法论》（三省堂、1935年）464页以下。

59　关于其根据，详情参见：野村美明《债权转让》木棚照一＝松冈博編『基本法コンメンタール　国際私法』（日本評論社、1994年）84頁以下，参见野村・前揭（注55）366頁，拙稿③・前揭（注55）4頁。

《法例》下，学界有以下争论：一般学说认为，债权转让的成立与转让当事人之间的效力之问题，将债权转让视为所谓准物权行为，必须严密区分其原因行为的买卖或赠与，[60]虽然《法例》第7条规定
134 了转让的原因行为本身，由于转让行为是债权人转换，关系到该债权命运的问题，应该采用被转让债权的准据法。[61]另外，债权转让可以理解为合同债权法律行为，应该适用转让人与受让人之间的合同准据法（法例第7条学说）[62]，或者如一般学说，在严密区分债权转让的原因行为与转让行为后，需要满足债权转让的债务人的利益保护与债权移转顺利这两个要求，由于前者已经满足《法例》第12条的要求，这里只考虑后者，根据《法例》第7条确定准据法就

60　关于债权转让，对于如何区别作为其原因行为的法律行为（买卖等）和作为准物权行为的债权转让行为，对德国法的理解有深厚见地，参见野村，前引（注55）80页。

61　参见：久保岩太郎《国际私法论》（三省堂、1935年）463页，实方正雄《国际私法概论》（有斐阁、再订版、1952年）254页，川上太郎《国际私法讲义要纲》（有信堂、1952年）111页。桑田三郎《债权的对外效力、变更、消灭》国際法学会編《国际私法讲义2卷》（有斐閣、1955年）494頁，江川英文《国际私法》（有斐閣、改訂版、1957年）246頁。溜池良夫《国际私法讲义》（有斐阁、第2版、1999年）387页以下，樱田嘉章《国际私法》（有斐阁、第3版、2000年）234页，出口耕自《基本论点国际私法》（法学书院、第2版、2001年）102页以下，木棚照一、松冈博、渡边惺之《国际私法概论》（有斐阁、新版、2003年）375页等。

62　参见：跡部定次郎「国際私法上債権譲渡ノ従フベキ法律」京都法学会雑誌2巻10号（1907年）25頁以下、山口弘一『日本国際私法論』（三書楼、初版、1910年）191頁、山田三良『国際私法』（有斐閣、1932から1934年）593頁、石黒一憲『金融取引と国際訴訟』（東京大学出版会、1983年）233頁、野村・前揭（注55）365頁，拙稿②・前掲（注55）36頁等。

可以了。[63]还有，根据下级审法院判例，与一般学说相同，债权转让行为以准物权行为为前提，债权转让的成立和效力适用被转让 135
债权的准据法。[64]在修改《通则法》的法制审议会上，虽然讨论了是否设置明文规定，最终，还是留给了法解释。因此，在《通则法》下，也可以参考一直以来的法解释论，即，①债权转让视为准物权行为，从债权转让的债权行为的侧面看，适用该债权行为的准据法，从债权转让的准物权行为的侧面看，适用被转让债权的准据法；②尽管债权转让视为准物权行为，但是，从债权移转顺利的目的来看，按照债权行为适用债权合同的准据法；③不采用债权转让为准物权行为的概念，将该债权法律行为理解为合同时，则适用该法律行为的准据法。此时，不考虑债权转让中有物权行为的内容，关于债权转让的成立和在当事人之间的效力，则适用转让人与受让人之间的合同准据法。关于债权转让的成立，在采用准物权行为的概念时，我们对于如何区分原因行为与准物权行为尚存有疑虑，其主要理由是如果两者能够适用一个准据法的话，则简单明了。

3. 债权转让对债务人及第三人有效的准据法

如前所述，《通则法》第23条规定，债权转让对于债务人以及其他第三人的效力，依被转让债权所应适用的法律。被转让债权的准据法因债权的发生原因而不同，因法律行为而发生时，根据《通则法》第7条以下的规定决定准据法，基于《通则法》第7条当事

63　详情参见：折茂，前引（注4）202页、204页注10，冈本，前引（注55）141页以下。

64　参见：前桥地桐生支判昭和37・4・9下民集13卷4号695页，东京地判昭和42・7・11金法485号33页。关于本判决的评析参见：冈本善八，涉外判例百选（第3版）111页，拙稿，国际私法判例百选（有斐阁、2004年）76页以下。

人没有选择准据法时，根据《通则法》第8条确定最密切联系地法。另外，关于无因管理和不当得利，依据《通则法》第14条以下的规定，关于不法行为适用《通则法》第17条以下的规定。

依据《通则法》第9条规定，转让人与债务人之间的被转让债权的准据法在事后变更的，需要研究其准据法变更与债权转让准据法之间的关系。如果转让人和债务人变更准据法后进行债权转让，变更后的新的准据法对于债权转让的债务人及其第三人有效。但
136 是，在债权双重转让的事例中，第一次转让后，转让债权的准据法在转让人和债务人之间发生变更，在其后进行第二次转让时，该变更损害第三人（债权转让的受让人）的权利时，则该变更不得对抗第三人（参见《通则法》第9条但是）。[65]结果，如果债权转让的第一受让人根据转让人和债务人之间变更前的旧准据法具备了对抗要件的话，在新的准据法下，就没有必要具备新的对抗要件。

关于债权转让的准据法，有必要考虑与债权质押等其他法律关系的准据法的一致性，特别是债权质押，同一债权的受让人和质权人主张优先地位时，希望债权转让对于第三人效力的准据法与债权质押效力的准据法同一。对此，在法制审议会上，也讨论了是否应该设置债权质押准据法的规定，最后没有设置特别规定。因此，这个问题可以继续沿用一直以来的解释，例如，《法例》下的判例，①保留了最高裁判所昭和53年（1978年）4月20日[66]的观点，关于债权质押的准据法，债权质押虽然视为物权，但是不适用《通则

65　关于《通则法》第9条但书，根据情况，准据法事后变更可能认可也可能不认可，批判这种不确定因素，认为在债权转让后变更转让债权准据法，“有害第三方的权利”，应该一律加以否定。参见横溝·前引（注55）70页。

66　民集32卷3号616页。

法》第13条规定，而是相当于有形物的所在地法，适用债权质押的客体债权的准据法；②如果债权质押视同有形物质押的物权的话，就可以适用《通则法》第13条；③在国际私法上，债权质押和债权转让担保都视为债权转让的一个类型，对抗要件可以准用《通则法》第23条。关于这个问题，可以说债权质押的标的物是债权，是法律特别认可的担保制度，在国际私法上以担保为目的而支配债权是否就构成了债权转让，这有些令人困惑不得其解。根据 137
《通则法》的法解释，我支持①的主张。

但是，对于同时转让几个债权，且各个债权的准据法互不相同，或者对未确定的将来债权的打包转让之类的情况，在日本司法实践中并不多见，没有必要对此特别规定，最后《通则法》第23条没有包括这些内容。[67]对于互不相同的多个债权转让，或者未确定的将来债权的打包转让，如何适用准据法，德国学说也有相同的议论，[68]对于立法的缺失，可以考虑通过对《通则法》第23条作恰当的解释，在第23条框架外，拓展适用转让人经常住所地法的法解释论的可能性。[69]在立法过程中，多数意见认为，应该不拘泥于《通则法》第23条债权转让的方式，以适用几乎所有的债权转让为前提，全部纳入法解释的框架内解决法律适用问题。如果准据法互

67　参见：補足説明51頁（別冊NBL編集部編『法の適用に関する通則法関係資料と解説』別冊NBL110号（商事法務、2006年）207頁）。

68　例如，Stoll将债权转让分为，整体性转让和单一性转让（Singularzession），只适用于整体性转让，对于单一性转让不适用。参见：Stoll, Anknüpfung bei mehrfacher Abtretung derselben Forderung, IPRax, 1991, S. 223; Staudinger/Stoll, Internationales Sachenrecht, 13. Aufl., 1996, Rn. 349 f.

69　参见：横溝・前揭（注55）68頁以下。

不相同的多个债权且未来债权的打包转让，在今后司法实践中的需求增多了的话，到那时再直面问题研究立法解决吧。

4. 债权转让的可能性、转让禁止特约的效力、从属权利的转让、无记名债权的准据法

关于债权转让的可能性的准据法，在《法例》下的解释论框架中，一般认为适用被转让债权的准据法，可是，债权转让的可能性中实际上涵摄了什么问题？未必清楚。例如，所谓债权转让可能性、将来债权转让的可否、自身专属权利转让的可否、转让禁止特约的效力等各种问题，这也是比较法学家们的关注点。我个人认为，转让禁止特约的效力、自身专属权利（例如，工资债权、保险金请求权、慰抚金、抚养费请求权等）的转让、附条件债权以及将来债权的转让等问题，作为该债权的属性问题，支持适用被转让债权的准据法的见解。关于自身专属权利的转让问题，适用被转让债权的准据法的同时，
138 还有可能适用各国制定的有关禁止转让的强制性法规。

另外，关于保证债权、担保物权等的从属权利是否随着债权的转让而移转问题，虽然适用被转让债权的准据法，由于这些权利本身就有准据法，如果不承认从属权利随着准据法移转的话，日本的一般学说认为就没有发生移转。[70]对此，也有学者认为，被转让债权只不过是单一的保证和担保物权的标的而已，应该适用从属权利的准据法。[71]

关于无记名债权的准据法，无记名债权与指名债权不同，由于

70　参见：折茂・前揭（注4）207頁，溜池・前揭（注4）411頁，櫻田・前揭（注24）244頁以下。

71　参见：道垣内・前揭（注62）260頁。

债权已经被证券化，其转让不能与证券切割开来，与动产的转让同样处理，即无记名债权的准据法包括对第三方的效力，适用转让时的证券所在地法。[72]

四、抵消的准据法

关于抵消的准据法，在《法例》下，主要有以下对立学说：①主张自动债权的准据法和受动债权的准据法的重叠适用的见解；[73]②主要适用受动债权的准据法的受动债权准据法说；[74]③自动债权的要件适用自动债权的准据法，受动债权的要件适用受动债权的准据法的分别适用说。[75]这些学说中，在传统上自动债权的准 139
据法与受动债权的准据法的重叠适用说为多数学说。这次法律修改之际，对于是否设置抵消准据法的规定进行了讨论，应该适用受动债权的准据法的见解得到大部分人赞成，结果没有被采纳，不设明文规定，还是依赖一直以来的解释，其理由是：①目前，各国采取的抵消法律制度大致有以下三种，（1）有的国家实体法上采取意思

72　参见：溜池・前揭（注4）412頁，樱田・前揭（注24）245頁以下。

73　参见：江川・前揭（注61）249頁，久保・前引（注61）481頁，桑田・前揭（注61）502頁，溜池・前揭（注61）391頁，樱田嘉章《国际私法》（有斐阁、第3版、2000年）236頁，木棚等・前揭（注61）156頁。

74　参见：实方・前揭（注61）214頁，折茂・前揭（注4）214頁，道垣内・前揭（注62）269頁以下。

75　参见：元永和彦「国際的な相殺に関する諸問題（2）」法学協会雜誌113卷6号（1996年）936頁以下。

表示抵消主义的立法制度，根据单方的抵消的意思表示，数量对等的两个对立的债权当然相互抵消。（2）有的国家在实体法上采取当然抵消主义法律制度，只要两个对立的债权具备了抵消要件，即使没有当事人的意思表示，数量对等的两个对立的债权也当然抵消。（3）有的国家只是程序法上的抵消制度。由于各国的抵消制度迥然不同，在国际私法上如何建立"抵消"法律制度，"受动债权"到底属于什么债权，在法解释上仍留有悬念；（2）而各国对于抵消准据法的立法理念各不相同。[76]

从比较法的视角来看，有各种不同的法律制度。[77]在实体法上建立抵消法律制度的国家有日本、德国和荷兰等，根据单方法律行为，同等数额的两个对立的债权相互抵消，而英国则将抵消作为程序法上的制度。还有，对于抵消要求一方当事人意思表示的国家（德国、荷兰），和不要求意思表示，只要对立的两个债权具备了抵
140 消的要件，在法律上当然发生抵消的国家（法国、意大利）。另一方面，在国际私法上设置抵消特别规定的立法例并不多，在解释论上也未必方向明确。瑞士国际私法第148条2款明文规定，受动债权准据法为抵消准据法。1980年制定的欧洲《关于合同之债准据法的罗马公约》在加盟国之间，对于抵消准据法的见解发生分歧，德国和荷兰的国际私法的一般学说认为，在实体法上应该要求当事人

76　参见：補足説明107頁（別冊NBL編集部編『法の適用に関する通則法関係資料と解説』別冊NBL110号（商事法務、2006年）211頁）。

77　从比较法的视角概观抵消的论文，参见：多喜宽「国際私法における相殺」法学54巻5号（1990年）137頁以下、元永・前引（注75）论文，補足説明107頁（別冊NBL編集部編『法の適用に関する通則法関係資料と解説』別冊NBL110号（商事法務、2006年）211頁以下）。

一方对抵消意思表示，法庭外对抵消的意思表示适用受动债权的准据法；法国和意大利认为，在实体法上不要求意思表示也当然发生抵消法律效力，在国际私法上对抵消重叠适用自动债权和受动债权。另外，对抵消采取程序法制度的英国一般学说认为，传统上适用抵消法庭地法。法国对于庭审中的抗辩主张，与通常的实体法上的抵消制度不同，适用法庭所在地法。

自动债权的准据法和受动债权的准据法的重叠适用说，可以确保债权人之间的平等，保证各当事人之间的利益，可以避免发生受动债权准据法说的一些问题，比如法国和意大利，只要达成抵消要件，在法律上就当然抵消，不需要抵消的意思表示，这样就可以避免发生分不清两个对立债权中哪一个是受动债权的情况。但是，①受动债权的债权人，即接受抵消意思表示的对方，由于并非因自己的意思而失去债权，所以其利益必须能够得到受动债权准据法的保护；②至于自动债权和受动债权的重叠适用说，是针对抵消难以成立的情况，抵消本应是简易并有效的精算方法，并不希望两个准据法的重叠适用。综上所述，《通则法》下的解释论，寄希望于受动债权准据法说。[78]另外，在抵消准据法和债权转让等其他单位法律关系的准据法之间的关系发生问题时，例如，是否可以向受动债权的受让人、扣押债权人和质押权人等主张抵
消，如果采用受动债权准据法说的话，由于抵消的受动债权也是 141
债权转让的被转让债权，有益于运用《通则法》第23条进行整合处理。这个问题，与其说是理论上的，还不如说是自然结果使然。此外，关于抵消合同，由于是当事人的合意，当然适用债权合同

78　参见：澤木=道垣内・前揭（注8）261頁。

的一般准据法了（《通则法》第7条以下的规定）。

五、结束语

以上，本文以《通则法》的规定为前提，围绕着合同、债权转让、抵消准据法在解释论上的留意点展开了讨论，还有合同方式等许多论点未能涉猎。今后，还要继续注视各国合同、债权转让、抵消准据法的研究动向，对于《通则法》规定的内容，从解释论、立法论的两个侧面进一步展开各种研讨。

北泽安纪/庆应义塾大学法学部教授

第七章　侵权行为准据法

西谷祐子

随着国际商事的发展变化，跨境侵权行为频发，日本法院受理的外国企业和日本企业及日本人之间的损害赔偿案件与日俱增。本文以2006年6月21日《关于法律适用的通则法》第17条至22条的解释论为核心，在介绍修改时的议论和比较法的最新动态的基础上，对规制国际侵权行为的准据法的确定及其适用等问题展开研讨。

144

一、引言

随着经济全球化进程不断推进，国际贸易越来越活跃，跨境侵权行为频频发生。以下事例可供参考：主营业务在日本的企业在马来西亚生产汽车，向法国出口并销售，经常居所地在德国的消费者前往法国购买汽车，然后开着这辆汽车在去往意大利的路上，由于汽车缺陷发生了交通事故，从而产生了产品责任问题等。还有，主营业务在美国纽约州的杂志出版社，利用该国新泽西州的服务器上传电子版杂志到网站，由于上传了在日本居住的某个人有洗钱行为的报道，从而产生了名誉损毁问题等。[1]

---

* 缩略语：罗马Ⅱ规则= Regulation (EC) No 864/2007 of the European Parliament and of the Council of 11 July 2007 on the law applicable to non-contractual obligations (Rome Ⅱ), OJ L 199, 31.7.2007, p.40; 2003年罗马Ⅱ规则委员会提案=Proposal for a Regulation of the European Parliament and the Council on the Law Applicable to Non-Contractual Obligations ("Rome Ⅱ"), 22.7.2993, COM (2003) 427 final; 2002年罗马Ⅱ准备草案=Preliminary Draft Proposal for a Council Regulation on the Law Applicable to Non-Contractual Obligations (http://www.eu.int/comm /justice-home/unit/civil/consultation/index-en.htm).

** 法制审议会国际私法（现代化相关）部会审议会：①第6次会议（平成15年（2003年）10月7日），②第7次会议（平成15年（2003年）11月4日），③第9次会议（平成16年（2004年）1月13日），④第17次会议（平成16年（2004年）9月21日），⑤第26次会议（平成17年（2005年）6月14日）。议事录可以从法务省网页下载http://www.moj.go.jp/。

1 关于第二个例子的事实关系，参见Dow Jones & Company Inc. v. Cutnick, [2002] High Court of Australia (HCA) 56 (Dec.10,2002)。本案中的被害人住在澳大利亚维多利亚州。

发生上述跨境侵权行为时，需要根据国际私法的标准确定准据法，由准据法进行规范。日本的侵权行为准据法的确定规则（称为“冲突规范”），由平成18年（2006年）6月21日《关于适用法律的通则法》（平成18年法律第78号，以下称为《法律适用通则法》）第17条至22条决定。该《法律适用通则法》全面修改了明治31年（1898年）制定的《法例》（明治31年法律第10号），[2]使用了现代语言，关注各国的立法趋势，采纳了既详细又灵活的现代型的冲突规范。关于侵权行为，也一改《法例》第11条1款僵硬的侵权行为地法主义，顾及到各种侵权行为类型的特征及案件相互的密切关联性，规定了细致入微的准据法确定规则（《法律适用通则法》第17条—22条）。但是，《法律适用通则法》第22条1款和2款规定，关于侵权行为的成立和效力重叠适用日本法，仍然保留了受到学说强烈批判的《法例》第11条2款和3款。[3]

2　但是，平成元年（1989年）修改的有关家族法冲突规范（平成元年法律第27号），原则上保留。

3　关于《法律适用通则法》规定的侵权行为准据法确定规则的解说，参见小出邦夫編著『一問一答　新しい国際私法——法の適用に関する通則法の解説』（商事法务、2006年）、神前祯『解説　法の適用に関する通則法——新しい国際私法』（弘文堂、2006年）、奥田安弘「法の適用に関する通則法の不法行為準拠法に関する規定」国际私法年报8号（2006年）40-64頁，植松真生「新国際私法における不法行為——法の適用に関する通則法17条、18条および19条の規定に焦点をあてて」国際私法年报8号（2006年）65-85頁，高杉直「法適用通則法における不法行為の準拠法——22条の制限的な解釈試論」ジュリスト1325号（2006年）55-61頁，中西康「不法行為の扱いについて」法律のひろば59巻6号（2006年）34-44頁，同「法適用通則法における不法行為——解釈論上の若干の問題について」国際私法年报9号（2007年）68-102頁，中野俊一郎「法適用通則法における不法行為の準拠法について」民商法雑志135巻6号（2006年）931-953頁等。

本文旨在针对《法律适用通则法》第17条至22条的内容，结合修改时的议论，研究解释论中的重大核心问题。鉴于在实际诉讼中，日本的国际审判管辖制度已经得到肯定，法官在案件审理开始时才触及《法律适用通则法》的适用问题，本文将不涉猎国际审判管辖的确定标准。[4]

二、确定侵权行为准据法的一般规则

1. 侵权行为地法规则

a《法律适用通则法》第17条的背景

《法律适用通则法》第17条作为确定侵权行为准据法的原则性规则，维持了《法例》第11条1款侵权行为地法规则。侵权行为地法规则的根据如下，（a）侵权行为制度为了维护社会秩序，以公平
145 正义的理念补偿被害人的损害，侵权行为的发生关系到社会公共利益；（b）加害人和被害人双方适用侵权行为地法，有利于其责任及危险的预测、评估；（c）选择侵权行为地法对当事人双方是中立的，有益于平衡当事人双方的利益；（d）便于简单快速的确认连结

4　有关国际审判管辖的基本文献，参见高桑昭=道垣内正人『国際民事訴訟法（財産法関係）』（青林书院、2002年）3—144页等。一直以来，国际审判管辖的确定以最判昭和56年（1981年）10月16日民集35卷7号1224页（马来西亚航空案件）和最判平成9年（1997年）11月11日民集51卷10号4055页为中心，适用判例的法理，2008年7月开始准备国内立法工作。

点；（e）有助于法律的安定性。[5]可以说，这些根据至今看来基本上也是妥当的。

《法例》第11条1款没有顾及到各种侵权行为类型的特征，由于一律适用侵权行为地法，而侵权行为地带有偶然性，所以时而会发生无法应对那些将没有密切联系的法律作为准据法，或者侵权行为地不存在法律（公海、南极等）的情况。[6]例如，根据千叶地法裁判所平成9年（1998年）7月24日判时1639号86页记载的案例，同在日本居住的日本人，在加拿大滑雪时发生冲撞事故，尽管侵权行为地是加拿大，陈述了特殊理由后导致适用日本法。[7]

5　江川英文《国际私法》（有斐阁全书、第17版、1988年）229页，折茂丰《国际私法（各论）》（有斐阁、新版、1972年）168页以下，樱田嘉章《国际私法》（有斐阁、第5版、2006年）229页，溜池良夫《国际私法讲座》（有斐阁、第3版、2005年）388页以下，山田镣一《国际私法》（有斐阁、第3版、2005年）358页。

6　关于《法例》第11条的争论焦点，参见樱田・前揭著作（注5）230页以下，溜池・前揭著作（注5）385頁以下，佐野宽「法例における不法行為の準拠法——現状と課題」ジュリスト1143号（1998年）51頁以下，国際私法立法研究会「契約、不法行為等の準拠法に関する法律試案」民商法杂志112卷3号（1995年）133頁以下，拙稿「特集／新国際私法の制定に向けて——不法行為」ジュリスト1292号（2005年）35頁以下，同「新国際私法における不法行為の準拠法ルールについて」NBL813（2005年）36頁等。关于公海上的船舶冲突，参见东京地判昭和49年（1974年）6月17日判时748頁77頁，仙台高判平成6年（1994年）9月19日高民集47卷3号173頁，最判平成17年（2005年）11月21日民集59卷9号2558頁。关于公海飞机坠落事件，参见東京地判平成9年（1997年）7月16日判时1619号17頁（大韩航空事件）。

7　本判决根据《法例》第11条2款和3款判定重叠适用日本法，理由如下：支付入院费和治疗费的"损害发生地"也视为侵权行为地，当事人以日本法为前提进行了诉讼活动，当事人选择以日本法为准据法的意思被法院认可。参见冈山地判平成12年（2000年）1月25日交民集33卷1号157頁，東京地判平成12年（2000年）9月25日判时1745号102頁等。法例研究会编『法例の見直しに関する諸問題（2）——不法行為・物権等の準拠法について』别冊NBL85号（商事法務、2003年）9頁以下。

还有，学界也有少数主张，从解释论视角应该纠正僵硬的侵权行146 为地法规则，承认适用当事人之间共同经常居所地的法律，或者由当事人自由意思选择准据法（“当事人意思自治原则”）。[8]关于产品责任，多数学者主张，由于是《法例》第7条和第11条规定范围外的责任类型，按理应该引入适当的冲突规范（关于产品责任，参见后述三、1）。因此，《法律适用通则法》与各国的立法例同样，[9]首先，虽然第17条规定了适用侵权行为地法规则，但是为了克服其僵硬性和偶然性等难点，确保有实质性密切联系地法的适用，设置了产品责任、名誉及信用损毁的特别规定（第18条、第19条），以及例外条款（回避条款）（第20条），并承认当事人事后选择准据法（第21条）。

但是，根据侵权行为地法规则，例如，在A国所在的工厂冒出的煤烟对B国的居民造成健康损害，侵权行为实施地（A国）与结果发生地（B国）出于不同法域的“隔地侵权行为”，应该如何进行法律选择呢？《法律适用通则法》第17条为了应对这种隔地侵权行为，规定原则上适用加害行为的结果发生地（B国）的法律（该条主文），同时规定，侵权结果在该地的发生通常不可预见时，

---

8 冈本善八「国際私法における法定債権」同志社法学42巻1号（1990年）65頁，中野俊一郎「不法行為に関する準拠法選択の合意」民商法杂志102卷6号（1990年）768頁以下，木棚照一等編辑『基本法コンメンタール　国際私法』（以下「コンメンタール」として引用）（日本评论社、1994年）70頁（中野俊一郎）。根据“公益性公共秩序论”，也有主张最密切关系法的适用。松冈博『法選択規則構造論』（有斐阁，1987年）222頁以下。

9 参见关于比较法的动向，法例研究会编，前引书籍（注7）11页以下。

适用加害行为地（A国）的法律（该条但书）。[10]

鉴于《法例》第11条1款仅规定了“原因事实发生地法”，关 147
于隔地侵权行为，有以下各种学术观点：①明确行为人的行为规范，考虑到其预见可能性，侵权行为实施地说。[11]②重视被害人的损害补偿，侵权行为结果发生地说。[12]③依据无过失责任规则的侵权行为，重视加害人的活动意识而适用实施地法，依据无过失责任侵权行为以填补损失为中心，适用结果发生地法，称为区分说（类型说）。[13]④根据每个案件的具体情况，探求最密切联系地说，[14]等。传统的学术观点还有⑤实施地与结果发生地的双方都为侵权行为地之观点。[15]⑥将权利所在地视为侵权所在地之观点。[16]在《法案修正

10　关于无因管理和不当得利的《法律适用通则法》第14条，与《法例》第11条1款同样，规定适用原因事实发生地法。这是因为，由于隔地无因管理和不当得利的形式多样，不是固定连结点，而是有待具体案件具体解释。小出邦夫等「『国際私法の現代化に関する要綱』の概要」（以下称为“概要”）别册NBL编辑部編『法の適用に関する通則法関係資料と解説』（商事法务、2006年）58頁。

11　江川，前引（注5）233/239页。

12　齋藤武生「事務管理・不当利得・不法行為」『国際私法講座　第2巻』（有斐阁、1955年）474頁以下，实方正雄『国際私法概論』（有斐阁、再订版、1952年）233頁，九保岩太郎『国際私法概論』（严松堂、改订版、1953年）188頁。

13　折茂，前引著作（注5）180页，池原季雄《国际私法》石井照久编『国際取引法』（ダイヤモンド社、1967年）377頁，山田，前引（注5）366页等。

14　石黑一宪《国际私法》（有斐阁、新版、1990年）321页，森田博志「不法行為の準拠法の決定における『原因事実発生地』の解釈」法学論集（千葉大学）17巻3号111頁以下。有关技术秘密侵害的判例，有东京地判平成3年（1991年）9月24日判时1429号83页，观点一致。但是，学者从实施地说的角度对该判决作解释，国友明彦，平成3年度重要判例解说261页以下。

15　山田三良《国际私法》（有斐阁、1934年）581页以下。

16　山口弘一《侵权行为的准据法》商学研究7卷2号（1928年）295页以下，同《日本国际私法论》（下卷第1分册）（严松堂、1929年）444页以下。

案理由书》中，有支持结果发生地的记述：在外国包装的爆炸物，由于在包装时的不注意，在日本发生爆炸，对他人造成损害时，原因事实发生地认定为日本。[17]根据《法例》第11条1款的解释论，多数曾经主张③的区分之观点，对此，有学者指出，在国际私法上，区分过失责任类型和无过失责任类型的标准不明确，[18]近来，②的结果发生地说再次受到青睐。[19]

148 纵观各国法制主要有：（a）适用结果发生地法（与②的观点相同，英国、法国等）。[20]（b）加害人可预见侵权结果发生地时，适用结果发生地法，否则，适用实施地法（瑞士、荷兰、葡萄牙等）。[21]（c）立足于所谓“遍在原则（Ubiquitätsprinzip）”，实施地和结果

---

17 东京博文馆藏书（1898年）29页以下。

18 参见樱田，前引书籍（注5）231页，溜池，前引书籍（注5）396页。

19 道垣内正人『ポイント国際私法（各論)』（有斐阁、2000年）235页以下，中野·前揭（注8）コンメンタール68页以下。最判平成14年（2002年）9月26日民集56卷7号1551页（读卡机案件），虽然也考虑了实施人的预见可能性，但是因为没有协商当不能预见时适用实施地法，按照一般情况适用结果发生地法。高部真规子『最高裁判所判例解説民事篇平成14年度（下）』728頁以下（也可参见原审、东京高判平成12年（2000年）1月27日判时1711号131页）。另外，前引（注6）东京地判平成9年（1997年）7月16日也持同样的观点。

20 1995年英国国际私法典第3部（以下称为“1995年法”）第11条2款。法国判例也有相同观点（Civ.1re, 27 mars 2007, D 2007, 1074; Civ.1re,23 janvier 2007, D 2007, 1244; Civ. 1re , 11 mai 1999, Clunet 1999, 1048; Civ. 1re ,14 janvier 1997, D 177; cf. *Pierre Mayer/Vincent Heuzé*, Droit International Privé, 9e éd. (2007), pp. 509 et seq.; *Dominique Bureau/Horatia Muir Watt*, Droit international privé, t. 2 (2007), pp. 377 *et seq.*）。

21 瑞士国家私法第133条2款，荷兰2001年关于侵权行为国际私法（以下称为“2001年法”）第3条2款，葡萄牙民法第45条2款等。

地双方皆为侵权行为地时，被害人有选择权（德国、意大利）。[22]（d）适用最密切联系地法（与④的观点相同，美国等），[23]等等，四种分类。[24]2007年7月11日《关于合同外债之准据法的EC规则》（以下称为《罗马》Ⅱ规则）第4条1项采纳了（a），今后欧洲共同体成员国（但是丹麦除外）的有关侵权行为的冲突规范将统一于（a）观点。

在《法律适用通则法》的制定中，在法制审议会、国际私法 149
（现代化相关）部会（以下称为"审议会"）上，由于上述③的区分之观点尚没有立法例，遭到日本近来学说的批判，从一开始就没有列入研究的对象。[25]在研究其他选项的结果后，[26]《国际私法的现代化纲要中间试案》（以下称为《纲要的中间试案》）第7条1款1项中

22　德国民法施行法（以下称为"民施"）第40条1款，意大利国际私法第62条1款（德国民施第40条1款采取适用施行地法原则，承认被害人选择结果发生地法，而意大利国际私法第62条1款直接采取适用结果发生地法原则）。瑞士判例一直以来采用"遍在原则"，但是，1987年国际私法典第133条2款（b）改变了这一立场。Botschaft zum Bundesgesetz über das internationale Privatrecht (IPR-Gesetz), BBI. 1983 I, Nr.284.224.

23　《美国冲突法第二次重述》第145条。

24　详细情况参见法例研究会编，前引书籍（注7）9页以下。

25　参见审议会①会议。主张区分说的有，拉贝儿（*Ernst Rabel*, The Conflict of Laws,Vol.2, 2nd Ed. (1960), pp. 334 *et seq.*）、阿鲁伯特（*Albert A.Ehrenzweig*, FS Rabel, Vol. 1 (1954), pp.682 *et seq.*）。现在的欧洲各国，已经没有支持这种学说的立法例了（*Thomas Kadner Graziano*, Gemeineuropäisches Internationales Privatrecht, Tübingen 2002, pp. 206 *et seq.*）。参见拙稿「不法行為 (2)——特許権侵害」『国際私法判例百選』（新法対応補正版、2007年）74頁。

26　在审议会上，除了（a）（b）案，（c）案支持保留《法例》第11条1款，（d）案支持适用实施地法，（e）案原则上支持实施地法，也承认选择被害人结果发生地法。参见审议会①会议。

提出了两个方案，（a）适用结果发生地法的A案，和（b）原则上适用结果发生地法，在结果发生地不可预见时，适用实施地法。[27]A案的根据是，首先，现今的侵权行为制度的宗旨不是制裁加害人，而是救济被害人的利益；其次，被害人可以根据与自己有密切联系地法请求损害赔偿；再则，受到国外侵权的被害人，与国内受到侵权的被害人同样，可以得到救济，从而确保市场各地经营者之间公平竞争。[28]B案在A案的基础上，进一步考虑了平衡被害人保护与加害人的预见可能性之间的关系，审议委员会参考民意调查，最终采纳了顾全被害人与加害人利益平衡的B案。[29]

不过，在《法律适用通则法》第17条的适用中，对于加害人以通常的认知能力无法预见到会给被害人造成侵害结果的情况，该如何选择准据法呢？对于像产品责任、名誉和信用损毁等远离加害行为地可能发生的侵权行为类型，有必要考虑加害人的预见可能性，《法律适用通则法》第18条和第19条对于产品责任、名誉和信用损毁进行了特别规定。除此之外的侵权行为类型，一般其侵害结果也涉及国外的行为人，应该可以预见其发生结果，根据案件不同，基于《法律适用通则法》第20条的例外条款（回避条款），适
150 用有更加密切联系国家的法律，完全可以应对。另外，根据辩论主义，要件事实是预见可能性的判断基础，须由当事人对要件事实进

27　参见审议会①④会议。关于两个方案的说明，参见法务省民事局参事官室「国際私法の現代化に関する要綱中間試案補足説明」（以下称为“补充说明”）别册NBL编辑部编『法の適用に関する通則法関係資料と解説』（商事法务、2006年）181頁以下。

28　法例研究会，前引（注7）16页。

29　审议会⑤会议。

行主张和作证，这就可能会导致诉讼迟延，而对于预见可能性的有无，加害人可以选择是否对其进行抗辩，从而导致加害人适用对自己有利的法律。[30]如此这般，从立法论的角度看来，还是单纯地适用结果发生地的A案的观点更为妥善。[31]

根据立法时的议论，《法律适用通则法》第17条但书所指“预见可能性”的对象，并不是结果的发生本身，而是现实中侵害结果发生的法域这个地点。即，该预见可能性是国际私法上的概念，应根据每个侵权行为类型的客观要素进行规范性的判断。[32]在司法实践运用中，该预见可能性由法官职权判断，应该客观迅速进行判断，尽量减少诉讼关联当事人的负担，使准据法的确定更加透明。总而言之，《法律适用通则法》第18条至21条设置了特别规定，不同于《法例》第11条1款，对于隔地侵权行为的第17条适用问题进行了限制性规定。[33]

30　*Kadner Craziano*, op. cit. (25), pp. 216 *et seq*. 关于(a) (b)案的内容，参见补充说明，前引（27）181—183页。另外，在审议会⑤会议上，有人发言说，被害人在比较实施地法和结果发生地法的内容后，导致适用对自己有利的法律，所以对于预见可能性与否，理当可以选择抗辩。对此，没有提出反对意见。但是，《法律适用通则法》第17条的预见可能性是指，冲突法上的客观的且规范的预见可能性，与实体法上的预见可能性有区别［参见后引（注32）]，被害人一方为了奠定实体法上的损害赔偿请求权的基础，不得不在实体法上和冲突法上以预见可能性为前提，事实上享有选择权限定于加害人一方。

31　拙稿、前引（注6）NBL37页以下，*Yuko Nishiitani*, The Rome II Regulation from a Japanese Point of View-Law Governing Torts-, in: Yearbook of Private International Law 2007, pp.178 seq., 中西・前揭（注3）法律のひろば36頁等。

32　参见齋藤武生，前引（注12）474页。

33　拙稿，前引（注10）概要57页以下。

b《法律适用通则法》第17条的解释

《法律适用通则法》第17条的“实施地”定义为“加害行为实施地”（该条但书），指行为人从事了发生侵害结果的具体行为的地点，即，实施地指侵权行为完全或部分实施的地点，不包括只是准
151 备行为的实施地点。[34]例如，加害人在A国购买手枪，在B国开枪时，子弹命中了C国人（例1），B国为实施地。还有，甲在A国包装了混入毒药的糕点，从B国寄送到C国居住的乙，乙在C国接受后，在D国吃，在E国逗留期间出现症状，转入F国的医院接受治疗，转运到G国后死亡（例2），寄送混入毒药糕点的B国为实施地。[35]关于因物造成加害（制造物瑕疵）的侵权行为，因该物引起损害状况的地点为实施地。另一方面，因不作为的侵权行为，为了保护合法权益，应将构成特定行为的地点作为实施地。[36]

《法律适用通则法》第17条的“结果发生地”定义为“加害行为的结果发生地”（该条主文），指现实中发生的侵害财产权、人身和健康等权益的结果，有充分的构成侵权行为的成立要件的地点。发生侵害权益的结果后，又在别的地点发生的后续损害（二次损害），特别是治疗费的支出和停工带来的薪酬损失等的财产损害，不构成结果发生地。[37]如上述（例1），C国为结果发生地。另一方

---

34 参见齋藤武生，前引（注12）474页。

35 参见齋藤武生，前引（注12）474页。

36 折茂，前引（注5）。

37 小出等，前引（注10）概要57页。齋藤武生，前引（注12）474页，折茂丰《涉外不法行为法论》（有斐阁、1976年）262页，山田，前引（注5）369页注9，澤木敬郎和道垣内正人《国际私法入門》（有斐阁、第6版、2006年）238页等也有相同观点。在1973年的海牙产品责任公约中，“损害发生地”（4条以外）也是指最初权益损害地。佐野宽「生産物責任の法選択に関する一考察（1）」名

面，至于上述（例2），传统的多数学说根据《法例》第11条1款的解释，以最重大结果发生地（G国）为结果发生地，[38]以应该在最初侵害结果发生地确定法律适用为理由，E国为结果发生地的观点也得到支持。[39]因为《法律适用通则法》第17条的结果发生地是指，加害行为直接侵害权益的结果发生地，此时，是指乙发生症状的E国，F国和G国发生的后续损害可以不予考虑。另外，技术 152
秘密侵权的无形资产权益侵权，通常以因被害人技术被窃取而发生损害的营业场所等所在地为结果地（关于不正当竞争全貌，参见后述三、3）。[40]

《法律适用通则法》第17条但书的“预见可能性”是指，如上所述，是国际私法上的预见可能性，不是结果发生其本身，而是以预见可能或不可能发生侵害结果的地点要素为标准。该预见可能性，与作为实体法上的侵权行为的成立要件的预见可能性相区别，不是加害人个人的主观要素，而是根据每个侵权行为的类型以客观要素进行规范性的判断。[41]例如，A国的甲向B国的乙寄送鲜花，

古屋大学法政论集91号（1982年）29頁。根据《法例》第11条1款的解释论，该款的损害发生地也包括“原因事实发生地”［参见森田、前引（注14）111页以下，前引千叶地判平成9年7月24日］，关于这一点应该看做由立法解决。

38 齋藤武生，前引（注12）476页，折茂，前引（注5）183页注10。

39 道垣内，前引（注19）246页以下，山田，前引（注5）369页注9。

40 关于技术秘密侵害，前引（注14）东京地判平成3年（1991年）9月24日，从《法例》第11条1款解释的角度，制作技术图纸等技术秘密侵害的准备行为不是在美国进行的，进行了主违法行为的日本才是侵权行为地。

41 参见上述二、1、a。小出等，前引（注10）概要57页以下。要想明确这个问题，《纲要中间试案》第7条1款（1）B案中规定，针对“该侵害结果发生地不能预见，且该不能预见没有过失”的表述，纲要修改为“该侵权结果发生地，依一般人之通常认知能力无法预见的”。

纯属偶然，这个花附带有科学未知的一种菌，引起乙发生症状，由于甲可以预见到鲜花会送达到B国这个地点，该当《法律适用通则法》第17条但书的“预见可能性”，以结果发生地B国的法律为准据法。此时，附带的未知的菌使乙发生症状，通常是不能预见的事实，B国实体法的适用上，属于确定侵权行为的成立要件问题。[42]相对而言，A国的甲向B国的乙寄送鲜花，物流公司误投给了C国的丙，丙发生症状时，由于甲不能预见到在C国发生结果，根据
153 《法律适用通则法》第17条但书，实施地法的A国法为准据法。

2.例外条款（回避条款）

根据《法律适用通则法》第20条，如果比该法第17条规定的准据法适用法域有更明显的密切联系的其他法域时，其法为准据法。该第20条一般称为“例外条款”（或者“回避条款”）。在外国关于侵权行为的立法例中也有许多，在确定准据法的原则性规则的同时，保留比该案件更有密切联系的法律的适用。[43]究其理由，是因为侵权行为发生的形态多样，仅以通常的客观连结方法不足以应对，而且应该确保复数的被害人之间以及加害人之间的准据法的一致性等。《纲要中间试案》第7条4款1项提议设置例外条款，也得到民意调查的支持，最终被采纳。[44]

《法律适用通则法》第20条认可的更密切联系的情形有，（a）当事人实施侵权行为时在同一法域有经常居所，而且（b）

42　小出等，前引（注10）概要57页注32。

43　罗马II规则第4条3款，德国民施第41条1款和2款，奥地利国际私法第48条1款，英国1995年法12条，比利时国际私法第99条3款，瑞士国际私法15条。

44　审议会⑤会议。

违反基于当事人之间的合同之义务实施了侵权行为。

就（a）而言，大多立法一般都倾向于，加害人和被害人的共同经常居所地法的适用优先于侵权行为地法的适用。[45]如前所述，日本的《法例》第11条1款的解释论就有主张该法理的学说。[46]适用当事人共同经常居所地法是因为，当事人共同经常居所地法也是当事人双方共同生活的社会环境法，与彼此之间的权利义务有着密切的联系，特别是实际生活状况反映出损害赔偿的必要性以及赔偿计算的标准。另外，当事人通常与经常居所地的保险公司签订保险 154
合同，况且即使在共同经常居所地以外的地方发生侵权行为，也可能在事件发生后又返回经常居所地，处理损害赔偿请求等事宜，通过适用共同经常居所地法，实际上也可以导致适用法院地法，便于损害赔偿等案件的审理。[47]

就（b）而言，日本传统的多数学说和法院判例，对于违反当事人之间的合同义务实施侵权行为的，以合同和侵权行为的不同准据法分别处理，也承认国际私法上的请求权竞合。[48]但是，从解释

45 罗马II规则第4条2款，德国民施第40条2款，荷兰2001年法第3条3款，比利时国际私法第133条1款1项，葡萄牙民法第45条3款，匈牙利国际私法第32条3款，瑞士国际私法第133条1款。关于德国1999年民施修改之前的判例法理的发展，参见中野俊一郎「涉外的道路交通事故と交通属人法の適用——ドイツ判例理論の展開」神户法学杂志41卷1号（1991年）129頁。

46 关于日本的解释论，参见前引（注8）。

47 补充说明，前引（注27）184页以下，法例研究会编、前引书籍（注7）27—31页。

48 齋藤武生・前揭书籍（注12）478頁，溜池・前揭书籍（注5）398頁以下，山田・前揭书籍（注5）363頁以下，道垣内正人『ポイント国際私法・総論』（有斐阁、第2版、2007年）103頁以下等。判例方面，东京地判平成12年（2000年）9月25日判时1745号102页，东京地判平成10年（1998年）5月27日判时1668号89页（色氨酸案件），大阪地判平成7年（1995年）7月5日23判时1554号91页。

论的视角大多观点认为，这种情况是由合同的一体性所决定，应该依据合同准据法解决。[49]从各国立法来看，认为侵权行为是基于当事人之间的基础法律关系发生的，在确定为国际私法上的侵权行为后，一般适用该基础法律关系的准据法，[50]称为“附从性连结”。(b)也与各国持同样立场，其根据是，侵权行为实际上属于该基础法律关系框架内的问题，通常适用该准据法符合当事人的合理期待，两个准据法一致，可以回避棘手的性质决定和请求权竞合问题。[51]

在《纲要中间试案》第7条2款1项和第7条3款1项中，(a)
155 (b)作为各种侵权行为地法规则的例外，提议将其作为独立规定。[52]经过民意调查，决定采用这些特殊规定。而且，在法制审议会中有提案进一步认为，设置这些特殊规定也未必经常能得到妥当的结论，有时还需要通过例外条款来纠正，因此不是独立规定，而是作为适用例外条款时的考虑要素举例示意。于是，最终产生了《法律适用通则法》第20条。[53]

如果依照当事人的共同经常居所地法的适用和附从连结的宗旨，将两者以明文独立规定的话，准据法确定的标准会更加明确，

---

49 国友明彦『国際私法上の1当事者利益による性質決定』(有斐阁、2002年)44頁以下，折茂・前揭(注37)165頁以下等。

50 瑞士国际私法第133条3款，比利时国际私法第100条，荷兰2001年法第5条。另外，罗马II规则第4条3款，德国民施第41条，英国1995年法12条，奥地利国际私法第48条1款2项在里条款框架内进行附从连结。

51 补充说明，前引(注27)187页以下，法例研究会编，前引书籍(注7)33页以下。

52 关于审议会的议论，参见议事录①④会议。

53 审议会⑤会议。小出，前引(注3)116页以下。

从而能够保证法律的稳定性。[54]总之，透过立法背景来看《法律适用通则法》的运用，与其说只有在极其例外的情况下才适用第20条，不如说在当事人之间有共同经常居所地时，或者满足了附从连结要件时，应该比第17条更积极地优先适用第20条。因此，根据《法律适用通则法》，针对上述的千叶地方裁判所平成9年（1998年）7月24日案例（同在日本居住的日本人，在加拿大滑雪时发生冲撞事故）进行判断：如果适用该法第17条的话，以加拿大法为准据法；由于当事人之间有共同经常居所地法，所以应该仅基于该法第20条适用共同经常居所地的日本法。此外，当事人之间有共同经常居所地，同时又满足了附从连结的要件时，应优先适用后者。[55]

从《法律适用通则法》第20条解释论的视角来看，（a）以侵权行为当时的共同经常居所地为标准，“当事人”是指加害人和被害人。那么，假如因保险代位取得被害人的损害赔偿请求权的保险公司，与加害人之间有共同经常居所地时，不能视为（a）的对象。这是因为侵权行为的准据法应该在（第21条规定的准据法选择的情况除外）侵权行为发生时进行客观的判断，根据第20条，不包括加害人与被害人以外的人的共同经常居所地。[56]

（b）实施了违反合同义务的侵权行为的，为第20条的调整对 156

54　櫻田嘉章=道垣内正人=手塚裕之=小出邦夫=西谷裕子「座談会／法適用通則法の成立をめぐって」ジュリスト1325号（2006年）31頁以下（西谷）、中西，前揭（注3）法律のひろば39頁。

55　关于这一点，参见补充说明，前引（注27）190页，侵权行为的连结政策的适用关系图（同243页）。

56　参见补充说明，前引（注27）185页。

象，合同签订时有过失，在当事人之间合同没有成立，作为一种合同责任的基础法律关系也是调整对象。另外，当事人之间的基础法律关系是基于物权或亲属关系的法律关系，以及事实关系（一起参加包价旅游，在旅游期间发生侵权行为，适用旅游出发地法等），可以作为第20条规定的“其他情况”，判断密切联系性时的考虑要素。[57]《法律适用通则法》第11条1款和第12条1款设置了保护弱者的消费者合同和劳动合同特别规定，[58]这些规定以消费者和劳动者援引特别强制性规范为前提，仅限于合同关系为对象，不属于第20条规定的侵权行为的附从连接的情况。

3. 当事人意思自治原则

《法律适用通则法》第21条承认，在侵权行为发生的时点客观判断的准据法，当事人事后可以因合意而变更。换言之，这是承认当事人选择侵权行为准据法。近年来的各国立法例对侵权行为也像合同一样，倾向于当事人意思自治。[59]日本《法例》第11条1款的

---

57 参见补充说明，前引（注27）187页以下。

58 关于《法律适用通则法》第11条、12条，参见拙稿「国際契約における弱者保護」法律のひろば59卷9号（2006年）22-23頁，同「消費者契約および労働契約の準拠法と絶対的強行法規の適用問題」国际私法年报9号（2007年）29-67頁等。

59 罗马II规则第14条1款，德国民施第42条，奥地利国际私法第35条和11条，荷兰2001年法第6条1款和2款，比利时国际私法第101条，瑞士国际私法第132条（仅指法院地法的选择）。法国的判例，在诉讼中依据合意的构成，承认当事人法院地法的选择（Civ.1re, 19 avril 1988, Rev. crit. Dr. int. pr. 1989, 68; cf. *Béné dicte Fauvarque-Cosson*, Libre disponibilité des droits et conflits de lois, Paris 1996,pp. 335 *et seq.; idem*, L'accord procedural à l'épreuve du temps-retour sur une notion francaise controversée, in: Mélange Paul Lagarde, Paris 2005, pp.263 *et seq.; cf. Dominique Bureau*, L'accord procedural à l'épreuve, in: Rev.crit.int.int.pr. 85 (1996), pp. 588 *et seq.* ）。

解释论也有提倡当事人意思自治的观点。[60]

《纲要中间试案》第7条第5款1项1目提议引进侵权行为的当事人意思自治，对此，民意调查出现赞成反对的两极分化。传统学 157
说大多在立法上否认侵权行为的当事人意思自治，指出：侵权行为制度的目的是为了维护公共利益，合同本质就是利益的对立性，加害人与被害人的利益相互对立，准据法难以协商一致，即使协商一致了，恐怕事后还会发生争执。[61]但是，现今，侵权行为制度的宗旨是维护社会秩序和公共利益，也要求保护被侵害人利益和调整当事人之间的利益，不可忽视各国的实体法都承认侵权行为债权与合同债权一样有任意处分性。而且，侵权行为发生后签订和解协议，为了确定合同准据法而认可当事人意思自治也合乎情理。实际上承认当事人意思自治有益于选择与案件有密切联系的法律，特别是有可能选择法院地法，易于当事人和法官确定准据法。[62]

可是，由于《法律适用通则法》第21条没有限定法律选择的范围，当事人可能会选择完全没有连结点的侵权行为地第三国的法律。在审议会最初讨论稿，只能选择法院地法，对此反对意见指出，应尊重当事人的贸易惯例，允许选择外国法，不希望国内法优先主义抬头，于是没有设置这种限制性规定。[63]至于选择准据法的时点，被限定于侵权行为发生后，其理由是：如果承认事先选择法

60　关于日本的解释论，参见前引（注8）。

61　否定当事人意思自治的观点，参见道垣内，前引（注19）243页，折茂，前引书籍（注37）153页注4等，还有澤木和道垣内，前引书籍（注37）251页以下。

62　补充说明、前引（注27）192页，法例研究会编，前引书籍（注7）43页以下。

63　参见审议会①②会议。

律，既没有什么实际意义，也可以防止一方当事人滥用法律选择权。[64]但是，侵权行为发生在大企业和个人之间时，特别是也可以
158 选择第三国的法律为准据法时，滥用法律选择权的危险性在侵权行为发生后也有可能存在。[65]关于这一点，在立法阶段就考虑了应该采取什么手段以维持法律秩序，所以限定了法律选择的范围应该与案件有客观连结点。[66]

尽管《法律适用通则法》第21条没有规定判断准据法指定行为有效性的标准，但是与合同准据法的选择同样，[67]近来大多学说认为，依据所选择的法律本身进行判断是妥当的。[68]该条但书规定，当事人协商一致的事后变更准据法有害第三人时，其变更不得对抗第三人。该第三人是指，责任保险的保险人、被害人和加害人的债权人与基于特定准据法的损害赔偿请求权之间是否存在直接的利害关系。[69]

4. 特别保留条款

《法律适用通则法》第22条1款和2款规定，关于侵权行为的成立和效力重叠适用日本法。这里保留了《法例》第11条2款和3款的内容，称为“特别保留条款”。特别保留条款的理由是：侵权行为制度涉及公共秩序，防止日本法没有规定的侵权行为由外国法

---

64 补充说明，前引（注27）192页以下。

65 法例研究会编，前引书籍（注7）46页注131。

66 参见拙稿，前引（注6）NBL41页。

67 参照《纲要中间试案》第7条5款1项1目。

68 参见关于合同的准据法指定行为，樱田，前引书籍（注5）209页以下。

69 法例研究会编，前引书籍（注7）47页。

承认其成立和效力。[70]但是，一直以来，学者几乎一致主张删除《法例》第11条2款和3款，指出，这些规定基于过度的国内法优先主义，不适当地缩窄了侵权行为的成立和效力，造成被害人保护欠缺等。[71]

《纲要中间试案》第7条6款并列了3个方案，即，保留《法例》第11条2款和3款的A案、只删除第11条的2款的B1案、第11条2款和3款全部删除的B2案。[72]民意调查的结果意见分歧。在审议会上，实务界认为，只要保留特别条款，以日本法规定的侵权行为的成立要件、损害赔偿的方法和范围为上限，就可以确保日本的公共秩序，特别是可以防止美国法规定的惩罚性损害赔偿，强烈建议应该维持特别保留条款，最后该保留建议被接受。[73] 159

但是，反对保留的意见认为，特别保留条款仅针对侵权行为，不管国内牵连性与否一律适用日本法，立足于不当的国内法优先主义，而现代侵权行为制度的宗旨首先是谋求保护被害人的利益，侵权行为关乎公共秩序不能成为重叠适用日本法正当化的理由。[74]另外，关于诉讼程序，如果同时适用外国法和日本法，有导致诉讼迟延的风险，特别是日本企业不仅是加害人，有时也是被害人时，适

70　参见溜池，前引书籍（注5）389页、399页以下。

71　参见特别是溜池，前引书籍（注5）400页，山田，前引书籍（注5）364页以下。

72　只删除《法例》第11条2款，保留该3款的B1案，仅限于损害赔偿额部分由日本法规制。但是，这就意味着，该规定对于不属于日本法的侵权行为，也要根据日本法计算损害赔偿额，因此没有被采纳。参见樱田等，前引（注54）座谈会34页（西谷），小出，前引书籍（注3）123页。

73　审议会⑤会议。另外，也可参见①和④会议。

74　参见拙稿，前引（注6）NBL42页，高杉，前引论文（注3）58页。

用两国的法律对侵权行为的成立进行主张和取证，反而对日本企业不利。[75]在司法实践中，日本民法第709条以下，从比较法的角度，宽泛地承认了侵权行为的成立和效力，[76]对特别保留条款到底能起到多大安全阀的作用，还抱有疑问。像惩罚性损害赔偿这样的外国法适用引起的异常结果，留待《法律适用通则法》第42条公序良俗规则去处理足矣。[77]举个实例，加利福尼亚州惩罚性损害赔偿判决的承认和执行的万世工业案件，最高裁判所［最判平成9年（1998年）7月11日民集51卷6号2573页］以违反当时的民事诉讼法第
160 200条（现在的118条）3项的公诉良俗为理由，拒绝承认和执行惩罚性损害赔偿，仅针对有关补偿的损害赔偿和诉讼费用部分下达了执行判决。

从《法律适用通则法》的体系结构的角度，既然该法第21条以与合同债权有类似性为根据承认了当事人意思自治，又以侵权行为关乎公序良俗为由在该22条1款和2款中规定了重叠适用日本法，这未免显得有些自相矛盾。[78]另外，基于违反当事人之间合同

---

75 另外，考虑到在日本的诉讼手续繁琐，到美国等起诉，美国法院采取不方便法院原则（forum non conveniens），有人指出，美国法院很难判断会优先日本诉讼程序。参见樱田等、前引（注54）座谈会33页（手塚），审议会①④会议。

76 根据日本民法，损害赔偿的计算采取社会平均工资方式，如果被害人来自发展中国家，马上就要回国时，赔偿金额就会减少［参见有关巴基斯坦工人的最判平成9（1997年）1月28日民集51卷1号78页（改进社案件）］，而被害人来自工资水平高的国家，则赔偿额就会增多。补充说明、前引（注19）读卡机案件，以本判决没有预定适用日本专利法的域外法律为由，驳回了基于美国专利法的损害赔偿请求。对于行为的“侵权性”，判令重叠适用日本法，这并不是出于《法例》第11条2款本来的宗旨。

77 拙稿，前引（注6）NBL42页，高杉，前引论文（注3）58页以下。

78 参见拙稿，前引（注6）NBL42页，奥田，前引论文（注3）54页以下。

的侵权行为，依据《法律适用通则法》第20条与外国的合同准据法进行附从连结时，限于合同相关部分直接以外国法为合同准据法，而对于侵权行为在合同准据法之上又重叠适用日本法，结果造成两个准据法不一致。[79]

从《法例》制定时的各国立法例来看，有英国判例法上的双重可诉规则（rule of double actionability），还有德国《民法施行法》旧12条（1986年修改后第38条）规定，对于德国人在国外所为的侵权行为的损害赔偿请求不得大于德国法的限制。前者，根据英国1995年《英国国际私法（杂项规定）》第10条a、b，规定仅对名誉损毁侵权行为适用该双重可诉规则，除外均废除了该规则，[80]后者，

79　中西・前掲（注3）法律のひろば42頁，高杉・前揭论文（注3）60頁。

80　英国和苏格兰法律委员会，指出了双重可诉规则（rule of double actionability）所存在的问题，其他国家没有这样的规定：①其他的冲突规范只是单纯的以外国法为准据法，双重可诉原则与其他国家的规定前后不符；②当初的英国法院，由于对外国的侵权行为没有审判权，不得不拟制英国为侵权行为地，现在这样做就不妥了；③过去的侵权行为以与刑法并行处罚为目的，现在的制度以填补损失为宗旨；④双重可诉原则没有顾及案件的涉外因素，一律适用内国法是不适当的；⑤加害人不管是适用侵权行为地法还是法院地法，都可以达到防御目的，对被害人来说都是有利的等。部分意见认为，如果保留该原则，可以排除适用那些目的完全不同的外国法，律师可以运用熟悉的法院地法进行辩护，法院地法的适用不妥当的案件，可以应用不方便法院原则（forum non conveniens）否定英国的国际法院管辖，没什么不妥的。尽管如此，最后，还是提出了否决双重可诉原则的议案。*The Law Commission and The Scottish Law Commission*, Private International Law-Choice of Law in Tort and Delict (Law Com.No.193/Scot.Law Com.No.129), Para.2.6–2.11(1990).不过，虽然当初的草案是全面废除双重可诉原则，在实际审议当中，从保护表现自由和公共机关的适当作用的观点出发，表示了对完全废除该原则的担忧，最后仅对名誉损毁保留了该原则（英国1995年法13条）。Cf. *Dicey & Morris*,The Conflict of Laws,Vol.2, 14th ED. (2006), Para. 35–124 and 125.

根据1999年修改的德国《民法施行法》，一般情况下启动公共秩序的判断标准只能根据《民法施行法》第40条3款。[81]现如今，判令适用法院地法的重叠适用立法例已经寥寥无几。[82]瑞士等承认仅限于产品责任和不正当竞争行为的重叠适用。[83]综上所述，特别保留
161 条款不应被正当化，应该从立法中删除。

在《法例》第11条2款和3款的解释论视角下，判例和多数学者认为，尽管一直以来侵权行为的成立和效力的所有问题都适用日本法，但是《法例》第11条2款中的“侵权”的意思仅限于主观违法性或一般违法性的问题，而《法例》第11条3款的“损害赔偿或其他处分”限定了损害赔偿的方法，缩小了日本法重叠适用的涵摄范围。[84]关于《法律适用通则法》第22条1款和2款，在理论上的解释亦同。[85]还有学者提出，该21条的当事人意思自治在合理的情况下，排除其适用的解释，[86]以及与《法律适用通则法》第42条的公序良俗规则同样，仅在有内国牵连性时才适用该22条的解释。[87]《法律适用通则法》第22条在语言上的解释与过去的判例和多数学者一样，不得不理解为：不是鉴于内国牵连性的程度，而是针对侵

81 根据德国民施第40条3款1和2项，基于外国法的损害赔偿请求权，不承认①对被害人的适当补偿大幅超过时，②对被害人的适当补偿明显存有别的企图时。

82 立法例有，匈牙利国际私法第34条1款，中国民法通则第146条2款。

83 瑞士国际私法135条2款、137条2款，罗马尼亚国际私法第116条、119条。

84 久保，前引（注12）190页以下，实方，前引（注12）235页，折茂，前引书籍（注5）185页以下等。

85 中西，前引（注3）法律のひろば41页以下。

86 神前，前引著作（注3）157页，高杉，前引论文（注3）60页。

87 高杉，前引论文（注3）60页。

权行为的成立和效力的所有问题都应重叠适用日本法，可是就立法 162
论而言，该条确实没有充分的正当化的根据，留待将来法律修改时再讨论其删除问题吧。

三、个例侵权行为类型

1. 产品责任

a 产品责任的概念

产品责任（也称制造品责任）（products liability）是指，因生产、加工、进口有缺陷的产品对他人造成损害的人，依其缺陷对被害人所受到的损害承担损害赔偿责任的制度。产品责任作为传统的侵权行为的过失责任原则的例外，只要生产和流通有缺陷的产品，就要承担无过失责任。其法理在20世纪60年代前期以后由美国判例发展形成。当时的社会背景，随着制造业的高度发达，生产者集中生产大量产品，消费者丧失了检验产品安全性的能力，产生了有必要保护消费者对品牌信赖的需求。[88]

美国继20世纪60年代以后的判例的发展，1965年《侵权法第二次重述》第402条A采纳了严格责任（strict liability）法理，在美国法学界得到了广泛接受。1998年，对于《侵权法第二次重述》之后的判例进行归纳分析形成判例集，以三个缺陷概念为核心编纂了

88　参见加藤雅信《产品责任法总览》（商事法务研究会、1994年）59页以下等。

163 《侵权法第三次重述 产品责任法》。[89]即使严格责任的界定是合理的，依据“技术水平（state of the art）不能预见危险时，也应免除生产者的责任”。[90]在美国产品责任诉讼中，由于需要依据证据开示程序（discovery）收集证据，且可能被判令巨额的惩罚性损害赔偿，显然日本企业面临着巨大的威胁。另一方面，欧洲共同体于1985年7月25日发布《欧盟产品责任指令85/374EEC》，[91]示范了产品责任的基本框架，各个成员国相继将其国内法化以保持与欧洲共同体（EC）指令一致。[92]

受各国立法趋势的激励，日本以1985年EC指令为基本模式，于1994年7月1日制定了《产品责任法》（法律第85号）。《产品责任法》以无过失责任取代了过失产品缺陷责任的侵权成立要件（第

---

89 《侵权法第三重述 产品责任法》第2条，缺陷的概念分为，“制造缺陷”（manufacturing defect，第2条（a）项）、“设计缺陷”（design defect，第2条（b）项）、“警示、说明缺陷”（inadequate instructions or warnings，第2条（c）项）。“制造缺陷”采取无过失责任的严格责任；“设计缺陷”，以合理的替代设计能够避免危险性，而没有采取其代替设计的，承担损害责任，以缺乏合理安全性为要件［“危险、效用衡量测试（risk-utility balancing test）”］；“警示、说明缺陷”，“合理的标准”是否妥当。Restatement (Third) of Torts: Products Liability (1998), §2-Comments a to i. 参见山口正久「製造物責任の国際的展開」山田卓生=加藤雅信编『新・現代損害賠償法講座　第3巻：製造物責任・専門家責任』（日本评论社、1997年）223/225-237頁等。《侵权法第三重述 产品责任法》的日文翻译，森島昭夫=山口正久『米国第3次不法行為法リステトメント製造物責任』（木铎社、2001年）。

90　参见小林秀之=吉田元子「開発危険の抗弁」山田卓生=加藤雅新『新・現代損害賠償法講座　第3巻：製造物責任』（日本评论社、1997年）94頁以下。

91　Council Directive of 25 July 1985 on the Approximation of the Law, Regulations and Administrative Provisions of the Member States concerning Liability for Defective Products (85/374/EEC), OJ L210, 7.8.1985, p29.

92　详细情况，参见山口，前引论文（注89）246页以下。

3条）。但是，被害人必须证明缺陷的存在，以及缺陷与损害的因果关系，且应该承认生产者等开发风险的抗辩（第4条），也要顾及生产者的利益。

b《法律适用通则法》第18条及其适用

在国际产品责任中，生产所在地、产品流通所在地、被害人取得产品所在地、被害人的经常居所地、实际损害发生地等大多都是跨越几个国家。对于这些新的责任类型，有必要采取措施以保护因产品缺陷而造成损害的被害人的利益，同时，也要加强企业风险管理，以保障经营活动能顺利地进行。因此，《法律适用通则法》没有以偶然因素决定的事故发生地为标准，而是增设了第18条特别规定，规定原则上适用被害人受让产品所在地法，但是，如果一般人之通常认知能力无法预见产品交付地的，适用经营者主营业地法。

根据《法例》第11条1款，多数学者尽解释论之能认为，产品 164
责任作为《法例》第7条和第11条的预料之外的法律关系，应该根据合理原则适用市场地法。[93]也有少数学者认为，在合理的范围中，被害人的经常居所地法、生产所在地法及产品取得地法，可以选择其一（但是，哪一项都以生产者预见可能为要件）。[94]另一方面，产品责任也以适用《法例》第11条1款为前提，依据该规定的解释，

93　佐野，前引论文（注37）名古屋大学法政论集99号（1984年）245页以下，出口耕自《基本论点 国家私法》（法学书院，第2版，2001年）87页。另外，溜池，前引著作（注5）401页和山田，前引著作（注5）372页，重视被害人的经常居所地的适用。

94　木棚照一等《国际私法概论》（有斐阁、第3版、增订版、2001年）152页（松冈博）。

适用侵权结果发生地法[95]、被害人的经常住所地法、生产所在地法以及市场地法。[96]

在审议会上，关于产品责任的法律适用提出了多个方案，主张保护被害人的学者提议，①适用侵害结果发生地法，②适用被害人的经常居所地法，③适用市场地法（产品取得地法），④原则上适用加害人的主营业地法，可以任意选择适用被害人侵害结果发生地法、自己的经常居所地法、产品取得地法。主张加害人一方预见可能性的学者，关于上述①至③，如果是加害人预见不可能的，则适用加害人的主营业地法，关于④，每个选项又增加了以加害人的预见可能性为要件的选项。[97]以上提案参考各国的立法例作为范本。[98]1973年10月2日《海牙产品责任公约》（1977年10月1日生效）[99]

95　道垣内，前引著作（注19）241页以下。

96　多喜宽《国际私法的基本课题》（中央大学出版会、1999年）80页以下（特别是112页）。

97　参见审议会①会议。

98　①对产品责任不设特别规则，而是以例外条款应对的立法例（德国民施法第40条以下，英国1995年法），②适用被害人的经常住所地法的立法例〔比利时国际私法第99条2款4项，2003年罗马Ⅱ委员会提案第4条（但是，以生产者同意产品在该国上市为要件）〕，③适用市场地法的立法例（奥地利判例：OGH, 29.10.1987, IPRax 1988, 363），④由被害人在生产者主营业所在地法和产品取得地法中任选一项（但是，以生产者可预见为要件），立法例有（瑞士国际私法第135条1款，意大利国际私法第63条，罗马尼亚国际私法第114条也有类似规定）。另外，2007年7月11日罗马Ⅱ规则第5条1款采用了连结点梯子的方式，（a）当被害人的经常住所地与产品上市流通在同一个国家时，适用该国法律，（b）取得产品与产品上市流通在同一个国家时，适用该国法律，（c）损害发生地与产品上市流通在同一个国家时，适用该国法律。但是，生产者等不能合理地预见该产品或者同类产品在该国上市流通时，适用生产者等的经常住所地法。

99　在2008年7月1日时点，缔约国有法国、荷兰、卢森堡、西班牙等11个国家（参见海牙国际私法会议网页http://www.hcch.net）。

第4-7条的规定，以实际损害发生地、被害人经常居所地、生产者主营业地、产品取得地为连结点组合，适用最重要的连结，由于过于复杂，没被采纳。其后，《纲要中间试案》采纳了在③案的基础上加入了以经营者的预见可能性为要件的提案，得到多数支持，"产品责任"的单位法律关系，《法律适用通则法》第18条终于诞生了。[100]

《法律适用通则法》第18条适用市场地法的理由是：市场地是生产者等与被害人的连结点，对于双方都是中立的有密切联系的，且生产者通常都是将产品流通市场地的法律作为行为规范和安全标准。[101]事实上，以市场地法为准据法可以确保同一市场的生产者之间的公平竞争，且市场地通常与消费者的生活场所一致，有益于保护消费者的利益。[102]但是，如果产品没有经过当初预定的路线流通（特别是二手货等），生产者不能预见产品交付地，就会有损准据法的预见性。因此，《法律适用通则法》第18条在但书中设置了保护经营者的规定：如果一般人之通常认知能力无法预见产品交付地的，适用经营者主营业地法。[103]

《法律适用通则法》第18条规定的"产品"是指生产品或加工品。这里的加工品，还包括未加工的第一次农水产品等，加工品的 165
涵摄范围比日本产品责任法（第2条1款）的规定更宽泛。[104]既然各国的实体法，如德国和法国，都已经将未加工的第一次农水产品

100　参照审议会⑤会议。

101　补充说明，前引（注27）68页以下。

102　法例研究会编，前引著作（注7）68页以下。

103　小出等，前引（注10）概要60页。

104　1973年海牙公约也是将全部产品作为调整对象。参照审议会①④会议。

等作为调整的对象，[105]那么，“产品责任”作为日本国际私法的单位法律关系，这样规定也是合理的。有个案例可供参考：在澳大利亚进行农业生产的企业，在日本进行农产品的物流，被在日本旅游的德国人取得并食用，由于该农产品上有残留农药，回到德国后发生症状。因为“产品责任”是国际私法的单位法律关系，根据《法律适用通则法》第18条主文，准据法是日本法，但是，由于日本实体法的产品责任中没有包括农产品，难以判断是否构成民法第709条的侵权行为。另外，《法律适用通则法》第18条的“经营者”不仅是生产加工经营者，也包括物流经营者。

关于产品责任，几乎所有的国家都规定在实体法上构成侵权
166 行为。法国在1985年EC指令的国内化（1989年）[106]之前，规定依据从经营者到消费者之间的合同的连结点作为损害赔偿请求权的基础，尽管有法国这种将产品责任界定为合同行为的责任类型，[107]但是，国际私法上，都是从“产品责任”的角度来界定其性质。[108]由于产品的取得者和一起生活的家人以外的人，比如因偶然因素受害

---

105 参见法国民法1386-3条，德国产品责任法第2条。根据2000年11月2日法[BGBI I, 1478]修改，删除旧第2条2项，包括了未加工品。Palandt/Sprau, 66. Aufl. (2007), §2 ProdHaftG, Rn. 2。

106 Loi no 98-389 du 19 mai 1998 relative à la responsabilité du fait des produits défectueux (J.O.mai 1998).

107 详细情况参见Christian von Bar, Gemeineuropäisches Deliktsrecht, Bd.1. München 1996, Rn.485 et seq。

108 这就意味着，在一般侵权行为的准据法确定规则之外，设置《法律适用准据法》第18条的产品责任特殊规则是妥当的。樱田等，前引（注54）座谈会29页（樱田）。欧洲司法裁判所判断，适用1968年布鲁塞尔公约第5条3款，基于法国法合同构成的产品责任也该当该条的侵权行为管辖原因。ECJ 17.6.1992, Rev. trim.dr.europ. 1992, p.709.

的"旁观者"与市场流通的缺陷产品没有直接关系，作为独立的侵权行为问题，也应该根据《法律适用通则法》第17条界定准据法。例如，美国A州的飞机制造公司甲，向在该国B州的日本航空公司乙交付了客运飞机，其后，由于客运飞机的设计缺陷，在C国发生坠机事故，乙向甲请求损害赔偿，根据《法律适用通则法》第18条主文适用B州法，旁观者的乘客以及其遗属对甲的损害赔偿请求，原则上依据该法第17条适用C国法（但是，也同时可以适用该法第20条和21条）。[109]

《法律适用通则法》第18条主文明确地规定了"市场地"的概念是，不是生产经营者流通产品所在地，而是被害人受让产品所在地。该"受让所在地"不仅是所有权的取得地，也包括长期或短期租赁所在地等。[110]《法律适用通则法》第18条但书的"预见可能性"，与该法第17条但书同样，是指国际私法上的预见可能性，应进行客观的且规范性的判断。例如，生产经营者甲在A国生产汽车，在B国设置新车物流，被害人乙在C国取得二手车，由于制造工厂缺
陷发生事故时，甲知道二手车的市场在C国，可以预见到被害人在 167
C国取得二手车的客观情况，所以该当第18条但书的"预见可能性"。[111]另外，应该认为，尽管《法律适用通则法》没有明文规定，

---

109 补充说明、前引（注27）86页以下，及在2006年4月18日参议院法务委员会上的政府参考人寺田逸郎的发言。还有，澤木和道垣内，前引著作（注37）242页，中西，前引（注3）国际私法年报76页等也有相同表述。对此，奥田、前引论文（注3）47页，by-stander也是《法律适用通则法》的适用对象。

110 参见樱田等，前引（注54）座谈会29页（西谷、樱田）。关于具体解释，参见中西，前引（注3）国际私法年报74页。

111 参见澤木和道垣内，前引著作（注37）244页及中西，前引（注3）国际私法年报75页。

但经营者基本上遵照产品流通市场地的行为规范和安全标准开展营销活动。因此，1973年《海牙公约》第9条和2007年《罗马Ⅱ规则》第17条规定，应该承认将这些规范作为一种事实〔“本地、数据（Local · Data）”〕一并列入判断要素。[112]

产品责任也适用《法律适用通则法》第20条和21条。如前所述，该法第22条维持了特别保留条款，这就使得即使以外国法为产品责任的准据法时，其成立及效力也要重叠适用日本法。例如，日本企业制造的产品出口美国，在美国A州设置产品物流，被害人
168 在该州取得产品，其后由于该产品因缺陷在日本提起产品责任诉讼，根据《法律适用通则法》第18条主文，A州法为准据法。可是，如果该日本企业不能同时满足日本法上的产品责任（或者侵权行为）的要件的话，就不承担损害赔偿责任（第22条1款）。因此，即使A州法不承认开发风险的抗辩，只要满足了日本产品责任法第4条1项的要件，经营者就可以被免责。另外，即使损害赔偿责任被认定了，损害赔偿的种类和范围也要受日本法的限定（第22条2款），A州法的惩罚性损害赔偿超过日本法规定的损害赔偿额部分，不予赔偿。

2.名誉和信用损毁

因报纸、电视、网络等媒体损毁名誉及信用属于侵犯非财产权益的一种类型，一个侵犯名誉权的行为同时可以在多个法域产生侵害结果（“扩散性侵权行为”）。于是，《法律适用通则法》第19条

112　Cfr. W.L.M. Reese, Rapport explicatif de la Convention de la Haye du 2 octobre 1973 sur la loi applicable à la responsabilité du fait des produits [Article 9] (http://hcch.e-vision.nl/upload /expl22.pdf).

针对名誉及信用损毁，排除了该法第17条的适用，不是适用每一个侵害结果发生地法，而是适用被害人的经常居所地法，设置了一并确定准据法的规则。

从《法例》第11条1款解释论的角度，有以下几种学说：早期提倡的①发行地说，[113]和②被害人的本国法说，[114]近来的③并列适用每个侵害结果的发生地法说（即“嵌入理论”），[115]和④被害人的经常居所地法说。[116]从比较法的角度，除了③④，还有⑤可以从加害人的经常居所地法、被害人的经常居所地法，以及侵害结果发生地法（但是，以加害人的预见可能性为要件）中进行选择。[117]审议会

113　折茂，前引著作（注5）183页，实方，前引著作（注12）233页。

114　山口，前引著作（注16）444页以下。

115　道垣内，前引著作（注19）247页。

116　参见出口，前引著作（注93）92页以下，同「国際私法上における名誉毀損」上智法学38卷3号（1995年）150頁。

117　③法国判例（Civ. 1re , 8 février 1983, Clunet 1984, 123; Civ. 1re , 14janvier 1997, Rev.crit. dr. int. pr.1997, 504），2003年罗马II委员会提案第3条（但是，第6条1款规定，如果结果发生地法的适用违反法院地表述和信息提供自由的基本原则的话，就适用法院地法）采用。英国判例原则上也适用颁布地法（*A.V.Dicey/J.H.C.Morris/L.Collins* (eds.), The Conflict of Laws, 14th ed. (2006), pp. 1957 *et seq.* ），关于名誉损毁，由于保留了双重可诉原则（rule of double actionability），可以重叠适用英国法（参见前引（注80））。④奥地利判例（OGH, 19.3.1975, SZ 48, 140.）。但是，学说上认为，一般适用实施地法，只有在例外情况时，才适用结果发生地的被害人经常居所地法（且以加害人的预见可能性为要件）。*P.Rummel* (ed.), AGBG-Kommentar, vol. 2-2, 3rd ed., Wien 2002, §48 IPRG, Rn.24，2002年罗马II准备草案第7条。⑤瑞士国际私法第139条1款，比利时国际私法第99条2款1项采纳了实施地法和结果发生地法的选择（但是，以加害人的预见可能性为准）。适用“遍在理论”的德国民施第40条和意大利国际私法第24条2款、62条，承认对被害人的实施地和结果发生地的选择。罗马II规则第1条2款（g），由于排除了个人隐私侵害名誉损毁的适用，今后欧洲共同体的各成员国可以适用国内法的冲突规则。

上，提出了①②③的三个建议（⑤作为默认规则，适用加害人的经常居所地法，也记录在案），适用侵害结果发生地法，或者被害人
169 经常居所地法时，以加害人的预见可能性为要件。③的准据法适用过于复杂，没有被采用。④适用被害人的经常居所地，不以附带预见可能性为要件，受到多数赞同。[118]其后，④作为《纲要中间试案》第7条7款2项的A案，得到民意调查的支持，被《法律适用通则法》第19条采纳。[119]

《法律适用通则法》第19条规定的适用被害人经常居所地法，是以保护被害人为中心，也可以理解为加害人以通常认知能力知晓被害人的经常居所地，在一定程度上也考虑了加害人的预见可能性。另外，在几个国家发生侵害结果时，与发生最重大社会影响的被害人经常居所地相连接，适用单一的准据法具有合理性。[120]由于像卫星转播和网络等对名誉及信用的损毁，在所有的接收地及连接地都可能发生侵害结果，可以说依据《法律适用通则法》第19条一并确定准据法是优选提案。作为例外，如果媒体一方不可能知晓被害人的经常居所地的话，可以依据《法律适用通则法》
170 第20条适用最密切联系地法。另外，也承认根据该第21条选择准据法。

如上所述，由于《法律适用通则法》第22条特别保留条款被维持下来，名誉及信用损毁以外国法为准据法的，对其成立和效力也会重叠适用日本法，即，依外国法名誉及信用损毁成立，而依日本法名誉及信用损毁不成立时，该侵权行为不成立（该法第22条1

118 参见审议会①④会议，补充说明，前引（注27）88页以下。

119 审议会④会议。

120 补充说明，前引（注27）88页以下。

项）。因此，总部设在日本的报社、杂志社、电视台等媒体，限于在日本被提起名誉或信用损毁诉讼，司法实践中，可以享受日本法言论自由的保障。

虽然《法律适用通则法》第19条的单位法律关系是“名誉及信用损毁”，但是从解释论的角度，其他的人格权侵害是否也在该条的涵摄范围内呢？隐私权是指“个人生活中不愿为他人公开或知悉的秘密权利”，或者“掌控自己相关信息的权利”，与名誉权同为人格权的一种。以媒体、小说和电影等手段侵害个人隐私，一个侵害行为在多个法域同时发生侵害结果的扩散性侵权行为，与名誉及信用损毁有共同性。因此，原则上依据《法律适用通则法》第19条，以被害人的经常居所地法为准据法是适当的。[120a]关于侵犯姓名权和肖像权的侵害，同理，也应适用被害人的经常居所地法。另外，知名人士的公开权，不仅是人格权，也是与知识产权邻接的特殊权利，日本实体法针对侵犯名人公开权有几种不同的观点：①认为是侵犯了姓名、肖像等的人格权，人格权说。 171
②认为是侵害了姓名、肖像等有价值的财产（吸引顾客），财产权说。③认为是一种不正当竞争行为，不正当竞争行为说。名人公开权具有转让性和物性，是以财产价值为中心的权利，但是从

120a　罗马Ⅱ规则第1条2款g项也是将名誉损毁和隐私权侵害同列处理（该条将这些人格权侵害排除到罗马Ⅱ规则的适用范围外，准据法的确定留待各国国内法处理）。但是，对于私生活的侵入（偷看居室、侵入居室、扰乱私生活的平稳等）、窃听、秘密录音、偷看日记或私信等的隐私权侵害类型，基于例外条例的《法律适用通则法》第20条，应适用实际侵权实施地法。关于实体法上的隐私权的概念和其侵害类型，参见五十岚青《人格权法该说》（有斐阁、2003年）193页以下。

姓名、肖像等与自己有关的信息控制权方面来看，与人格权也是相同的。因此，一般情况下，名人公开权也在《法律适用通则法》第19条的涵摄范围内。[120b]

对名誉及信用损毁的救济方法，原则上依其准据法确定，由于《法律适用通则法》第22条2款规定了重叠适用日本法，所以限于日本法认定的损害赔偿方法和范围。各国的立法例和学说中，反论请求权和谢罪广告等，是因为有了印刷物的发行和电视、广播等的传送才得以实现。有些学者认为，由于其言论自由度和当地的公共秩序密切相关，与金钱赔偿相关的准据法不同，应该适用发行地或传送地的法律。[121]可是，只是对名誉及信用损毁救济方法的一部分进行特别连结的观点，是以特定的实体法为前提，是不妥当的。关于恢复名誉反论请求权与谢罪广告，在一并适用《法律适用通则法》第19条（或者20条、21条）的基础上，实际上没有承认其救济方法适用发行地或者传送地的法律时，作为一种“本地、数据

120b 参照中西、前引（注3）国际私法年报79页以下。关于围绕公开权的日本实体法上的议论，参见五十岚青、前引书籍（注120a）179頁以下、内藤笃=田代贞之《隐私权概说》（木铎社、第2版、2005年）31頁以下，窪田充见「不法行為法学から見たパブリシティ——生成途上の権利の保護における不法行為法の役割に関する覚書」民商法杂志133卷4=5号（2006年）721頁以下，上野达弘「パブリシティ権をめぐる課題と展望」高林龍编『知的財産法制の再構築』（日本评论社、2008年）185頁以下。特别是关于物的公开权，比如游戏软件使用了赛马的马名，是否构成公开权的侵害？参见最判平成16年（2004年）2月13日民集58卷2号311頁（结论：不属于公开权）。

121 瑞士国际私法第139条2款，罗马尼亚国际私法第113条，2003年罗马II委员会提案第6条2款。关于《法例》第11条1款的解释论，山口，前引书籍（注93）以下，同前引论文（注116）161页以下观点亦同。

（Local・Data）”进行考量足矣。[122]

3.其他侵权行为类型

关于个别的侵权类型，在审议会上曾经讨论了以下两个方案，最后均未被采纳。（a）不正当竞争和限制竞争行为适用市场地法，（b）知识产权侵害适用利用行为地法（侵害行为地法），即，“保护国法”。 172

关于（a）限制竞争行为，有些学者提出，如果市场地在外国，就很有可能根据双方的冲突规则导致适用外国的反垄断法（卡特尔法），条文化就此被搁浅。[123]垄断法是具有公法性质的规则，各国以“效果理论”圈定其场地适用范围，[124]对于限制竞争行为的损害赔偿请求权也不一定是纯私法性的（参照《关于禁止私人垄断和确保公正交易的法律》（反垄断法）第25条、26条）[125]。罗马Ⅱ规则第 173

122　关于“当地、数据”，参见三、1、b。

123　审议会①④会议。

124　日本采用“效果理论”的例子，公正交易委员会劝告审决平成10年（1998年）9月3日（ノーディオン事件）（http://snk.jftc.go.jp/cgi-bin/showdoc.cgi?Dockey=H100H10J02000016）。参见德国卡特尔法第130条2款，EU的European Court Justice, 27.9.1988, Case 89/85, in: ECR 1988-I, 5193（“*wood pulp*” case)。美国判例等也采用“效果理论”，参见白石忠志「自国の独禁法に違反する国際事件の範囲」ジュリスト1102号68-74頁，1103号116-119頁（1996年），美国国际关系法第三重述第402、403条，*Andreas Lowenfeld*, International Litigationg and Arbitration, 3rd ed., St. Paul. Minn.2006, pp.55 *et.seq*.。

125《独占禁止法》第25条1款规定，违反第3、6、19条规定的经营者和违反第8条1款的经营者团体，对被害人承担损害赔偿责任，又根据第26条1款，如果没有第49条1款规定的排除措施命令等，或者还没有第66条4款规定的审决确定，可以在审判中主张其损害赔偿请求权。

6条3款[126]和瑞士国际私法第137条1款，[127]关于对限制竞争的损害赔偿请求，虽然很有可能适用外国的反垄断法，首先要慎重考虑在日本是否也有同样的规定。[128]

另一方面，不正当竞争是私人之间的停止侵害请求和损害赔偿请求的基本事实，由民事规则维持市场竞争秩序。特别是关于维持市场秩序中的不正当竞争问题（不正当广告、不正当使用他人的商品标识、销售仿制品等），以特定国家的权利保护和社会公众利益保护为目的，各个国家的国际私法几乎一致采用市场地法，[129]日本

126 根据罗马II规则第6条3款，关于限制竞争行为，原则上，（a）适用阻碍竞争，或者可能阻碍竞争的市场地法，但是，（b）在几个市场地实施了限制竞争行为，原告在被告的住所地起诉时，如果是直接且实质性的限制了竞争的市场地之一的话，可以援用法院地该成员国的法律（该成员国有几个被告时，只能在每个被告在其成员国直接且实质性的实施了限制竞争行为的，可以援用其法院地法）。

127 瑞士国际私法第137条，以适用外国独占禁止法为前提［*Bernard Dutoit*, Droit international privé Suisse, 4e éd. (2005), Art. 137. n° 3］，同条2款对于经常重叠适用法院地法进行了限制（罗马尼亚国际私法第117条、188条相同的规定）。

128 对限制竞争行为的损害赔偿请求权的准据法为外国法时，是否可以立即排除适用日本独占禁止法第26条［参见前引（注25）］存有疑问。参见审议会①会议。

129 立法例有，罗马II规则第6条1款，奥地利国际私法第48条2款，荷兰2001年法第4条，比利时国际私法第99条2款2项，列支敦士登国际私法第52条2款，瑞士国际私法第136条。德国民法没有明文规定，1999年修改的立法理由称，从解释论的角度，以市场地法的适用为前提（BT-Drucks.14/343, p. 10），也被判例和一般学说认可。*Palandt/Heldrich*, op. cit. (36), Art. 40 EGBGB, Rn.; MünchKomm/*Drexl*, IntUnlWettbR, Bd. 11 (2006), Rn.1 *et seq.*, 81 et seq.

学界也普遍认同。[130]在《法律适用通则法》的制定过程中，虽然有学者主张，力图确定准据法的明确性，应该设置法条规定，但有学者主张被侵害利益有多样性，于是就没有设置明文规定。[131]从《法律适用通则法》解释论的视角，维持市场秩序问题中的不正当竞争，不是适用第17条和20条以当事人的密切联系性为中心来确定准据法，而是合理诱导适用市场地法，应该排除协商适用第21条准据法。[132]尽管网络方面的不正当竞争也适用市场地法，但是如果 174
以可以从网站下载信息的所有市场地为标准的话，就有可能适用全世界所有的法律，这不太现实。因此，可以合理解释为，仅以行为人的积极行为地、实际促进提供商品销售和服务的市场地（基于网络上的不正当广告进行商品销售的市场地等）为标准。[133]

---

130 关于传统学说，参见中野·前揭（注8）コンメンタール74頁以及所引用的文献。大阪地判平成16年（2004年）11月9日判时1897号103页，案件的概要是，被告Y公司（日本法人）让韩国的关联公司D公司模仿生产原告X公司的产品，然后在中国、美国和德国进行销售。根据日本的反不正当竞争法，停止侵害和损害赔偿请求被驳回，但是基于侵权行为对损害赔偿的请求，根据《法例》第11条1款，损害发生的X公司的主营业地法为准据法，基于民法第709条被认可。本案是关于维持市场秩序问题的不正当竞争，可以单纯适用X公司丧失销售利益的市场地法为准据法。参见小出邦夫《国际私法判例百选》（新法应对修改版、20007年）73页、国友明彦、平成17年（2005年）重要判例解说308页。

131 补充说明、前引（注27）200页以下。

132 参见适用关系图、前引（注55）罗马II规则第6条4款，排除了同14条的当事人自治。对此，关于不正当竞争行为，依据《法律适用通则法》第21条承认当事人自治，横溝大「抵触法における不正競争行為の取扱い——サンゴ砂事件判決を契機として」知识产权法政策学研究12号（2006年）235頁。

133 德国的议论，例如，MünchKomm/*Drexl*, op. cit. (129), Rn. 118 *et seq.*; *Peter Mankowski*, Internet und Internationals Wettbewerbsrecht, in: GRUR Int. 1999, pp. 911 *et. Seq.* 等。

对此，在不正当竞争中，对于特定的人的行为（营业诽谤、劳动者争夺、产业密探、技术侵害等）的类型，不是直接与市场相连结，而是以当事人之间的相互关系为核心。因此，通常的侵权问题，应该根据《法律适用通则法》第17条的原则适用侵害结果发生地法，同时适用第20条和21条。[134]“信用损毁”是《法律适用通则法》第19条的适用对象，原则上适用被害人的经常住所地法（法人的话，适用主营业务所在地法），信用毁损多地发生时，由于是与交易对方的关系问题，也有根据第20条的例外条款，引导适用实施了实际营业活动地法的情况。[135]

175 关于（b），有必要考虑知识产权的特殊性。知识产权包括著作权、商标权、专利权等多种权利，每一种权利都是由各个国家各自赋予的具有属地性的权利，一般其内容、属性和存续期间等由该国法律决定，赋予这些权利的各个国家都被称为知识产权的“保护

---

134 明文规定的例子有，罗马II规则第6条2款，荷兰2001年法第4条2款，瑞士国际私法第136条2款，罗马尼亚国际私法第118条a项（但是，适用被害人的营业所在地法）。参见法例研究会编、前引书籍（注7）88页。中野・前揭（注8）コンメンタール74頁，国友・前揭評釈（注14）261頁等，亦同。判例可以参考，前引（注14）东京地判平成3年（1991年）9月24日，东京地判平成15年（2003年）10月16日判时1874号23页（珊瑚沙案件），知识产权高判平成17年（2005年）12月27日LEX/DB28110187，东京地判平成18年（2006年）9月26日判时1962号147页（丘比特娃娃事件）（没有判断准据法）。

135 从日本的实体法来看，信用损毁与名誉损毁没有截然区分，信用损毁属于竞争者之间的不正当竞争，本来是以销售量降低和股价跌落等财产损失为中心的侵权行为类型［参见五十岚、前引（注120a）140页］。通常，《法律适用通则法》第19条的连结点为被害人的经常居所地（主营业地），现实中多为损害发生地，视案件不同，鉴于因市场信用损毁造成的销售量降低，根据该20条的例外条款，应适用市场地法。

国”，著作权指著作物的保护国，专利权和商标权指注册国。[136]关于知识产权侵害的准据法，有必要参考《保护文学和艺术作品的伯尔尼公约》和《保护工业产权的巴黎工业公约》等国际公约，从比较法的角度，知识产权的侵害界定为侵权行为的一种，倾向于根据国内法的冲突规则引导适用保护国的法律。[137]在审议会上，关于保护国的概念，学说和判例众说纷纭，条文化为时尚早，就此搁浅。[138]但是，日本的审判案例不断增加，确实有司法需求，[139]有必要在尽可

136　各国的立法例［后引（注137），根据美国法律协会和马普研究所基本原则（后引（注146）］等。对此，茶园成树「特許権侵害の準拠法」国际私法年报6号（2004年）38页以下和56页注14，关于前引最判（注19）读卡机案件，保护国是指，发明等的利用行为地或者侵害行为地的日本，根据未必清楚。参见后引（注142）。

137　罗马II规则第8条1款，奥地利国际私法第34条1款，瑞士国际私法第110条（该条2款承认当事人选择法院地法）。伯尔尼公约第5条2款是否具有确定保护国法适用的冲突规范作用，有争议。肯定说的有，道垣内正人「インターネットを通じた不法行為——著作権侵害の準拠法」国际经济年报8号（1999年）165頁以下，否定说的有，驹田泰士「著作権と国際私法」著作权协会22号（1995年）114頁以下，申美穗「国際的な知的財産権侵害事件における抵触法理論について」法学论丛154卷2号（2003年）75—78頁，横沟大「知的財産に関する若干の抵触法的考察」田村善之编『新世代知的財産法政策法の創生』（有斐阁、2008年）459頁以下等。

138　参见审议会④会议。

139　关于专利权侵害准据法，除了前引最判（注19）读卡机案件以外，还有东京地判昭和28年（1953年）6月12日下民集4卷6号847页（满洲专利案件），前引（注134）东京地判平成15年（2003年）10月16日，知识产权高判平成18年（2006年）1月31判时1922号30页。关于著作权侵害的准据法，东京地判平成16年（2004年）5月31日判时1936号140页［上述审、东京高判平成16（2004年）12月9日判例集未登载］，东京高判平成17年（2005年）3月31日LEX/DB28100714（File Rogue案件），东京地决平成18年（2006年）7月11日判时1933

能的范围内法条化。

最高裁判所平成14年（2002年）9月26日民集56卷7号1551页（读卡机事件），被告Y公司（日本法人）在日本制造产品后出口到美国，Y公司的美国子公司在美国进行销售的行为是否构成侵
176 害原告（日本人）的美国专利权？[140] 就本案事实而言，如果Y公司的行为在日本国内法已经完结了，就不构成对X的美国专利权的侵害。如果Y公司在美国国内也直接或间接的进行了侵害行为（出口、销售等），在美国发生了侵害结果，专利权侵害成立。鉴于这种属地性的独占权的专利权性质，在《法律适用通则法》下，不应

号68页（罗马的假日案件）。特别是国际裁判管辖方面的案件，关于专利权，东京地判平成13年（2001年）5月14日判时1754号148页（上野制药案件），关于著作权，最判平成13年（2001年）6月8日民集55卷4号727页（奥特曼案件）东京地判平成14年（2002年）11月18日判时1812号139页（铁人28号案件）。学说方面有，特别是前引（注137）的文献之外，木棚照一『国際工業所有権法の研究』（日本评论社、19989年），同編著『国際知的財産侵害訴訟の木曽理論』（2003年），同「知的財産紛争の準拠法決定原則」企業と法創造11号（2007年）162—174頁，茶园・前揭论文（注136）33—62页，驹田泰士「特許権侵害の準拠法」国际私法年报6号（2004年）63—85页等。

140 本判决停止侵害、废弃请求和损害赔偿请求做了区分，前者为专利的效力问题，后者为侵权行为问题，两者都以美国法为准据法。但是，该判决因以下理由，驳回了上述请求：关于前者，日本对专利权采用属地主义原则，适用美国法违反日本的公序良序（《法例》第33条）；关于后者，依据《法例》第11条2款，日本法没有涉及积极诱导日本域外专利权的效力，因而专利权侵害不成立。关于国际私法的性质确定，区别停止侵害、废弃请求与损害赔偿请求的问题所在，参见拙稿，前引评析（注25）75页。关于本判决的评析，参见高部，前引（注19）716页以下，同、ジュリスト1239号130頁，同、L&T19号81頁，樋爪诚、L & T18号35頁，出口耕自、コピライト2003年1月号26頁，道垣内正人、平成14年度重要判例解说278页，横沟大，法协120卷11号2299页，早川吉尚《国际私法判例百选》（新法对应补正版、2007年）94页等。

该承认适用以与当事人有最密切关联性为中心来确定准据法的第17条和20条，而是根据合理原则，应该适用赋予专利权效力的保护国法，即注册国的美国法。[141]根据该解释，以行为人不可预见为理由，没有适用行为地法的日本法的余地，[142]从而排除了基于《法 177
律适用通则法》第21条当事人选择准据法的可能性。[143]同时，正如本案所示，如果Y公司在日本有相应专利权，从开始该产品在日本制造本身是合法的，尽管不能依据美国法要求停止产品制造、废弃等，但至少还有请求损害赔偿的余地。[144]对于其他知识产权的侵害，也同样存在属地主义的妥当性问题，所以应该承认适用保护国法。

网络上的著作权、商标权、经营特许权等的侵害问题，原则上也应该适用保护国法。此时，不是以所有的（潜在的）下载地为标准，而是具体分析网站的内容、适用语言、网络服务商及服务器的所在地等因素，行为人是否积极的进行了侵权行为，是否发生了实质性损害，才能决定是否为保护国法的调整对象［市场影响理论（Market Impact）］。[145]但是，特别是著作权，《伯尔尼公约》第5条2

141　从比较法的角度，一般也是适用注册国法。参见*Marta Pertegàs Sender*, Cross-Border Enforcement of Patent Right, London 2002, pp. 209-271。

142　关于损害赔偿请求，本案一审和二审根据《法例》第11条1款的解释以日本法为准据法（石黑一宪《专利判例百选》（第3版、2004年）215页，茶园、前引论文（注136）46页以下等，也赞同这一观点），但是，我们认为这不太适当。

143　参见适用关系图，前引（注55）。还有，罗马II规则第8条3款，排除了该第14条当事人意思自治的适用［参见前引（注132）］。

144　参见拙稿，前引评析（注25）75页。

145　关于网络侵权，可能会考虑以所有的下载所在地为界定标准（道垣内正人「著作権をめぐる準拠法及び国際裁判管轄」コピライト40号（2000年）17頁和澤木＝道垣内・前揭书籍（注37）239頁），但是在司法实践中，斟酌网站的内容和使用语言、网络服务提供商和服务器的所在地等因素，实施人是否积极地进行了侵害行为，以实际损害发生地为界定标准，则是现实可行的。在MP3音乐文件交款规定了以保护国作为知识产权侵权的准据法，由于各缔约国享有这些权利不需要履行任何手续，很有可能在不特定的许多国家会发生侵权结果。此时，应该认可，根据《法律适用通则法》第20条的宗旨进行类推，引导适用最密切联系地法。[146]

换的问题所在前引（注139）东京高判平成17年（2005年）3月31日中记述了，被告（上述人）是日本法人，网站使用日语，本案客户软件也是以日语表述，本案服务文件的接受传送大多以日语进行，即使服务器所在地为加拿大，实际上的著作权侵权行为实施地是日本，也应以日本法为准据法。对此，最近的德国联邦最高法院（BGH）2004年10月13日判决（NJW 2005，1435）也可参考。本案中，被告在哥本哈根用瑞典商标"Hotel Maritime"经营酒店，开设网站，使用瑞典语、德语和英语提供酒店指南和预约等服务，对德国人顾客也有诱导行为。原告使用"Maritime"这个德国商标在德国经营40家酒店，以商标权受到侵害为由，请求被告停止在德国国内使用"Hotel Maritime"名称，以及停止使用www.hotel-maritime.dk 域名诱导德国人顾客。BGH认为，商标权的保护国法是德国法，应以德国法为准据法，原告的商标权受保护的地域范围限于德国国内，在基于一国的商标权上传信息的情况下，仅以在他国可以下载为由主张构成商标侵权的，就会扩大妨碍商业活动的范围，如果要容许其请求，需要有充分的内国牵连性，鉴于被告在保护国域外的哥本哈根经营酒店，仅限于在哥本哈根提供服务，既没有妨碍原告的商业活动，也没有充分的内国牵连性，驳回了原告的请求。

146　参见 *Yuko Nishitani*, Copyright Infringement on the Internet and Service Provider's Liability-A Japanese Approach from a Comparative Perspective-, In: *Andrea Schulz* (ed.), Legal Aspects of an E-Commerce Transaction-International Conference in The Hague 26 and 27 October 2004-(2006), pp. 50 *et seq*.。美国法律协会（ALI）和马普研究所分别提出的关于国际知识产权法的基本原则，可谓殊途同归。*American Law Institute*, Intellectual Property: Principles Governing Jurisdiction, Choice of Law, and Judgments in Transnational Disputes, Proposed Final Draft (March 30, 2007), §301 (1), §321 (1); Max-Planck Project on International Jurisdiction and Choice of Law (*Annette Kur*, Applicable Law: An Alternative Proposal for International Regulation——The Max-Planck Project on International Jurisdiction and Choice of Law, in: Brook. J. Int'l L. 30 (2005), pp. 962 *et seq*.关于两个项目的详细介绍，参见木棚照一「知的財産紛争に関する国際私法規則の調整と調和の試み——東アジアの視点から」高林龍编『知的財産法制の再構築』（日本评论社、2008年）299頁以下。

四、结语

文至此处，我们理解，随着《法律适用通则法》的制定，侵权行为准据法的确定规则更加明确具体，可以说采用了现代型的冲突法规则。当然，我们也看到，每一个规定的适用都给法解释留下了许多有待探讨的论题，期待通过今后的学说和判例的进一步发展，使议论更加深入。 178

但是，《法律适用通则法》第22条1款和2款维持了《法例》第11条2款和3款的特别保留条款，令人惋惜。原本民法第709条以下规定已经比较宽泛地认可了侵权行为的成立，重叠适用日本法问题显得有些牵强附会。如上所述，该规定没有改变过度地内国法优先适用原则，其实如何纠正因外国法的适用而带来的异常后果， 179
包括美国法的惩罚性损害赔偿等问题，一并留待通常的公共秩序规则（《法律适用通则法》第42条）的适用足矣。即使日本采取这样的立法政策是为了保护日本企业，特别是在国外开展营商活动的日本企业，从国际协作的视角出发，也是令人失望的。有待下次法律修改时，再探讨删除特别保留条款吧！

西谷祐子／科隆大学特别研究员

第三部

国际商事纠纷的处理

第八章　国际民事诉讼

安达荣司

当我们向国家法院寻求解决国际商事纠纷时，会联想到国际民事诉讼法。除了为数不多的几个程序层面，国际民事诉讼法既没有国际条约也没有特别法，在法庭所在地的法院，通常适用国内法，特别是判例法。我们看到近年来，最高法院针对国际民事诉讼法的重要论点，逐渐形成了关键性的判例法，在审理国际民事诉讼案件时有稳定的规则可循。特别是对于国际民事诉讼管辖和司法权豁免问题，随着判例法的展开，立法工作也有了进展。只要立法工作奏效，国际民事诉讼作为独立的法律领域，必将进一步发展。

184 一、总论

向日本法院提起民事诉讼的当事人一方或双方为外国人或外国企业，或者在外国居住、逗留，所审理的案件发生在国外，案件的准据法被指定为外国法。在“国际化”“全球化”的现代社会，这些情形已经稀松平常。国际民事诉讼法是指，调整具有外国因素（称为涉外因素）的上述当事人和案件的民事诉讼程序规范的总和。

国际民事诉讼法调整的是在日本法院提起，须由日本法官审理、判断的民事诉讼案件，从这个意义上说，也是（与国际私法同样）属于日本法（国内法）的一部分。不过，在程序层面，也有适用双边或多边国际条约的情况（主权豁免、当事人诉讼能力、提供诉讼费用担保、调查证据等）。

国际民事诉讼法适用的基本原则为“程序依法院地法（lex fori）原则”（称为法院地法原则），意思是适用法院地的程序法。例如，美国人以美国人为对方当事人提起的在美国发生的交通事故的诉讼，只要是向日本法院提起的，日本法院就可以遵循日本的民事诉讼法进行审判（对于判断所主张的诉讼请求是否适当的基准，即实体法适用哪个国家的法律，由国际私法《法律适用通则法》确定）。

国际民事诉讼法在平成8年（1996年）制定的新民事诉讼法的修订讨论会上，曾经是主要议题之一，结果除了几个例外条款，几乎没有什么修改。[1]但是，与立法上的不成功形成鲜明对比，平成8年新民诉法确立后，有关国际民事诉讼的重要判例则不断涌现。

本文将立足于作为国内法的国际民事诉讼法的维度，展开对其中部分法律制度和问题的探讨，[2]特别是，随着近来判例法的发展而显现的主权豁免、国际司法管辖、国际诉讼竞合以及外国判决的承认与执行等问题。[3]

二、国家豁免（主权豁免） 185

◆**设问**　外国的国家是否服从日本法院的管辖权？

1. 从绝对豁免原则到相对豁免原则的转换

国内法院裁判权是国家主权行为，依据尊重外国主权的国际法原则，首先，禁止在外国行使日本的裁判权；其次，即使在日本国

1　竹下守夫『研究会新民事訴訟法』ジュリスト增刊（1999年）24页，小林秀「国際民事訴訟法」竹下守夫编辑代表『講座新民事訴訟法Ⅲ』（1998年）395页，藤田泰弘『日/米国さ訴訟の実務と論点』（1998年）173頁。

2　早川吉尚「国際民事訴訟法の現実」ジュリスト1317号（2006年）213頁，概观了包括送达和证据调查问题在内的日本国际民诉法的现状和课题。

3　关于国际民事诉讼法的判例法理的发展，有新堂幸司等编『判例民事訴訟法の理論（中野貞一）郎古希祝賀（下）』（有斐阁、1995年）收录的以下论文，小岛武司「国際裁判管轄」383頁，渡边惺之「国際的二重訴訟論」475页，竹下守夫「判例から見た外国判決の承認」513頁。另外，有关论述国际民事诉讼近来判例学说的发展的论文集，有藤田弘泰『日/米国際訴訟の実務と論点』（日本评论社、1998年），安达荣司『国際民事訴訟法の展開』（成文堂、2000年），高桑昭=道垣内正人編『新裁判実務体系③　国際民事訴訟法』（青林书院、2002年）等。

内，为了顺利地进行国际相互交流，特定范围的人和物可以享受日本民事司法权的豁免，且具有不可侵犯性，其典型的例子就是外国的国家。

如果强调主权国家的自由和平等，就不允许以外国的国家为诉讼当事人向日本法院起诉（绝对豁免原则）。然而，如果国家也像民间企业一样在外国市场进行交易活动，且非主权性质的活动，也享受国家司法权豁免优惠的话，在经济上不合理。因此，对于外国国家的非主权性行为（业务管理行为）不能从日本民事司法权中得到豁免，这种限制豁免原则学说得到了广泛的支持。[4]联合国于2004年12月2日通过了基于限制免除原则的《联合国国家及其财产管辖豁免公约》，日本也签署了该公约。

在这样的背景下，最高法院在最判平成18年（2006年）7月21日民集60卷6号2542页中，[5]变更了一直以来沿袭的绝对豁免原则的传统判例，明确采纳限制豁免原则（行为性质标准说）。

2. 放弃民事司法权豁免的方法

民事司法权的豁免对于外国国家而言既有有利的一面，又有不利的一面。尽管日本的判例已经转换为限制豁免原则，但是限制豁免原则的标准尚不明确，且有“特殊事由的保留”，所以商业交易的对方担心将来得不到民事司法方面的保护，与外国国家进行交易的态度表现消极，也不会给出合理的交易条件。为此，外国国家在进行商业交易时往往会主动表示放弃民事司法权豁免。

对此，仅表示放弃民事司法权豁免的意思对于交易的对方是否

4　高桑＝道垣内编，前引（注3）15页（岩沢雄司），小林秀之等「特集/国際法と国際民事訴訟法」法律时报72卷3号（2000年）4頁以下。

5　三木素子、ジュリスト1342号177页。

已经足够了？还是有必要进一步向民事司法权的主体国家也应该表示放弃的意思？这一问题已经在司法实践中出现。[6]与外国国家签署合同时，直接前往预计将来诉讼法院的所属国家，即通过国家之间的外交手段，交易对方如果不能确保国家事先明示放弃豁免的意思，不能得到有效的放弃主权豁免的承诺，显然对交易活动产生障碍，又没有其他恰当的方式使其放弃主权豁免。在上述的最高法院平成18年判决中，日本的法院认为当事人之间的国际专属管辖协议（协议管辖条款）有效，其协议管辖条款视为服从日本民事管辖的意思表示。如前所述，虽然日本的判例已经由绝对豁免原则转向限制豁免原则，但是鉴于行为性质说，抑或"特殊事由"的考量等规则的不确定因素，在国际商事贸易中，一般做法是：一定要将交易对方国放弃主权豁免条款写入合同。

三、国际诉讼管辖

◆**设问** 关于外国居民为被告的案件，日本法院是否可以审 186
判？关于在外国发生的交通事故，日本法院是否可以审判？

1. 管辖原因理论

国家基于主权决定司法权的范围。关于向本国的法院提起的涉

---

6 瑙鲁共和国案件的第二审判决［信森毅博「中央銀行からみた主権免除法制の整備」NBL753号（2003年）24頁注41，引用的东京高判平成14年3月29日、平成13年（ネ）第984号］，主权豁免的意思表示要求是对国家的，没有承认放弃主权豁免。

外案件，其裁判权的对象所调整的范围也是可以遵循本国规范（国内法）自由确定的。这是作为国家整体的法院的国际诉讼管辖权问题，构成独立的诉讼要件。如果一个国家过于轻易地扩张创设本国的国际诉讼管辖规则，其过大过度地主张国际管辖权就会招致谴责。另一方面，如果国际诉讼管辖的创设过于严格限定，原告的权利保护就会受到不当限制。正因为如此，国家必须在保障享受司法权（宪法第32条）的框架内，综合平衡考量与涉外案件的审判相关的当事人利益、法院利益，以及国家利益，确立明晰的国际诉讼管辖规范。

2.判例法——特殊事由论的展开

日本还没有国际诉讼管辖相关的一般法规定。[7]根据判例，关于涉外案件是否承认日本法院的国际诉讼管辖，只能“基于当事人间的公平以及审判的公正迅速的理念，合情合理地”进行判断，民诉法规定的审判籍（民诉法第4条以下，被告的住所地、分公司、营业所、业务履行地、侵权行为地、财产所在地、不动产所在地、合并请求）中的任何一个只要位于日本，依情理便应承认其国际诉讼管辖。[8]即，日本的国际诉讼管辖的标准为符合情理的一般条款。民诉法上的关于土地管辖的审判籍，不过是合理判断的一个考虑要
187 素而已。

7　目前，日本正在准备国际诉讼管辖的立法，成立了“国际诉讼管辖研究会”（会长为高桥宏志教授），公布了报告书，报告书参见NBL883号（2008年）37页、884号64页、885号64页、886号81、887号114页、888号72页。本文也参考了该报告书，以下作为报告书引用。

8　最判昭和56年（1981年）10月16日民集35卷7号1224页（马来西亚航空案件）。

依照该判例的标准，不管民诉法上的审判籍存在还是不存在，如果能够预见到可能会发生有悖当事人之间的公平及审判的公正迅速的理念的结果（“存在特殊事由”），就可以根据合理原则判断否定或者肯定日本的诉讼管辖。可以考虑的特殊事由有，被告的应诉承担、证据所在地、当事人的经济能力、预见可能性、有在外国正在审理的先行诉讼、在外国起诉不可能等情形，这些要素与是否存在类推国际诉讼管辖的线索审判籍没有什么关系。

最高法院在最判平成8年（1996年）6月24日民集50卷7号1451页[9]中，一改沿袭传统判例的立场，变更了离婚案件依据被告住所地的审判籍原则，[10]即使在被告没有住所的情况下，也没有断绝原告的审判救济之路，基于合理的判断承认“紧急管辖”为日本国际诉讼管辖。[11]最高法院判决最判平成9年（1997年）11月11日民集51卷10号4055页[12]，关于合同委托保管金返还请求案件，原告主张根据义务履行地审判籍（民诉法第5条1项，旧法第5条）判断国际诉讼管辖，但是法官综合考虑到被告到日本法院应诉的预见可能性、证据集中在被告住所地、原告到外国法院起诉的便利性等因素，以存在不合情理的“特殊事由”进行判断，尽管义务履行地在日本，还是否定了日本的国际诉讼管辖。

9　本判决的评析，参见山下郁夫、法曹时报50卷9号2377页其后的注所引用的文献。

10　最判昭和39年（1964年）3月25日民集18卷3号486页，最判昭和39年4月9日家月16卷8号78页。

11　本判决后的判决事例，参见東京地裁所平成11年（1999年）11月11日判夕1023号267页=本吉弘行、判夕1069号310頁。

12　关于本判决，安达，前引（注3）4页以下和6页注1，还有孝桥宏、法曹时报52卷4号1210页。

188 平成9年和平成8年的两个最高法院的判例显示，在判断国际诉讼管辖时，放宽了既存的管辖规则的标准，而且援用公平、正义、迅速的一般条款，优先于法院的裁量判断，以便确保个别案件的结果妥当性。在此，如何平衡法律的确定性（乃至明确性）的要求与个别案件的结果妥当性的要求，这在法解释上是一个棘手的问题。[13]积极地评价判例法理的观点认为，重视司法实践中的实用性以及案件累积的类型化，应该比重视个别案件的结果妥当性的方法更优越。但是，下级法院在审判例中对“特殊事由”考虑的要素有些混乱。[14]

综合上述因素，目前正在进行的立法工作，[15]焦点问题无非是：管辖原因的各个审判籍能否更加明确，能否条文化，最后“特殊事由的考虑”应该会明文规定吧。

3.合意管辖

日本的国际诉讼管辖基于当事人之间的合意，[16]或者基于被告参

13　野村美明「日米裁判管轄法理の比較枠組み」阪大法学52卷3=4号(2002年) 647頁，指出日本的判例法理欲在特殊事由考虑框架内实现个别案件的判断妥当性，这与美国的审判管辖，特别是“不方便法院原则”（forum non conveniens）近似。关于确定国际诉讼管辖的方法论考察，参见多喜宽「国際的裁判管轄に関する基礎的考察」『国際私法の基本的課題』(中央大学出版部，1999年) 115頁以下。

14　考虑到将来的立法论，分析特殊事由论的混沌，河野俊行=早川吉尚=高畑洋文「国際裁判管轄に関する判例の機能分析」NBL890号 (2008年) 72頁。

15　国际诉讼管辖研究会报告书NBL883号（2008年）37页，884号64页，885号，886号81页，887号114页，888号72页。

16　参见民诉法第11条。大阪地方法院判决平成4年（1992年）1月24日判タ804号179頁。

加本案的应诉、[17]抑或基于否定不合理的专属管辖合意。[18]

a 合意管辖的准据法

在平成8年（1996年）公布的新民事诉讼法的立法议论中，当初的讨论对象也包括国际民事诉讼法，但是国际诉讼合意管辖并没有列入特别讨论事项中。但是作为国内管辖的限制，从消费者保护的角度来看，合同规定的专属合意管辖条款不妥，研究讨论了两个提案，①只有法人或商人才可以事先达成管辖协议，②管辖协议打破专属管辖限制，这两种情况应该服从内国审理。这是彻底贯彻消费者保护的公共秩序的理念。然而，是否可以从这种内国的管辖合 189
意限制类推国际管辖，没有进行深入讨论。总之，从尊重当事人利益的观点出发，国际民事诉讼管辖的合意具有合理性，对此，无论是判例还是学说都没有异议。

关于国际合意管辖比较新的论点，有国际管辖合意的两个要素关系问题，即，如何考虑在日本法院创设国际诉讼管辖的合意与排除管辖的合意之间的关系。2005年成立的《海牙选择法院协议公约》[19]第23条a，以管辖合意中同时包含着两个要素为前提。

关于国际诉讼管辖合意的准据法，在传统上，有国际民事诉讼法独自说（法院地法说）和当事人自治说（合同准据法

17　参见民诉法第12条。大阪地方法院判决昭和61年（1986年）3月26日判夕601号65頁。

18　最高法院昭和50年（1975年）11月28日民集29卷10号1554頁。

19　关于本条约，道垣内正人「ハーグ管轄合意に関する条約（2005）」新堂幸司＝山本和彦編『民事手続法と商事法務』（2006年）251頁が詳しい。

说）两大对立学派。[20]在近年来的学说中，针对管辖合意准据法的问题所在进行分解，分别论述管辖合意的宽容性、成立和诉讼效果。

创设日本法院的国际诉讼管辖，以及排除当事人的合意时，日本的受诉法院对其是否能够有效的约束（管辖合意的合法性、宽容性），或者在诉讼中如何适度把握（诉讼效果），这些都属于程序法方面的问题。因此，程序法问题应该适用法院地法，即，适用日本的国内法进行判断。[21]

对此，如果考虑到当事人“合意”本身的性质，与契约上的合意没有什么不同，也要服从实体法，合意的成立问题（意思表示的瑕疵）的准据法依从当事人的意思就是可能的。关于国内土地管辖合意的成立问题，与要考虑民法的意思表示的瑕疵一样，国际诉讼管辖合意的成立问题也要根据主合同的准据法进行判断。[22]

190 b 管辖合意的方式

民诉法第11条2款规定合意的方式为书面。由于排除管辖的合意对当事人具有重大影响，为了谋求当事人意思的明确性和证据的确切性，书面方式是管辖合意的有效要件。[23]因此，从直接关系到管辖合意的有效性的角度来看，合意的方式包含了程序法事项，应

---

20 中野俊一郎「管轄合意・仲裁合意・準拠法選択」斉藤彰編『国際取引紛争における当事者自治』(2005年) 67頁、神前禎「合意による管轄」『新・裁判実務体系3 国際民事訴訟法』(2002年) 138頁。

21 松本博之＝上野泰男『民事訴訟法』(第4版補正版、2006年) 243頁。

22 神前，前引（注20）141页。松本=上野，前引（注21）243页。

23 秋山干男等『コンメンタール民事訴訟法I』(第2版、2006年) 179頁。

该适用法院地的（国际）民事诉讼法。关于这方面的日本判例有昭和50年（1975年）最高法院的判例可供参考。[24]根据该判例，"至少当事人一方制作的书面文件明确了特定国的法院，当事人之间合意的存在及内容清楚足矣，并不需要其要约和承诺的双方当事人均签名的书面文件"，要求非严格的书面方式。

c 否定管辖合意的特殊事由的考虑

尽管有当事人同意以外国法院为国际诉讼管辖的合意，如果有与该外国的关联性小、或者与日本的关联性密切等特别事由时，就不应该承认该合意的效力，对此，传统的主流学说认为应当引入比较衡量合意的效力评判规则。[25]但是，也有日本学者不赞成该主流学说，认为将"特别事由"和"国内关联性"的概念嵌入法律规定在技术上有一定的难度。因此留待将来的立法解决，眼下采纳的可能性不大。

d 合意管辖法院的管辖权

在排除日本的裁判权，创设由外国法院管辖的合意时，协商同意的外国法院具有管辖权是否具备有效要件（参见最判昭和50年）？如果当事人协商同意的外国法院没有管辖权，当事人在世界上就失去了管辖法院，有必要采取一定的救济措施。但是，这 191
个问题是紧急管辖处理事项，作为管辖合意的有效要件没有必要明文规定。

24　参见前引（注18）。

25　貝瀬幸雄『国際化社会の民事訴訟』（1993年）290頁。「報告書」(3) NBL885号66頁。

四、国际诉讼竞合[26]

◆**设问** 已经在外国法院审理的案件，原告可否再向日本法院提起诉讼？

1. 问题所在

国际诉讼竞合是指，当事人就同一案件在日本和外国不同的法院同时或先后提起诉讼，也称为国际双重诉讼或重复诉讼。举个典型的例子，客机坠落事件：同一个遗属对航空公司的诉讼，首先可以在事件发生地的美国法院提起损害赔偿请求诉讼，然后也可以向航空公司总部所在地日本的法院提起同样的诉讼。

国际诉讼竞合发生的原因在于，包含国际要素的案件，与其案件相关的几个国家的法院都承认本国的国际诉讼管辖。在特定的区域（例如，《布鲁塞尔条例I》第27条），以及特定的法律领域（例如，蒙特利尔《统一国际航空运输某些规则的公约》第33条），虽然已经确立了国际诉讼管辖规则，但是通常，往往同时确认几个管辖原因，国际诉讼竞合的现象不可避免。

国际诉讼发生竞合的情形时，根据确立先诉法院管辖原则的国际条约《布鲁塞尔条例I》规定，相同当事人就同一诉因在不同缔约国法院起诉时，首先受诉法院以外的其他法院应主动放弃管辖权。最近，出现了与该条例内容相同的明文规定立法（瑞士国际私

---

26 参见安達栄司「国際的訴訟競合論」成城法学70号（2006年）350頁。

法第9条，意大利国际私法第7条）。

在日本，虽然没有上述国际条约和明文规定，但是国内诉讼案件的双重起诉禁止规定（民诉法第142条），考虑到诉讼的重叠、 192
避免判决相互矛盾、对方当事人应诉的负担等因素，同理也可以限制国际诉讼竞合，这也是一直以来学说和判例的焦点。

2.学说

论及国际诉讼竞合问题时有三个层面需要衡量：一个是，对于正在外国审理的诉讼案件，日本法院到底要不要受理？另一个是，如果受理的话，将其确定为国际诉讼管辖案件受理，还是作为有其他诉讼障碍案件而不予受理？最后，经过衡量的结论是不予受理时，是驳回国内诉讼还是中止国内诉讼？

在学说上有消极说和积极说两种，所谓消极说是指，对于外国正在审理的诉讼案件，依照本国法的规定均不考虑受理。积极说根据对外国诉讼系属需要衡量的层面又细分为少数派的利益衡量说和多数派的承认预测说。所谓利益衡量说是指，日本法院判断可能在外国法院审理会更适当时，否定本国的国际诉讼管辖，驳回向本国法院的起诉。所谓承认预测说是指，在外国进行诉讼，已经预测将来下达的判决符合民诉法118条的要件，可以得到日本法的承认，如果推迟向日本法院起诉的话有可能导致违反程序公序。

如果考虑到案件在外国法院未决，驳回在日本的起诉的话，当事人的利益有可能受到不当侵害。如果优先外国诉讼的话，本案进入审理之前就应该驳回。如果对其判决拒绝承认的话，有必要注意案件相关的时效中断以及期间遵守，否则会对当事人造成极大的不便。因此有学者主张，在处理国际诉讼竞合问题时，法院不是驳回起诉，而是应该中止诉讼程序。[27]

3. 判例

与国际民事诉讼法的其他领域相比，有关国际诉讼竞合问题的
193 最高法院判例付之阙如。通过检索下级审判例发现，该判例与规定禁止双重起诉的民诉法第142条一致，“法院”不包括外国法院。[28]以外国正在审理的案件为由驳回起诉的判例确实存在，但是没有判断的理由。[29]极度回避言及国际诉讼竞合问题，而维持日本诉讼的判例却有许多。[30]

另一方面，支持承认预测说的判例认为，最后维持国内诉讼否定了承认外国判决的可能性。[31]与利益衡量说同样，也有考虑到诉讼正在外国审理，否定日本国际诉讼管辖的判例，[32]并且，关于诉讼中止的判例比较消极。[33]

在平成8年（1996年）的新民事诉讼法的立法过程中，国际诉讼竞合在“研究事项”和“纲要试案”中曾经提案作为中止规定，最后没有被纲要和新法采纳。目前正在再次进行国际诉讼管辖的立

27　吉古启昌『国際訴訟競合』(1997年)。

28　东京地判昭和30・12・23下民集6卷12号2678页，东京高判昭和32・7・18下民集8卷7号1282页，大阪地中间判昭和48・10・9判时728号76页，东京地中间判平成19・3・20判时1974号156页。

29　东京地判平成11・1・28判夕1046号273页。

30　东京地判昭和40・5・27下民集16卷5号923页。

31　东京地中间判平成元・5・30判夕703号240页，东京地中间判昭和62・6・23判夕639号253页。

32　东京地判昭和59・2・15判夕525号132页。

33　前引的东京地中间判平成元・5・30，东京地中间判平成元・6・19判夕703号241页。

法议论，诉讼竞合作为讨论的对象，将会研讨判决承认预测的程度、驳回还是中止、先诉可否优先等问题。[34]

五、外国判决的承认和执行

◆**设问**　基于外国法院判决的强制执行的前提条件是什么？

1. 总论

法院的判决是国家权力活动的一部分，判决的效力也同国家主权一样限定于该国的领域内。如果没有国际条约，任何国家都没有义务承认外国判决的效力。但是，为了表示对他国主权的尊重，保护和稳定国际商业交易的当事人利益，以及避免世界性的判决矛盾等，各国的民事诉讼法都设置了承认外国判决的规定。日本民诉法第118条确定了承认要件。

外国判决的承认是指，外国判决的效力在日本内国的扩张。不 194
需要承认的特别手续（自动承认原则）。[35]日本法院对于外国判决的内容虽是基于他国的诉讼程序，也承认其外国判决的既判力（承认要件充足）。是否对于法院和当事人有约束力，日本法院可以随时依职权审查。

外国的给付判决在日本强制执行时，需要执行判决（民执法第22条6项），而执行判决需要具备民诉法第118条的要件（民执法第

34　「報告書」NBL888号78頁。

35　釜谷真史「外国判決『自動承認』制度の意義（上）（下）」西南学院大学法学論集37巻2＝3号頁、4号47頁。

24条2款）再赋予执行效力，此时对外国判决的内容（准据法的选择、解释）妥当与否不能再审（实质性再审查的禁止，同2款）。

与没有明文规范的国际诉讼管辖不同，外国判决的承认和执行有国内法明文规定，是从解释的维度可以展开讨论的领域（民诉法第118条，民执法第24条）。近年来的最高法院判决，关于这些规定的解释，已经形成关键性的判例法理。[36]

民诉法第118条规定的各项承认要件，即，国际诉讼管辖（民诉法118条1款）、应诉的程序权利保障（同2项）、衡量外国法制度和日本法基本原则的差距的公序审查（同3项）、以及促进判决的相互交流的外交政策（同4号），每一项都显示了，在外国司法权下形成的判决，日本法可以接受的必要条件，换言之，外国判决承认要件中，凝缩着日本法律秩序中的国际民事诉讼法的现状。[37]

2.承认的适格性

日本民事诉讼法仅以外国的民事诉讼为对象，这是默许的前
195 提。确定为刑事和行政诉讼性质的外国判决不在承认和执行制度的适用范围内。英美法的惩罚性损害赔偿制度[38]作为制裁和遏制加害人侵权行为的一种手段，具有刑事处罚的性质，从日本民事诉讼的承认适格性的角度来看有悖日本法。最高法院的判决最判平成9年

36　最判昭和58・6・7民集37卷5号611页，最判平成9・7・11民集51卷6号2530页、2573页，最判平成10・4・28民集52卷3号853页。

37　中野俊一郎「外国判决・仲裁判断の承認及び執行」新堀聡＝柏木昇編『グローバル商取引と紛争解決』(2005年）67页以下的叙述具有象征性。

38　转述美国的比较近来的动向，伊藤壽英『懲罰的損害賠償に関する憲法上の制約とその具体的基準』ジュリスト1251号（2003年）185頁。

(1997年)7月11日民集51卷6号2573页(万事工业案件[39]),在加利福尼亚州法院的判决与执行中包含了惩罚性损害赔偿,日本法院以违反民诉法第200条3项(现行法第118条3项)的公共秩序要件为由拒绝了部分承认和执行。该判决从惩罚性损害赔偿判决的承认适格的维度比较民诉法第118条3项规定的公共秩序要件,采纳了相对宽泛的"民事性质判决"标准。[40]

相对宽泛地适用民诉法第118条的"民事性质判决"标准的判例还有,关于执行中国香港地区高等法院作出的诉讼费用负担令的最高法院判决最判平成10年(1998年)4月28日民集52卷3号853页[41],也从承认适格的维度,判断外国的判决是否具备承认要件。即,"民事执行法第24条规定的'外国法院的判决'是指,不论其判决的名称、程序及形式,由外国法院在保障双方当事人程序公平的情况下对私法上的法律关系做出的终审判决,即使称呼为决定、命令也具有判决的性质,符合该条'外国法院的判决'的规定"。鉴于各外国判决的名称及形式的多样性,支持该判例法的观点。[42] 196

39 判例评析,参见佐久间邦夫、法曹时报52卷6号1738页和其末尾参考文献,以及安达,前引(注3)201页注14的文献。

40 提出不同主张的有,早川吉尚、民商法杂志119卷1号83页。

41 判例评析,参见河边义典、法曹时报53卷6号1738页和其末尾参考文献,以及安达,前引(注3)201页注14的文献。

42 费用负担命令(名古屋地判昭和62・2・6判夕627号244页,东京地判平成6・1・31判夕839号300页,东京地判平成6・1・14判夕864号266页,东京地判平成10・2・24判夕995号271页),其他还有美国的サマリー判决(东京地判平成10・2・25判夕972号258页)和懈怠判决(水戸地龍ヶ崎支判平成11・10・29判タ1034号270頁)在下级法院判例确定承认适格。以下文献,从对美国司法摩擦的观点讨论了诉讼上的和解的承认适格,安达荣司「わが国における米国クラス・アクション上の和解の承認適格」『石川明先生古希祝賀・現代社会における民事手続法の展開(上巻)』(商事法務、2002年)253頁(安達『民事手続法の革新と国際化』(2006年)209頁)。

3.承认管辖

关于民诉法第118条1项所要求的承认管辖（间接的国际诉讼管辖），上面提及的最判平成10年（1998年）4月28日的判例，也提出了以下确定标准，即，民诉法第118条1项所规定的“依据法令或公约承认外国法院的审判权”是指，根据日本国际民事诉讼法的原则，积极地承认该外国法院的所属国（以下称为“判决国”）对其案件具有国际诉讼管辖权（间接的一般管辖权）。其次，对于什么情况下判决国需具有国际诉讼管辖权，鉴于没有直接明文的法律规定，可遵循的国际公约和国际法原则尚未确立，基于当事人间公平、审判的公正诉讼的理念，合情合理地进行判定为宜。具体而言，关于土地管辖，基本上根据日本民诉法规定的土地管辖的规定，结合每个案件的具体情况，从承认该外国判决是否适当的角度出发，依情理判断判决国是否具有国际诉讼管辖权。

上述判例的方式，在学说上有分歧，一种认为承认管辖和判决管辖的标准是一致的，依据镜像理论（Spiegelbild），两个标准就像映入镜中一模一样，另一种认为对于承认管辖，可以另设更加缓和的标准以放宽承认管辖。但是，与判决管辖同样，一方面依据土地管辖规定，另一方面又介入情理判断，以此来确保结论的妥当，两种学说在这一方式上没有太大区别。

最判平成10年（1998年）的请求在日本承认和执行费用负担令的审判，在附带审理的时候，也应该研究一下民诉法第118条1项的要件对该案件的适用。可是，对于外国法院败诉的被告也应得到公正的程序保障，从这一观点出发，应该适用承认管辖的要件，[43]

43 安达，前引（注3）162页。

然而，为了在外国法院胜诉的原告能够收回诉讼费用，就不该对本 197
案适用承认要件的审查。[44]

最后，关于判决中没有明示利息部分的执行判决的可否，前引的判例最判平成9年（1997年）7月11日民集51卷6号2530页（万世工业案件第二审判决）认为，“执行判决中容许强制执行的宗旨是以限于外国法院判决所记载的内容为原则……。但是，跟随判决令其支付的金额所发生利息，其给付也要根据判决本身的记载，判决没有记载的根据法律规定，承认可否赋予执行属于技术性的考量。其次，日本承认外国法院判决的效力问题就是承认该判决在该外国有效的问题。因为本案的利息是按照加利福尼亚州法，跟随判决令其支付的金额所发生的，是可以执行的，所以原判决承认追加本案利息、对本案外国判决的补偿性损害赔偿及诉讼费用一起支付的部分执行，是正当的，应当予以认可”。该判决开启了对外国判决中没有明示利息给予司法执行的路径。

关于这个问题，在学说上有争论，一般认为“判决中没有表示的利息部分，可否承认将其作为判决的实质性构成的一部分”，[45]采用这一执行标准，想必在实际运用中也是同样困难重重吧。鉴于各国的判决形式和执行方式千差万别，除此之外，关于令其支付抚养费或者将孩子交给对方的判决和命令，外国判决的执行程序中补充

44　安达，NBL678号66页。

45　越山和広「外国判決に記載のない利息を付加する執行判決」青山善充他編『石川明先生古希祝賀・現代社会における民事手続法の展開（上巻)』(2002年）304頁。

外国判决的内容,[46]以及判决后的情势变更等问题,[47]都是有待研究的
198 课题。

4. 送达要件

民诉法第118条2项要求，外国法院的确定判决应该具备合乎程序的送达或虽未收到送达但应诉的，前引判例最判平成10年（1998年）4月26日案件，关于送达要件做出了极其重要的判断。

首先，关于民诉法第118条2项的意义，认为“被告能够知了现实中诉讼程序的开始，且其防御权的行使必须没有障碍”，判断该要件是为了保障被告的实质性程序权及防御权。其次，如果判决国与日本国之间缔结了关于司法协助公约的话，就要优先遵守该公约，而不是民诉法第118条第2项要求的送达。因此，民诉法第118条2项所要求的合法性，在有国际公约（海牙公约和日英领事条约）的情况下，只根据国际公约判断。本判决判断，原告私下委托个人直接向被告交付诉状，不符合国际公约规定的送达方法。

最高法院关于在有国际公约的领域优先适用其判断标准的判断，原则上应该得到支持。[48]但是，关于，民诉法第118条2项的意

46　从工资直接扣除抚养费支付令的执行（东京地判平成8・9・2）判时1608号130页。东京高判平成10・2・26东高判判时49卷1=12号民7页，判タ937号251页）。村上正子「外国判決の執行についての一考察」『権利実現過程の基本構造・竹下守夫先生古希祝賀』(有斐閣、2002年) 252頁。

47　关于令其将孩子交给对方的外国判决，东京高判平成5・11・15判タ835号132页。关于抚养费支付，东京高判平成13・2・8判タ1059号232页。第一审判决，东京地判平成4・1・30判时1439页。釜谷真史「外国判決承認執行制度と外国判決後の事情の考慮について」九大法学83号 (2002年) 131頁。

48　安达，前引（注3）199页。与本最高法院判决同时期，判断德国的领事送达有效的东京地判平成10・2・24判タ995号271页。

义，如果从根本上保障被告的程序权和防御权的角度考虑的话，有两点需要保留，首先，送达方法要严格遵循国际公约的规定，但是送达方法本身合乎规定，为了知悉了解现实中的送达内容，没有足够的时间（需要翻译时）的情况下，是否符合民诉法第118条2项所要求的送达“有效性”呢？该项的有效性要件有可能遭到否定。其次，遵循国际公约判断送达的合法性，可能被认为送达是违法的，但是被告已经知悉了解现实中程序开始了，有充分的时间行使 199
防御权，也有足够的理解能力，此时，仅以形式上的违法为由使送达无效的话，相反可能对原告的权利救济造成不合理的障碍。这个问题看似只是遵循国际条约的送达合法性判断标准问题，实则关乎将来形成规则时治愈送达瑕疵的可能性，应该得到纠正。[49]

另外，该判例最判平成10年（1998年）4月28日，与民诉法第118条2项规定的应诉管辖成立的应诉不同，[50]认为应诉是指“给予被告防御的机会，且法院为防御采取了适当的方法”，归根到底该项规定的宗旨为保障实质性的程序权和防御权。因此，该判例显明，提出管辖异议的抗辩，或者向法院正式地表明自己的态度，就可以满足该项的承认要件。

5. 公共秩序要件

根据平成8年（1996年）的新民诉法强调，公共秩序要件（民诉法第118条3项）不仅判决的内容，相关程序也要符合日本法公

49　安达，前引（注3）220页。

50　东京地判平成12・11・24判夕1077号282页，是关于否定应诉管辖成立的近年来的事例。

共秩序的要求。[51]这一规定是，依照既往的判例［最判昭和58年（1983年）6月7日民集37卷5号611页］和学说进行的法条修改，对司法审判没有实质性的改变。近年来的两个最高法院判例都是依据旧法审理的，但是都与民诉法118条3项的规定一致，将程序法基本原则也作为公共秩序要件，从各论的角度阐明了重要规则。

上述最判平成9年（1997年）7月11日民集51卷6号2573页，以美国的惩罚性损害赔偿制度与日本侵权行为法的“基本原则乃至基本理念不相容”为由，判定违反公共秩序，拒绝承认。该判例表明，仅仅指出各国审判程序制度的表面差异，还不足以导致违反公序良俗。[52]以该一般标准来衡量，违反公共秩序的典型判例，是将制裁作为预防手段的加利福尼亚州法的惩罚性损害赔偿案件。另一
200 个判例为最判平成10年（1998年）4月18日判例，该案的最高法院明确表示，包含带有惩罚性的对方律师费用由败诉方负担，并没有超过诉讼费用总额，因此没有违反公共秩序。

还有，这两个判例中，对于美国法的调查取证、赌博性的高额律师胜诉费用，在判决中没有明示迟延履行金的利息计算问题，理所当然，该外国判决是在日本完全不知情的前提下宣判的，对此（虽然可以依职权进行考量），没有逐一作为违反公共秩序进行审查。[53]

总而言之，日本的判例法对外国判决的承认和执行，显示了宽大的和积极的姿态。

51　岡田幸宏「外国判決の効力」竹下守夫編集代表『講座新民事訴訟法③』(弘文堂、1998年）328頁。

52　安达，前引（注3）284页。

53　安达，前引（注3）263页，安达，前引（注44）NBL678号67页。

6.相互保证

最后，承认外国判决的要件还应该有相互保证。从立法论的视角来看，废止该要件的意见占优势。[54]关于该要件的意义，早在最判昭和58年6月7日的判例中就有论述，根据该判例，该外国法院，在民事诉讼法第118条及“在重点方面没有什么不同的要件下”，承认日本判决，就是承认相互保证。既往判例中，与德国、英国、瑞士、新加坡、澳大利亚、（回归中国前的香港地区）、美国（内华达州、德克萨斯州、加利福尼亚州、明尼苏达州）之间，承认相互保证。

另一方面，关于日本企业的商业交易往来相关密切的中国，大阪高判平成15年（2005年）4月9日判时1841号111页判断，中国对外国判决的承认和执行的要件，要求有双边或多边协定（条约），日本与中国没有这方面的协定，日本与中国之间没有相互保证，在日本不能执行中国的判决。[55]

六、结语

笔者几年前曾经展望日本国际民事诉讼法，阐述了三个预期，[56] 201

54　早川吉尚「外国判決承認執行制度における『相互の保証』の要否」ジュリスト1232号（2002年）136頁。

55　野村美明＝渡辺惺之編『論点解説国際取引』（2002年）258頁〔渡辺惺之執筆〕。

56　安達栄司『民事手続法の革新と国際化』（2006年）147頁。

即，世界规模的国际民事诉讼规则的统一化趋势，基于示范法标准化的法典统一，[57]以及确立地域限定型的司法协助制度。第一个预期，欧洲与美国乃至大陆法与英美法正在从对立走向融合，特别是管辖合意方面初见端倪。[58]

关于第二个预期，示范法统一法典，纵观日本近来的国际破产法和国际仲裁法的总体立法成果，令人预感趋于加速实现。但是，与受经济的合理性所支配的企业交易纠纷为主的相关法律领域不同，本文所考察的民事诉讼法，也广泛地关注市民生活和家庭生活的纠纷。而且国际民事诉讼是依据各国固有的审判制度（“程序适用法院地法”的原则）进行的，受到各国固有的法文化，特别是诉讼法文化的强烈影响，因此，联合国国际贸易法委员会主导的示范法制将陷入困境。

关于第三个预期，日本要跻身到EU（欧洲联盟）行列，在经济、社会和政治统合上与其并肩而立，应该是遥远的将来的课题吧。确实，日本终于开始与几个亚洲、南美洲的国家缔结自由贸易协定，但是，届时能否充分的确保有关司法协助条款，还很难说。

有益于将来国际民事诉讼法发展新动向的是，日本最高法院对于国际民事诉讼法的重要领域——国际诉讼管辖和外国判决承认，

57　美国法律协会和联合国国际贸易法委员会的统一民事诉讼法规则的讨论情况的转述，参见河野正憲「ビジネス紛争の国際化と民事訴訟手続き」『井上治典先生追悼論文集・民事紛争と手続理論の現在』（2008年）43頁。

58　综合性讨论海牙公约草案的起草过程，参见道垣内正人「ハーグ国際私法会議における国際裁判管轄及び外国判決承認執行条約作成の試み」早稲田法学83巻3号（2007年）77頁。

对于通过判例形成法律表现出了积极的态度。此外，预定在不久的将来，国际诉讼管辖、诉讼竞合以及审判权免除将作为国内法的立法举措。由此，日本的国际民事诉讼法将从既往的判例法走向体系化的法律领域。

安达荣司／成城大学法学部教授·律师 202

第九章　新仲裁法与国际商事仲裁

手塚裕之

基于具有国际水准的联合国国际贸易法委员会（UNCITRAL）示范法制定的日本新仲裁法，取代了造成日本国际仲裁利用率长期低迷的19世纪遗留的旧仲裁法。日本要想成为赢得世界广泛认可的国际仲裁中心，国际仲裁实务需要国际化准则。本文指出了既往的仲裁法制及仲裁实务的问题点和新仲裁法尚待改善之处，论述了日本国际仲裁实务的现状和展望。

204

一、引言

日本于2003年8月1日公布了新的“仲裁法”（平成15年法律第138号），并于2004年3月1日起实施（以下称为“新仲裁法”，或者简称“仲裁法”），从而取代了旧仲裁法［本文为方便起见，将平成10年新民诉法前的旧民诉法中有关仲裁程序规定（第8编）及《关于公示催告程序及仲裁程序的法律》（以下称为《公示催告仲裁法》），总称为“旧仲裁法”，或者“旧法”。另外，公示催告仲裁法是旧民诉法中有关公示催告程序和仲裁程序的规定，新民诉法制定时没有将其列入修改计划，没有什么实质性内容变更，只是以改变了名称的形式保留了旧民诉法的相关规定］。

旧仲裁法是仿照19世纪的德国民诉法的仲裁程序规定，于1890年（民治23年）制定的用“古色沧桑”来形容也不为过的古老的法律，也是之前日本仲裁利用率长期低迷的原由之一，被诟病为陈旧不堪。实际上，司法制度改革审议会意见书（2001年6月12日）提议，“关于仲裁法制，现今仍然是1890年制定的法律，从新民事诉讼法制定时的修改工作剥离开来，以《关于公示催告程序及仲裁程序的法律》的形式原样保留即可，随时注视联合国国际贸易法委员会的讨论研究等国际动向，应尽早完善仲裁法制。届时，随着经济活动的全球化及跨境电子商务的急速发展，迅速地解决国际民商事纠纷将极其重要，因此，国际商事仲裁的法制也应该包括在讨论研究之中”，仲裁法制的现代化被视作司法制度改革的重要课题之一。

于是，依据联合国国际贸易法委员会的国际商事仲裁示范法（以下称为《UNCITRAL示范法》，或者简称为《示范法》）制定的，具有国际水准的新仲裁法作为私法制度改革的一环被采纳了，标志着日本的仲裁法已经跻身仲裁先进国家的行列。

然而，另一方面，如后述，新仲裁法实施后的日本国际仲裁利用状况，并不能说利用率已经追赶到与其他仲裁先进国家看齐的水平。

那么，本文将在比较旧仲裁法中，探析新仲裁法的特色及留待 205
改善的问题，同时，在比较国际商事仲裁领域的具有国际水准的仲裁实务中，解析旧仲裁法下的仲裁实务存在哪些特殊性及问题点，最后，指出新仲裁法下的仲裁实务有哪些进步及改善，论述日本国际商事仲裁实务的现状和展望。

二、旧仲裁法的问题点与新仲裁法

1.作为19世纪遗留的旧仲裁法与以示范法为基础的新仲裁法

旧仲裁法以1877年的德国民诉法关于仲裁程序规定（第10编）为基础，于1890年制定后，几乎没有什么实质性修改原封不动的保留，说是19世纪的遗物也不为过，是非常古老的法律。为此，如后述，近代仲裁法中罕见，旧仲裁法中保留了落后于时代的规定，其中的每个规定是否恰当另当别论，从利用国际仲裁的外国当事人的视角来看，与英国、新加坡、中国香港地区等为发展仲裁制度、热心地修改和完善仲裁法的这些先进国家或地区相比较就不用说了，就是和那些20世纪中期纷纷引进1985年成立的示范法、力求仲裁法的现代化和国际化的国家相比，也显得日本19世纪制定的古老的仲裁法与21世纪格格不入，令人觉得日本对仲裁制度的改革不热心，日本不是仲裁先进国。

新仲裁法是基于示范法具有国际水准的现代化的仲裁法。原本示范法是“国际商事仲裁”的范本，但是新仲裁法仅限于日本为仲裁地（仲裁法1条），无论是国际仲裁还是国内仲裁，也无论是“商事”仲裁还是非商事仲裁。这就意味着，以纠纷为对象的仲裁，
206 国际仲裁也好、国内仲裁也罢，包括商事仲裁和非商事仲裁，都是仲裁法的调整对象。为了防止在程序的初始阶段产生纠结，对于利用者来说，新仲裁法的适用范围简明易懂。

在仿照示范法时，有的国家仅采用限于国际仲裁的示范法，国内仲裁适用另行规定（例如，承认法院更积极的介入，或者在一定限度内对仲裁裁决允许上诉到法院），也有仅限于“商事”仲裁适用示范法的国家。例如，澳大利亚1989年的仲裁法原则上仅接受国际仲裁的示范法，关于国内仲裁，由各州制定统一的商事仲裁法，这是因为澳大利亚是联邦制国家，联邦法管辖仅限于国际通商。而且，在澳大利亚的国际商事仲裁中，示范法可以“选择排除式”（opt-out），根据当事人协议，即使是国际商事仲裁也可以被排除适用示范法，比如，可能适用新南威尔士州的商事仲裁法。这样，给予当事人适用仲裁法的选择权，看似扩大了当事人意思自治，有时，因为是当事人的意思，而更换了本应适用的仲裁法，就容易产生纠纷。例如，新加坡1994年采用示范法，对于国际仲裁适用“国际仲裁法”，对于国内仲裁另行适用

“仲裁法”，由于国内仲裁和国际仲裁相互区别易于产生争执，如何解释当事人的真实意思，经常发生是适用国内仲裁法还是国际仲裁法进行解释的纠纷。举个例子，John Holland案件[1]，根据当事人的仲裁协议，同意适用ICC仲裁规则，由于国际仲裁法和示范法规定了选择性排除，法院对当事人的主张部分允许，根据当事人同意适用ICC规则的协议，排除了示范法的适用，但是，不能排除国际仲裁法第2章的适用。这是2001年做出的判决，同年对国际仲裁法第15条进行了修改，当事人选择排除不能默认，必须采取明示，且规定“为了避免异议，仲裁协议中提及或采纳了任 207
何仲裁规则的条款，其本身并不充分排除示范法或本编（国际仲裁法）对该仲裁的适用”。可是，尽管2001年的法律已经修改了，在2002年的Dermajaya Properties案件[2]中，对于适用UNCITRAL仲裁规则的当事人协议，法院判决以仲裁大法（lex arbitri）的国际仲裁法和示范法替代了UNCITRAL仲裁规则的适用，做出了违反当事人意思自治的判决。2002年的立法，关于适用国际仲裁法或示范法不得排除当事人合意适用的仲裁规则，这一问题非常明确，因此，这次的修改，关于仲裁规则与国际仲裁法及示范法之间的关系变得复杂，条文繁琐冗长。[3]这个小插曲说明了新加坡

1　John Holland Pty Ltd (fka John Holland Construction & Engineering Pty Ltd) v Toyo Engineering Corp (Japan), [2001] 2SLR 262.

2　Dermajaya Properties Sdn Bhd v Premium Properties Sdn Bhd & Anor, [2002]2 SLR 164.

3　关于冲突的条文如下：

（1）为了避免异议，当事人各方在仲裁开始前后所同意或采用的仲裁规则中任一条款均可适用，该条款与示范法或本编中有关当事人各方不能排除的某一条款并无不一致之处可赋效力。

仲裁立法的迅速，同时，提示我们，国际仲裁区别于国内仲裁，在赋予当事人对所适用的仲裁法有选择权、实务运用中的问题所在。对于仲裁案件及仲裁相关的诉讼案件寥寥无几的日本来说，期待这类案例络绎不绝，然后将其判例标准明确化，一旦判例方向偏移就能迅速采取立法手段对应，这是不现实的。可以说，采取像新仲裁法这样，尽量不引起这种纠纷，不区分国际仲裁和国内仲裁的基本方式不失为明智之举。[4]

208 再则，新仲裁法，除了后述的限定性事项之外，限于国际商事仲裁，基本上几乎全面依照示范法。这就意味着，外国仲裁员或仲

（2）在不影响第(1)款的情况下，第(3)款至第(6)款适用于决定仲裁规则的某一条款是否与示范法或本编不一致。

（3）仲裁规则的某一条款不得仅因为它规定了示范法或本编保持沉默的事项而导致该条款与示范法本编不一致。

（4）仲裁规则不得仅因对示范法或本编中任一条款所涵盖的事项保持沉默而导致该规则与示范法或本部分不一致。

（5）对于示范法或本编条款中某事项，该条款允许当事人各方按协议自行安排，但同时对于没有协议安排的情形有所规定，如果仲裁规则的某一条款规定了前述条款所涵盖的事项，则仲裁规则的条款没有与示范法或本编不一致。

（6）当事人各方可通过同意适用或采用仲裁规则，或者通过规定任何其他决定事项的方法，对有关第(5)款的事项作出安排。

（7）在本条和第15条中，“仲裁规则”指当事人各方所同意或采用的仲裁规则，包括某一机构或组织的仲裁规则。

4　区分国际仲裁和国内仲裁所适用法规的法律制度，通常在国际仲裁中当事人意思自治的承认越来越扩大，国家法院介入的承认越来越缩小，这与历史发展潮流相关。国内仲裁需要考虑保护弱者，当事人双方不对等的消费者和劳动关系等的纠纷类型比较多。新仲裁法没有区分国际仲裁和国内仲裁，但是在附则中规定，“目前”关于消费者仲裁（附则3）和个别劳动关系仲裁（同4条），出于对弱者的保护，应限制仲裁协议的效力。

裁代理人不用特别调查研究日本仲裁法的内容，就可以驾轻就熟地运用示范法在日本进行仲裁了。这也意味着，外国的当事人协商以日本为仲裁地，所适用的仲裁法的内容与其他基于示范法的仲裁法没有本质性不同。可以说这是促使达成仲裁协议以日本为仲裁地的鼓励措施。另外，在日本旧仲裁法下，国际仲裁案件的件数和仲裁相关的判例数量不多，新仲裁法还刚刚实施不久，新仲裁法下的仲裁相关判例仍然很少，但是先于日本采用示范法的外国法院，特别是加拿大、中国香港地区、新加坡等仲裁发达国家和地区的法院，针对该国的仲裁法特别规定的解释做出的判决屡见不鲜。[5]这些判例所针对的是相同的规定，对日本仲裁法的解释也是重要的参考资料，基于示范法的外国仲裁法的各种文献，对于日本仲裁法的解释也成为非常有用的资料。这有益于提升日本仲裁法解释论的水平，推进日本仲裁法的解释和运用的国际化。

2. 仲裁程序审理手续的简易化和快速化

在旧仲裁法下，仲裁员的选任、回避、仲裁庭的管辖、法院 209
对仲裁裁决的撤销及执行等的干预，基本上都要适用法院判决程序（旧仲裁法第802条、804条、805条）。关于这些仲裁程序上发生的纠纷，不必要地增加了取得法院最终判断所需的时间和劳力，给仲裁程序带来大幅延迟的可能性经常发生，给恶意利用法院程序拖延仲裁程序留下了隐患。特别是仲裁员的选任和回避，仲裁庭的管辖等，在仲裁程序的初始门槛阶段发生的问题，当事人一方将争议提

5　基于示范法的仲裁法规则的各国主要审判例的解说的有益文献，参见 Henri C. Alvarez, Neil Kaplan & David W. Rivkin. (2003). *Model Law Decisions, Case Applying UNCIRAL Model on International Commercial Arbitrationg* (1985–2001), Kluwer Law International 等。

请到法院时，一审判决所花费的时间为1年以上（外国当事人成为该仲裁程序诉讼关系的被告时，仅诉状的送达就得几个月），再加上控诉审或上告审，解决门槛问题可能需要坚忍不拔地耐心等待数年的时间。虽然日本的仲裁案件数量寥寥无几，而采取拖延干扰仲裁程序战术的实例却很多，这可谓是无可奈何的状况使然。[6]

210 新仲裁法力图使仲裁程序简易化和快速化，除了仲裁员的选任、回避、对仲裁庭的权限的争议等问题之外，仲裁裁决的执行和撤销等，有关仲裁程序涉及法院的干预，一律适用不经过口头辩论的决定程序（仲裁法第6条）。另外仿照示范法第5条，在仲裁法第4条明确规定，关于仲裁程序，法院仅在“本法”，即仲裁法有规

---

6 关于日本旧仲裁法下的拖延干扰仲裁战术的实际状况，参见笔者的International Bar Association (IBA)第9次报告International Arbitration Day Hiroyuki Tezuka.(2006).“Legitimate Procedures or Derailment Tactics?—The Aftermath: What are the potential issues at the enforcement stage in Asia after challenging procedures or tactics are used during, or in relation to the arbitration?-Experiences in Japan”, 9th IBA International Arbitration Day, 17 February 2006, Singapore。另外，旧法下，仲裁程序相关的诉讼程序原则上适用审判程序，仲裁案件又很少，不熟悉仲裁实务的当事人及其代理人，实际上对仲裁程序敬而远之，常常施展拖延干扰之术。事实看来，拖延战术对当事人带来有利结果的案例并不多。关于这一点，请参考上述拙稿。笔者亲身经历的案件，日本仲裁案件的对方当事人（仲裁被申请人）（外国）的日本代理人，以需要与美国律师在美国协商对策为由，请求延长期限，随后，该当事人根据美国联邦破产法第11章在美国申请破产［不需要财产管理人，适用破产保护企业程序（debtor in possession），相当于日本的公司更生程序］，同时，主张所有的诉讼程序发生自动停止（automatic stay）的效力，请求停止日本仲裁程序。仲裁庭决定程序继续进行，被申请人向美国法院申诉，申请人侮辱法庭。只是典型的拖延干扰仲裁战术，更搞笑的是，由于仲裁被申请人的美国律师在支付日本律师去美国的出差费和律师报酬之前申请破产，日本律师成为美国破产程序“破产债权人”，因与被申请人有利害冲突，不得不辞任。

定的情况下行使其权限。第7条进一步规定，关于对仲裁程序相关决定的不服抗辩，仅在仲裁法有特别规定时，可以在收到通知之日起2周的不变期间内，对该决定，提出即时抗告。[7]为了早日迅速地解决仲裁门槛问题，即时抗告可以针对仲裁裁决的撤销（仲裁法第44条1款）、执行决定（同法第46条1款）、由法院进行的证据调查（同法第35条1款）等程序提出，但是不能针对三人以上当事人仲裁的仲裁员人数的决定（同法第16条3款）、仲裁员的选任（同法第17条2款至5款）、仲裁员的回避（同法第19条4款）、仲裁员的解聘（同法第20条）、关于仲裁庭有无管辖权的裁决（同法第23条5款）等程序提出即时抗告。旧仲裁法下，这类仲裁门槛问题，需要经过口头辩论的一审、控诉甚至上告审程序，新仲裁法的仲裁程序中的相关法院程序显然被简易化和快速化了，期待这一举措能够有效地遏制旧法下常见的堪称对日本仲裁敬而远之的一大起因的拖延干扰仲裁战术。

3. 采用国际规则的新仲裁法

新仲裁法基于示范法，废除及修改了旧仲裁法偏离国际规则的条款，采用国际标准，主要特点介绍如下：

a 仲裁员人数的默认规则

①根据旧仲裁法，当事人之间就仲裁员人数无法达成协议时，适用默认规则（default rule），仲裁员人数由当事人各方指定1名， 211
共2名（旧仲裁法第788条）。而且，仲裁员通知当事人，说明仲裁员的意见不一致“票数相等”时，（不是解聘仲裁员，或选任首席

7　通常的即时抗告期限为1星期（民诉法第332条），多则2星期，由于当事人在国外的情况也不少，“考虑到方便远距离的当事人”（近藤昌昭等『仲裁法コンメンタール』（商事法務、2003年）21頁）。

仲裁员）如果当事人之间未做事先协商的，仲裁协议应即失效（同法第793条2项）。现代的仲裁法为了避免发生僵持局面，仲裁员人数的默认规则为1至3名已经成为常识，2名仲裁员的默认规则对海外的利用者而言，只能是直感日本仲裁法与世界的格格不入，更不用说，如果没有特别的补救措施的话，2名仲裁员意见不一致，仲裁协议失效，只能到法院去诉讼这样的制度，终究还是看不到“支持仲裁”（pro-arbitration）的法律制度的踪影。当然，实际上，在国际商事仲裁时，根据日本旧仲裁法，其大多都是按照日本商事仲裁协会（JCAA）及ICC（International Chamber of Commerce）的仲裁规则进行的机构仲裁，那种没有仲裁机构而临时组成仲裁庭的临时仲裁（ad hoc仲裁）比较少，即使是临时仲裁，也是按照UNCITRAL仲裁规则，采取仲裁员人数由1名或3名的规则（UNCITRAL规则规定当事人如果没有协议的话为3名），2名仲裁员的话，仲裁协议无效。因此，现实中，虽然没听说过有这样的事例，即，根据旧法默认规则由2名仲裁员审理的仲裁案件，最后仲裁协议无效的事例，但是，对于仲裁员人数及仲裁协议的效力这等重要事项，与国际规则完全背离的默认规则存在的本身，就是日本旧仲裁法与国际规则脱轨的象征，不可否认是海外利用者对日本仲裁敬而远之的一大缘由所在。[8]

②新仲裁法下，关于仲裁员人数，仿照示范法（第10条2款），当事人之间没有达成协议时的默认规则为3名（仲裁法第16条1

8　另外，日本也有主张，2名仲裁员在现实中的仲裁案件中运作良好，即使是2名，如果仲裁员不偏不倚、公正独立及经验丰富的话，完全可以发挥作用。这种意见与默认规则为2名仲裁员，且仲裁员意见分歧导致仲裁协议无效这种制度是否恰当，属于另外的问题。

款），上述问题已经解决了。另外，虽然示范法没有规定，作为示范法的改良，日本仲裁法规定，多数当事人仲裁（当事人数3人以上）时，如果没有对仲裁员人数达成协议，法院可以根据当事人的申请决定仲裁员人数（同条2款）。 212

b 仲裁庭自裁管辖权

①旧仲裁法第797规定，“在一方当事人抗辩仲裁程序是不应该许可的，特别是主张未订立法律上有效的仲裁协议和仲裁协议与特定的争议无关或仲裁员无权履行职务时，仲裁员仍可继续进行仲裁程序并作出仲裁裁定”。仲裁庭[9]的仲裁权限（管辖jurisdiction）发生争议时，承认仲裁庭的“程序继续进行权”。这也是现代仲裁法的基本原则，仲裁庭的自我仲裁权限的判断权限（仲裁庭自裁管辖权Kompetenz-Kompetenz）尽管在旧仲裁法下也是被承认的，可是，仅仅根据这条规定，对仲裁庭管辖权提出异议申请的期限如何划定？仲裁庭具体采取什么样的形式对仲裁程序继续进行作出决定（仲裁的中间决定的形式，还是程序命令的形式等）？关于由仲裁庭对程序继续进行作出的决定，到底以什么形式向法院提出不服申请等事项，并不一定清楚。[10]

9　新仲裁法下，与示范法第2条（b）相对应，基于仲裁协议审理仲裁案件的独任仲裁员或多数仲裁员的组成成为“仲裁庭”（示范法为arbitral tribunal, 仲裁法第2条2款），旧仲裁法的“仲裁员”一词即为仲裁庭的意思，本文在引用旧仲裁法条文时，虽然也使用了“仲裁员”一词，但是其他与旧仲裁法相关的记述，以及新仲裁法，一律使用“仲裁庭”一词。

10　关于旧法下的仲裁员继续进行仲裁程序的权限，参见小岛武司=高桑昭編『注解仲裁法』（青林書院、1988年）142頁以下〔柏木邦良〕，松浦馨=青山善充編『現代仲裁法の論点』（有斐閣、1998年）「V　仲裁手続と訴訟手続との抵触」286頁以下〔小島武司=猪股孝史〕。

另外，从条文的字面上看还是清晰明了的，仲裁庭是可以作出继续进行仲裁程序的决定的，可是，在法院作出不能继续进行的判断为止，是否可以中止仲裁程序？也不是很清楚。实际上，仲裁庭管辖权发生争议时，从仲裁庭的角度应该注视法院对仲裁权限的审理，暂时中止仲裁程序。这种情况下，根据旧仲裁法，关于审理仲裁程序相关的诉讼程序的法院管辖的规定（旧仲裁法第805条），“因仲裁程序的不许可……而提起的诉讼，应由仲裁协议指定的简易法院或地区法院管辖”，即，承认作为“仲裁程序不许可的诉讼”
213 的诉讼类型，[11]涉诉案件也适用判决程序，直至法院终局判断为止，还需要相当长的时间，如果仲裁庭不继续进行仲裁程序的话，在法院没有下达判断期间，仲裁程序中止。问题是，如果仲裁程序长期处于停止状态，很有可能使仲裁期限大幅延期。

②针对这个问题，新仲裁法依照示范法（第16条）规定，“仲裁庭可以对有关仲裁协议的存在和效力主张或其自身的管辖权（在本条中指仲裁庭进行仲裁程序审理和作出仲裁裁决的权利）作出裁定”（仲裁法第23条1款）。从正面承认了仲裁庭自裁管辖权，同时明确规定了当事人提出异议的期限（同条2款）。当事人主张仲裁庭没有管辖权，仲裁庭承认其合法（即，适当）时，（i）在仲裁庭认为自己具有管辖权时，以“作出初步的独立的决定或裁决”的形式，（ii）在仲裁庭认为自己不具有管辖权时，以“作出终止仲裁庭程序的决定”的形式，对于所提出的主张“应该作出决定或

11　仲裁程序不许可之诉的事例很少，笔者根据经历的案例执笔了格式及解说，收录在谷口安平等编『解説実務書式体系27　紛争解決編Ⅱ　仲裁・民事執行・保全』(三省堂、1995年)「第3章　仲裁、第5節　仲裁関係訴訟、02仲裁手続不許の訴え」199頁以下に掲載されている。

裁决”（同条4款）。还有，“仲裁庭作出了其具有管辖权的初步的独立的决定后，任何一方当事人均可在收到该决定之日起30日内，向法院申请对仲裁庭的管辖权问题进行审理”（同条5款）。仲裁庭对管辖权作出第一次裁决，当事人对该仲裁庭的（初步的独立的决定）裁决有异议的话，在一定期限内可以向法院提出申请。关于仲裁管辖权，引进了尽快纠纷解决机制，废除了仲裁程序不许可的诉讼。新仲裁法对于在该法院申请时，“即使在该申请所涉及的案件正由法院审理的情况下，该仲裁庭仍可以继续进行仲裁程序，并作出仲裁裁决”（同款），对于仲裁庭初步的独立的决定，当事人请求 214
法院裁决时，仲裁庭的仲裁程序继续进行，承认其裁量权。对于该申请，法院裁决采用决定程序，由于对其不服申请不予认可，假设仲裁庭在等候法院判决期间中止仲裁程序，这与旧法下没有诉讼结果仲裁程序就不被许可相比，发生不当延迟的可能性也小得多。

③可是，依据新仲裁法第23条5款，即使法院裁决仲裁庭有管辖权，该裁决也没有既判力，基于该款提出申请的当事人，等仲裁裁决作出后，可以提出撤销该裁决，受理该撤销裁决申请的法院，不受依该款的裁决的影响。这只是立法担当者的理解，[12]现实中，并不是多数人的观点。[13]多数观点认为，仲裁法第23条5款的决定，并没有意图终局解决仲裁庭的管辖权争议，只是尽快地暂时地给予解决，因此就连不服申请都不被认可。根据这种观

12　近藤他·前掲（注7）110頁，三木浩一=山本和彦編『新仲裁法の理論と実務』ジュリスト増刊2006年4月号（2006年）190頁（近藤発言）。

13　小岛武司=高桑昭編『注釈と論点　仲裁法』（有斐閣、2007年）146頁〔小岛武司〕，三木=山本編·前揭（注12）『新仲裁法の理論と実務』188頁〔山本発言〕等。

点，对仲裁庭的初步的独立的决定不服的当事人，不进行仲裁法第23条5款的申请，而是在仲裁裁决后，以撤销仲裁裁决或在执行仲裁程序中主张拒绝执行理由的形式，抗辩仲裁庭管辖权也是可能的。然而，对于这种观点，与诸多外国的立法例相比较，也有反对意见，[14]以事实为根据，以诚实信用为原则，主张以限制为对策。[15]新仲裁法采纳示范法时，由于基本上是采用原样照搬示范法的手法（这个手法本身的评价基本上是积极的、肯定的），示范法本身可能会产生解释上的疑义，也不可避免的有模棱两可的地方，在照搬时很有可能缺点也原样承接了，可以说这是其中一例吧。[16]诚然，仲裁庭可以表明有自裁管辖权，以中间裁决的形式，仅针对仲裁管辖权事宜做出裁决即可。考虑到该仲裁裁决本身也可能作为撤销申请的对象，在仲裁庭管辖权的激烈争执中，仲裁庭裁决前的初步独立决定，或者接着的法院有关仲裁法第23条5

14　参见三木=山本・前引（注12）『新仲裁法の理論と実務』192頁〔中村発言〕。关于所引用的各外国文献，参见拙稿：The Effect of Arbitral Authority and the Judicial Review: Japan's Approach Under its New Arbitration Law Based on the UNCITRAL Model Law, International Arbitration 2006: Badk to Basics? ICCA International Arbitration Congress (2006), Kluwer Law International,p.170,footnote 16。

15　小岛=高桑编、前引（注13）『注釈と論点　仲裁法』147頁〔小島〕，以及引用三木=山本编、前引（注12）『新仲裁法の理論と実務』190頁〔三木発言〕。

16　参见拙稿，前引（注14）ICCA（2006）175页，其中，记载了承接了示范法的模棱两可的规定的事例，例如，仲裁庭成立前或成立后，仲裁协议无效的，或者仲裁程序因其他理由不许的，请求法院确认可否的，这些问题在示范法和新仲裁法中未必规定的明确。对此，基于示范法制定的德国仲裁法第1032条（2）规定，"仲裁庭组成之前，关于能否仲裁的确定，可以向法院申请"，规定了视时期而决定可否申请。

款的决定，很可能也无法平息当事人之间的争执，此时，仲裁庭以中间裁决的形式表明自裁管辖权，可以防止终局裁决后，反复重提同一个争论点。 215

④新仲裁法对于仲裁员的回避，也是仿照示范法（第13条）认可，当事人自知道回避事由起15日内，在这么短的期限内有回避申请权（仲裁法第19条3款），仲裁庭决定回避理由不成立时，自接到该决定通知的30日内，还是在这么短的期限内，可以向法院申请该仲裁员的回避（该条4款），该回避申请案件在法院存续期间，仲裁庭可以开始及继续仲裁程序，且可以作出仲裁裁决（该条5款）。认可回避是仲裁庭的第一次裁决权，问题可以得到快速解决。[17]

c 撤销仲裁裁决的事由、拒绝承认和执行事由的限定及起诉期间限制

①旧仲裁法的裁决撤销事由、拒绝承认与执行的事由，基本上限定于仲裁程序有重大瑕疵和仲裁裁决的内容违反公序良俗。即使在旧法下，法院对仲裁裁决重新审理（ de novo review）后，发现仲裁庭的法律适用及事实认定等有瑕疵的予以撤销，或者拒绝予以承认和执行（旧仲裁法第801条1款各项，802条2款）。然而，《承认及执行外国仲裁裁决的纽约公约》（1961年7月14日公约10号，纽约公约）中，拒绝承认和执行的理由是有限度的、是穷尽的（第5条），与此并列的示范法中的仲裁裁决撤销事由（第34条），拒绝

17　如果法院决定回避的话，仲裁员就失去了仲裁员的地位；如果法院裁定没有回避的理由的话，对该裁决不认可即使抗告。但是，回避理由本身并不能立即构成仲裁裁决的取消理由及仲裁裁决的拒绝执行理由，即使不认可即使抗告，法院有关回避的裁决也是终局的，这一观点得到多数支持。

承认和执行事由（第36条），相互比较来看，旧仲裁法中“仲裁程序是不许可的”（旧仲裁法第801条1款①）、“仲裁裁决未附理由的”（同款⑤）规定，因外缘不明确可以更广泛地理解撤销仲裁裁决的事由和拒绝承认执行的事由。关于前者，大多认为是指“仲裁程序是全部不许可的”，每个仲裁程序，即，仲裁员进行的每个仲裁的行为，无论是法律还是仲裁合同规定都没有违反的内容，[18]但是从判例来看，具体不被允许的仲裁程序在一定的情况下，才可以考虑撤销。[19]关于后者，具体理由没有明确列明，而且判断的根据也没有说明，这种作为判断基础的事由没有明示的情形，可以说就是
216 “未附理由的”吧。[20]另一方面，从判例的方向来看，了解仲裁员达成结论的裁决过程的简要就可以了，不必像判决时那样逐一审查证据认定事实及法律判断。[21]但是，“对于以不存在明确的事实为基础、以从证据无法认定明确的事实为基础等的事实判断，可以评定其为缺乏事实认定的判断，进而是缺乏理由的判断。不应该适用的法规，通过解释法规，以解释的观点进行适用，这种解释显然是不当的，应视其为缺乏法律适用的判断，进而理由欠缺”，[22]事实认定、法律解释及适用的明显瑕疵也是“未附理由的”撤销事由，这个观点获得了多数支持。

18　小岛武司『仲裁法（現代法律学全集59)』(青林書院、2000年）337頁，小山昇『仲裁法（法律学全集38－Ⅲ)』(有斐閣、新版、1983年）205頁等。

19　小岛，前引（注18）339页，大判大正7年（1919年）4月15日民录24辑865页。

20　大判明治37年（1905年）5月9日民录10辑621页。

21　小岛，前引（注18）349页。

22　小山，前引（注18）209页。

另外，在旧法下，撤销仲裁裁决的起诉期限，原则上没有限制，[23]这可能会导致下达的仲裁裁决无法最终解决纠纷。

⑤纽约公约限定拒绝执行的事由

日本加入的1958年纽约公约第5条规定的拒绝执行仲裁裁决的事由，引用如下，是更有限度的（第1款是当事人请求拒绝承认执 217
行有举证责任的拒绝承认事由，第2款是法院依职权调查事实的拒绝承认执行事由）。

《纽约公约》第5条

1.被申请承认及执行裁决的管辖当局，只有在作为裁决执行对象的当事人提出有关下列情况的证据时，可以拒绝承认和执行该裁决：

（a）第2条所述的协议的双方当事人，根据对他们适用的法律，当时是处于某种无行为能力的情况之下；或者根据当事人作为准据法选定的法律，或者没有这种选定的时候，根据作出裁决的国家的法律，上述协议是无效的；或者

（b）作为裁决执行对象的当事人没有被给予指定仲裁员或者进行仲裁程序的适当通知，或者由于其他情况而不能对案件出意见；或者

（c）裁决涉及仲裁协议所没有提到的，或者不包括裁决协议规定之内的争执；或者裁决内含有对仲裁协议范围以外的事项的决定；但是，对于仲裁协议范围以内的事项的决定，如果

23　旧仲裁法第804条规定，关于执行判决后撤销仲裁裁决之诉，绝对期限为1个月，撤销理由自当事人知道之日起算。

可以和对于仲裁范围以外的事项的决定分开，那么，这一部分的决定仍然可予以承认和执行；或者

（d）仲裁庭的组成或仲裁程序同当事人间的协议不符，或者当事人间没有这种协议时，同进行仲裁的国家的法律不符；或者

（e）裁决对当事人还没有约束力，或者裁决已经由作出裁决的国家或据其法理作出裁决的国家的管辖当局撤销或停止执行。

2.被请求承认和执行的仲裁裁决的国家的管辖当局，如果查明有下列情况，也可以拒绝承认和执行：

（a）争执的事项，依照这个国家的法律，不可以用仲裁方式解决；或者

（b）承认和执行该裁决将和这个国家的公共秩序相抵触。

218 旧法下，日本对于适用纽约公约的外国仲裁裁决〔日本根据互惠保留原则（第1条3款前段），限定于在缔约国领土内作出的仲裁裁决〕进行承认和执行时，由于公约的适用优先于国内法（宪法第98条2款），所以应该适用更有限度的该公约的拒绝承认和执行事由。[24]但是，对于以日本为仲裁地作出的仲裁裁决，即使是外国当事人与日本当事人之间进行的国际仲裁，只要被看作是国内的仲裁

24　关于纽约公约与双边条约、日内瓦公约的适用关系，参见小岛=高桑编·前揭（注13）『注釈と論点　仲裁法』266頁以下〔高桑〕。

裁决，[25]就不能适用纽约公约，应该适用旧法扩大的拒绝承认执行的事由。另外，在日本作出的仲裁裁决，其撤销事由不是根据纽约公约，而是根据旧仲裁法。

③新仲裁法关于撤销仲裁裁决事由（仲裁法44条1款1至8项）和拒绝承认执行事由（同法第45条2款1至9项），几乎照搬示范法的规定（示范法第34条2款、36条1款）。示范法规定的撤销事由以及解决承认执行事由，与纽约公约规定的拒绝承认和执行事由几乎同样，因此，在新仲裁法下，不管仲裁地的内外，都可以适用纽约公约限定性的拒绝承认执行事由，另外，以日本为仲裁地作出的仲裁裁决的撤销事由，与该公约同样是有限度的。[26]

新仲裁法依照示范法（第34条3款），撤销仲裁裁决的申请采用3个月的申请限制期间（新仲裁法第44条2款）。[27] 219

25　纽约公约第1条款规定，公约的适用对象为“仲裁裁决在一个国家领土内作成，而在另一个国家请求承认和执行”的仲裁裁决，即，采用程序地说的外国仲裁裁决的概念，该款后段还规定“在一个国家请求承认和执行这个国家不认为是本国裁决的仲裁裁决时，也适用本公约”，从承认和执行的准据法来看，对适用外国的仲裁裁决留有余地，例如，以外国仲裁法为程序准据法进行仲裁的仲裁裁决，依日本法视为外国仲裁裁决，这种情况也可以适用纽约公约。

26　新仲裁法的撤销事由和拒绝承认及执行事由，与示范法和纽约公约规定的拒绝承认及执行事由有细微的差异，参见近藤等，前引（注7）242页以下，260页以下。另外，新仲裁法效仿示范法，采用“严格的属地主义”（仲裁法第1条、3条），根据其规定，以日本为仲裁地的仲裁程序准据法，应该适用日本新仲裁法，因此，以日本为仲裁地的仲裁，即使当事人双方协商以外国仲裁法为仲裁程序准据法，该外国仲裁法的指定，应不予认可其准据法选择的效力，违反新仲裁法强制性规范的指定无效［近藤等，前引（注7）10页以下］。

27　但是，在撤销申请期间内没有申请撤销的，在仲裁裁决的执行程序阶段，也可以与撤销事由相同主张拒绝执行事由［小島＝高桑編·前揭（注13）『注釈と論点　仲裁法』248頁〔谷口〕］。

d 确保仲裁员的公正性和独立性

①旧仲裁法规定，“当事人可以根据诉讼当事人请求法官回避的同样的理由和条件，请求仲裁员回避”（旧仲裁法第792条），请求仲裁员回避的事由与请求法官回避的事由相同。但是，仲裁员与法官的地位和职权是不同的，应该理解为两者回避的事由并不一定相同，[28]回避事由的内容及具体判断标准也并不一定明确。特别是，关于当事人选任仲裁员，与第三名仲裁员及独任仲裁员不同，所选任的仲裁员在某种程度上选任关系密切的人较多，根据旧法，当事人选任的仲裁员是否与第三名仲裁员及独任仲裁员有同等的公正性和独立性，不是很清楚，这一点在仲裁员伦理规章中也不一定有明确规定。因此，在实务中，顾及选任当事人的立场进行评判，即使有疑问也很无奈，只能听任当事人的选择。采纳示范法的国家，大多在国际仲裁中要求当事人选任仲裁员，与第三名仲裁员及独任仲裁员同样要有公平性和独立性，如果对仲裁员在法律上或仲裁员伦理上进行确认，是否有利益冲突、对纠纷内容是否有专业胜任等，超过了必要的限度。仲裁员不与当事人互相交往是常识，[29]在旧法

28 小岛，前引（注18）180页以下等。

29 在美国的国内仲裁中，作为多年的习惯，当事人选任仲裁员不需要是中立的仲裁员，选任亲近当事人一方的也无妨，为了谋求与国际实务和谐，美国仲裁协会（AAA）、CPR纠纷解决机构（CPR Institute for Dispute Resolution）都在其国际仲裁规则中规定，当事人选任仲裁员必须中立且独立。近年来的AAA和美国法律家协会（ABA）共同制定了商事仲裁的伦理规范，如果当事人没有特别协议，所有的仲裁员都是中立的仲裁员。Donald Francis Donovan, David W. Rivkin=手塚祐之「米国における国際仲裁の実務」法律のひろば57巻4号12頁、17頁。另外，关于仲裁员和当事人一方的接触，所允许的范围，目前，参照具有国际水准的国际律师协会（IBA）国际仲裁利益冲突指南（日本仲裁员协会日译，IBA网页：http://www.ibante.org/images/downloads/lpd/ConflictGuidelinesJapanese.）4.5条。

下，当事人选任的仲裁员向其当事人态度表示亲近时，就会让海外的仲裁利用者产生极大的不信任感。况且，仲裁员和法官回避的以往的日本法院的几个判例，与现今的仲裁世界格格不入，对回避事由采用宽松的判断标准（例如，仲裁员是当事人公司代理人的亲弟 220
弟，也不能仅以此为由主张可能会引起判断偏颇，[30]法官是诉讼代理人的女婿，也不能成为回避的原因[31]等）。如上所述，仲裁员的回避适用审判程序，劳心劳力，对海外的利用者来说，对仲裁员的中立性及公正性即使存有疑惑，鉴于实际上请求回避的状况也是选择两难。即，旧法下的仲裁员回避制度，如前所述，易于那些企图拖延仲裁程序的当事人进行操作，不易于真正想申请回避的当事人行使权利，令人大失所望。

②新仲裁法仿照示范法（第12条、第13条）规定，“有足够的理由怀疑仲裁员的公正性或独立性时”为回避的原因（仲裁法第18条1款2项），明确了当事人选任仲裁员也要有公正性和独立性，对于仲裁员候选人和仲裁员，负有公开“有可能对自己的公正性或独立性产生怀疑的全部事实”的义务（该法第18条3款、4款，该公开义务在仲裁程序的进行当中持续有效）。另外，回避程序，如前所述，适用法院地审理，从仲裁庭第一次裁定，到法院完成决定程序（即时抗告不可），已经变得简易快速了。

e 其他采纳国际水准的事项

除了以上几个方面以外，新仲裁法还照搬了示范法几个具有国际水准的重要程序原则。即，具有仲裁协议的一份合同中， 221

30　大判大正15年（1927年）10月28日新闻2639号13页。

31　最判昭和30年（1955年）1月28日民集9卷1号83页。

即使仲裁协议以外的合同条款因无效、撤销以及其他事由无效时，仲裁协议仍然有效，新仲裁法明确地承认了“分离的可能性”（separability）的原则（仲裁法第13条6款）。另外，当事人在没有违反新仲裁法有关公共秩序规定的情况下，根据仲裁程序的规则可以自由地达成协议（同法第26条1款），承认当事人有宽泛的程序自治权，没有达成协议时，仲裁庭在不违反新仲裁法规定的情况下，“可以按照适当的方法进行仲裁程序”（同法第2款），承认仲裁庭有宽泛的程序裁量权［在当事人没有另行协议的情况下，仲裁庭有“决定任何证据的可采性、调查的必要性以及其证明力的权限”（同条3款）］。对于不积极的当事人，采用示范法规定（第25条），可以继续进行仲裁程序（仲裁法第33条）。最后，新仲裁法仿效示范法（第28条3款）明文规定，适用“公平合理原则”（ex aequo et bono）进行仲裁，只限于当事人之间有“明示”协议时。

222 引人瞩目的是，虽然示范法没有规定，但新仲裁法进行了新的规定，仲裁庭或仲裁员可以尝试和解，只限于当事人双方同意时，且该同意原则上应以书面形式（新仲裁法第38条4款、5款）。增加这一条款的宗旨是，日本的仲裁实务中，仲裁员不顾当事人没有表示和解的愿望，劝其和解，或者强行和解的案例时有发生，受到海外、特别是英美法系的利用者的强烈批判。[32]依据日本的民诉法，法院任何时候都可以尝试和解（民诉法第89条），实务中，相当多的案件也的确是以和解结案的。然而，有时让人感觉好像是法院在强行积极干预和解程序，对不同意和解的当事人可能带来判决不利的压力，这种情况比较普遍。依照英美法的理念，对于以调解人的立场，

32 参见近藤等，前引（注7）211页。

只与当事人一方商议，然后再作为决策权者返回仲裁员的职务这种做法，是不会允许的。法官及仲裁员强行和解，造成不同意和解劝告就可能做出对其不利的判决或仲裁裁决这样的压力，是不允许存在的。可是，在日本，法官出身的还有情可原，就是在律师出身或学者之中，对这种做法不是国际商事仲裁的基准这一点也存在认识不足，不少人还认为在国际仲裁中由仲裁员主导和解是好事。另外，不管是日本人还是外国人，没有起草过仲裁裁决经验的仲裁员，出于免得起草仲裁裁决，以和解结案轻松的念头，对不希望和解的当事人进行劝告的案例络绎不绝。在新仲裁法下，来自海外强烈批判的这种情况已经不复存在了。但是，在国内仲裁，如果双方当事人希望由仲裁员以调解员的身份积极地参与和解的情况下，以书面形式征得当事人同意，仲裁员尝试和解则完全没有问题。

关于双方当事人没有协议时的仲裁裁决的实体准据法，新仲裁法与示范法（第28条2款）的规定不同，仲裁庭不是“适用被认可的该国的冲突法规则决定法律”而是“以申请仲裁的民事争议，适用与案件直接具有最密切联系的国家的法律”（新仲裁法第36条2 223
款）。这是仿效德国仲裁法和韩国仲裁法的规定，[33]便于实务运用，另外，仲裁法制定的时候，考虑到日本国际私法的法例与旧仲裁法同样陈旧，正在全面修改之中，[34]可以说这样规定是妥当的。

33　参见近藤等，前引（注7）201页。

34　2006年6月，为了国际私法的现代化，取代法例的《关于法律适用的通则法》（平成18年法律第78号）（通则法）成立，2007年施行。关于合同上的纠纷，如果合同中没有规定准据法的，在日本法院进行民事诉讼，或在日本进行仲裁，情况如何呢？①关于民事诉讼，合同成立初期通则法实施前，按照《法例》第7条合同的准据法适用行为地原则，通则法实施后以“特征性给付的理论”为前提适用最密切联系地原则的通则法第8条；关于仲裁，如果是通则法实施后开始的仲裁程

三、旧法下的国际商事仲裁实务的问题点和新仲裁法

1. 旧法下的国际商事仲裁的利用率低迷及其原因

a 旧法下的国际仲裁利用状况

尽管日本是世界屈指可数的经济大国，又是亚洲经济的一大中心，可是作为国际仲裁地的日本的存在，从全世界的角度看不得不说太小了，就是在亚洲，也不及被誉为亚洲国际仲裁中心的新加坡、中国香港地区等。新仲裁法实施的2004年，新加坡代表性的国际仲裁机构Singapore International Arbitration Centre (SIAC)同年的国际仲裁申请件数51件，香港地区的Hong Kong International Arbitration Centre (HKIAC)同年280件，[35]韩国KCAB 46件，美国的AAA-ICDR 614件，斯德哥尔摩商会（SCC）123件（包括国内仲

序，依照最密切联系地原则适用仲裁法第36条2款；②合同相关的侵权赔偿请求，关于民事诉讼程序，适用通则法第20条的有最密切联系地时的例外规定（考虑到以合同准据法的附从连结作为例外规定的一个要素），或适用通则法第22条1款的特别保留条款；关于仲裁程序，没有可以直接适用的规定。如果合同中有合同准据法的规定，合同纠纷（包括侵权赔偿请求）适用合同准据法解决时，依据通则法侵权行为准据法的合意适用选择，只能在事后认可（第21条），依据仲裁法基本上适用当事人合意的实体准据法（仲裁法第36条1款）。

35　吉田启昌「国際仲裁における日本法」（特定領域研究「日本法の透明化」第1回シンポジウム、2006年3月3日）：http://www.andersonmoritomotsune.com/whatsnew/pdf/060306_2.pdf。

裁），瑞士的Swiss Chambers 52件，中国的CIETAC 462件，[36]而日本的代表性国际仲裁常设机构日本商事仲裁协会（JCAA）同年的年度受理案件只有20件。[37]很难说这是JCAA的商事仲裁规则有问 224
题，因为适用国际商会的商事仲裁规则的仲裁（ICC仲裁），不问仲裁地，都按照世界共同的规则进行，以日本为仲裁地的案例仍然比较少而已。根据ICC（International Court of Arbitration Bulletin Vol.16/No.1-Spring 2005），2004年的ICC的仲裁案件中，当事人之间有仲裁地协议的案件86%，剩下的14%由仲裁法院确定仲裁地。仲裁地中的多数排列为：①巴黎（有当事人协议的74件，由仲裁法院确定的14件，合计88件。以下件数同样,按此排列），②伦敦（62、3、65），③日内瓦（36、8、44），④苏黎世（23、2、25），⑤新加坡（10、6、16），⑥纽约（12、1、13），⑦维也纳（10、3、13）⑧布宜诺斯艾利斯（11、0、11），⑨墨西哥城（10、0、10），而日本有协议的案件只有2件。

b ICC仲裁的日本地位

根据ICC（International Court of Arbitration Vol.18/No.1-2007），2006年申请的案件数为1613件，仲裁案件的当事人顺位，从第1位至第14位如下（括号内排列顺序：与全体当事人的比例、申请人数、对方当事人数、总数。中国包括香港地区）。

---

36 School of International Arbitration, Queen Mary College, University of London, International Arbitration: Corporate Attitudes and Practices 2008, Pricewaterhouse Coopers, p. 15.

37 根据日本商事仲裁协会的2004年度事业报告书，同年度处理仲裁案件数量为39件，同年度的新受理案件21件，由前一年度过渡的案件为18件。

225 1 美国（10.73%、74、99、173）

2 德国（7.01%、52、61、113）

3 法国（6.88%、54、57、111）

4 巴西（4.15%、32、35、67）

5 意大利（3.72%、37、23、60）

5 瑞士（3.72%、28、32、60）

7 西班牙（3.47%、29、27、56）

8 英国（3.35%、30、24、54）

9 荷兰（2.91%、27、20、47）

9 土耳其（2.91%、12、35、47）

11 墨西哥（2.79%、15、30、45）

12 中国（2.29%、17、20、37）

12 韩国（2.29%、19、18、37）

14 印度（1.74%、8、20、28）

14 波兰（1.74%、14、14、28）

日本的当事人数，申请人8、对方当事人7，总数15。这与中国、韩国各自总数37相比，相差半数以上，与亚洲圈的阿拉伯联合酋长国、黎巴嫩同等。顺带提一下，被誉为亚洲的仲裁中心的新加坡，当事人数比日本总数低10，欧洲仲裁中心的瑞典的当事人数总计为9。

2006年被选为ICC仲裁员的总数为949人，国籍顺位从第1位至第13位如下（括号内排列顺序：与仲裁员总数的比例、独任仲
226 裁员人数、当事人选任仲裁员人数、首席仲裁员人数、总数）。

1 瑞士（16.02%、29、75、48、152）
2 美国（11.17%、8、76、22、106）
3 德国（10.12%、21、53、22、96）
4 英国（7.08%、18、41、15、74）
5 法国（7.59%、8、44、20、72）
6 比利时（4.21%、15、11、14、40）
7 意大利（4.11%、5、25、9、39）
8 巴西（3.27%、1、21、9、31）
9 加拿大（2.95%、8、9、11、28）
10 澳大利亚（2.63%、8、7、10、25）
11 墨西哥（2.21%、2、12、7、21）
12 新加坡（1.69%、5、8、3、16）
12 阿根廷（1.58%、4、7、4、15）
13 西班牙（1.58%、4、9、2、15）

再看日本人仲裁员，独任仲裁员1人，当事人选任仲裁员1人，首席仲裁员0人，总计2人。韩国人仲裁员，独任仲裁员0人，当事人选任仲裁员2人，首席仲裁员0人，总计2人。从ICC仲裁员的世界位置来看，日韩没有差异。受欢迎的仲裁地中国香港地区，ICC仲裁员只有当事人选任仲裁员1人，比较少，瑞典按上述顺序为1、4、4、9人，也不是很多。

2006年的ICC仲裁地所选择的国别和城市的顺位，从第1位至第14位如下：

国家（括号内的排列顺序为，仲裁地的选择有当事人协议
227 的，由ICC法院指定的，总数。中国包括香港地区）

1 法国（82、21、103）

2 瑞士（82、13、95）

3 英国（37、3、40）

4 美国（28、5、33）

5 德国（18、2、20）

6 巴西（12、2、14）

7 新加坡（11、1、12）

8 墨西哥（9、2、11）

9 比利时（7、3、10）

9 中国（9、1、10）

9 荷兰（10、0、10）

12 加拿大（5、3、8）

12 意大利（8、0、8）

14 西班牙（7、0、7）

日本有当事人协议3件，ICC法院指定的1件，总计4件。韩国当事人合计1件。

城市（括号内为2006年选定的次数）

1 巴黎（101）

2 日内瓦（49）

3 苏黎世（41）

4 伦敦（40）

5 纽约（17）
6 新加坡（12）
7 墨西哥城（11）
8 布鲁塞尔（10）
9 法兰克福（9）
9 中国香港地区（9）
9 海牙（9）
12 马德里（6）
12 圣保罗（6）
14 里约热内卢（5）

从这些数字来看，日本企业成为ICC仲裁当事人的案例数，在 228
中国和韩国的半数以下，从经济规模上比较，可以说日本企业的利用率相当低。日本仲裁员人数远不及瑞士及其他先进国，但韩国、中国香港地区的ICC仲裁员人数也很少，可见欧美的ICC仲裁员压倒多数。ICC仲裁地，法国和瑞士占绝对多数，英国和美国其次。英国在伦敦国际仲裁院（LCIA）,美国在国际争议解决中心（AAA-ICDR）等仲裁机构的仲裁活动积极，作为仲裁地的利用率，这四个国家最多。新加坡在亚洲是ICC仲裁第一，也是ICC仲裁法院的亚洲办公室所在（但是，2008年预定中国香港地区也设置办公室），SIAC仲裁数量的增加，巩固了亚洲仲裁中心的地位。

c 日本国际商事仲裁的利用率低迷的原因

中国的CIETAC的国际仲裁案件数量非常多，究其原因，该国的国有企业等对在外国仲裁很难达成协议，外资的中国子公司和中国企业之间的仲裁不被视为“国际仲裁”，而是作为“国内仲裁”，不承认在中国之外的仲裁协议的效力，基于ICC仲裁规则的中国国内的仲裁，由于ICC在中国国内没有“仲裁机构”，存在不满足机构仲裁要件的风险等事由，因此作为次善之策，选择中国CIETAC仲裁的件数增多也是可以理解的。但是，如瑞士（日内瓦、苏黎世）及瑞典（苏德哥尔摩）那样，有可信赖的审判制度，虽然英语为非母语的国家，但仍被誉为国际仲裁中心，相比之下，日本国际仲裁案件数量少的原因，日本的审判制度的信赖性高，仲裁的必要性和优点就显得小，英语为非母语，等等，原因还有许多。与其强调原因，还不如说，日本仲裁本身，具体说就是仲裁制度和仲裁实务存在问题，这样看显得自然，实际上19世纪遗留的旧仲裁法存在各式各样的问题，已经如上所述。新仲裁法基于国际水准的示范法，旧仲裁法的诸多法律问题已经解决，以上也论述了。然而，旧法下的国际仲裁利用率低迷，不仅仅是旧仲裁法的问题，应该说，
229 在旧仲裁法时代存在着日本重大仲裁实务问题。[38]

2.旧法下的仲裁实务问题——原因及解决办法

对于旧仲裁法下的日本国际仲裁实务，特别是以海外的仲裁利用者的视角，如下所述，不得不指出令人觉得另类的几个重大问

38 在详细论述了日本仲裁的利用率低迷的原因的基础上，日本仲裁案件的增加，随着日本仲裁实务有明显的改变才会发生，因为阻碍日本国际商事仲裁成功的主要障碍是实务而不是法律，参见：（“Instead, such an increase will only occur when it becomes clear that Japanese arbitral practice has altered, as it is the practice and not the law that has been the primary obstacle to the success of international commercial arbitration in Japan.”）最新的外国文献，Cole, Anthony, “Commercial Arbitration in Japan: Contributions to the Debate on Japanese ‘Non-Litigiousness’”. *New York University Journal of International Law and Politics* (JILP), Vol.40, No.1, 2007 Available at SSRN: http://ssrn.com/abstract=1083371。

题。针对这些问题论述如下，既有法律救济的问题点，也有今后的实务工作者及仲裁制度的利用者应改变方法的问题点。

a 不熟悉国际商事仲裁的仲裁员和代理人的无效率程序运营

既往的日本国际商事仲裁，新民诉法在争执焦点的整理和集中证据的调查方面沿袭了旧民诉法，不是尽早地整理争执焦点并做好质证计划，而是拖拖拉拉地毫无计划性的召开几次听证会，经常导致程序大幅拖延。海外的利用者，特别是有英美法背景的利用者认为，通常，仲裁的听证会属于程序事项，充其量也就1至2次而已，会后，由当事人双方以书面形式相互交换1至2次，听证会进行证人询问等实质性的审理，1星期至3星期左右，一般都是迅速且有效地进行的。像日本这样，花半天时间开听证会，又如梅雨季节般断断续续地需要1至2个月，要召开5次甚至10次听证会，这些做法确实有些另类吧。[39]作为仲裁代理人见惯了有丰富海外经验的仲裁员是如何有效率地驾驭程序的，再看日本，由缺乏国际仲裁经验的仲裁员独自书写程序命令，由缺乏经验的仲裁员作为独任仲裁员或第三名仲裁员主导仲裁程序，难以期待日本仲裁员以强有力

39　对日本仲裁实务的问题所在有深刻阐述的古典文献，参见Charles R.Ragan. (1991). “Arbitration in Japan: Caveat Foreign Drafters and Other Lessons” 7 Arbitration International 93，对多次举行听证会进行了批判。JCAA国际商事仲裁案件的仲裁裁决的效力与美国破产法的关系，根据Fotochrome, Inc, v. Copal Co., 517 F2d. 512 (2d Cir. 1975) 的判决间接，该JCAA仲裁，在24个月中举行了17次听证会。关于日本仲裁实务的其他文献，Tom Carbonneau, (2007) *Cases and Materials on Commercial Arbitration*, Juris Publishing，根据对上述Fotochrome案件的解说，在日本，没有正式仲裁资格的第三人承担法官责任，原本就有喜好和解的环境，仲裁比诉讼更令人难接受，仲裁经常在谈判和调解框架内进行，仲裁员尽力促使当事人和解，为了达成和解目的，使得程序拖延、长期化（p.412）。

的领导力来确定审理计划，迅速且合理地适时决定程序问题。[40]迅速、有效和公正均是仲裁的根本，寄希望于仲裁员，即使是复杂的
230 案件，也要尽可能地迅速且有效地进行审理，尽快地作出公正的仲裁裁决。国际商事仲裁需要迅速且有效地运用程序，由没有经验和技能的仲裁员主导的日本仲裁实务难免遭到国外差评，存在这些事例深感遗憾。

另外，由于日本的国际仲裁案件数量少，仲裁程序中代理当事人的日本律师，势必仲裁程序的经验不足，如上所述，一方面是不娴熟的仲裁员的程序运用没有效率，也提不出切实可行的方案，对没有经历过的程序犹犹豫豫，另一方面是对不娴熟的仲裁员作出的仲裁裁决也忧心忡忡，或者仲裁裁决的实体标准应该根据实体准据法本身来解释（依法仲裁），还是按照“公平合理原则”进行裁决等不确定因素，出现了前面提到在拖延仲裁程序上要花招的代理人。在旧法下，并不清楚当事人选任仲裁员是否也同第三名仲裁员一样被要求具有公正性、独立性和中立性，在有关仲裁员的伦理准
231 则没有深入研究的情况下，[41]出现当事人选任仲裁员时与候选仲裁员个别接触的行为也是不可避免的，这也是海外的利用者对日本仲裁程序的信赖性和公正性恶评的一个原因。

232 当然，在既往的日本仲裁实务中，因仲裁员和仲裁代理人而异，也不是没有迅速且有效运用的案例，海外文献也是半开玩笑的

40　在日本，从中立性、社会的名声、权威等方面的角度考虑，很多当事人选任著名法学家为第三名仲裁员，其中有的案件时长达5年之久。

41　社团法人日本仲裁员协会（JAA）最近制定的仲裁员伦理规则，当事人选任仲裁员与第三名仲裁员同样要求公正性、独立性，除了确认仲裁员候选人有无利害冲突等情况之外，原则上禁止仲裁员与乙方当事人单独接触。

引用了极端不合理的事例，甚至属于例外的例子。但是，评价好的案例，从国际水平的角度来看大多是一般平平的事例，没有什么特色，即使低于国际水平的事例不多，也会对日本国际仲裁实务的整体评价带来伤害。为了恢复日本国际商事仲裁在海外的信誉，应该向世人表明，绝不会再发生极端的事例，可以期待在日本进行国际水准的迅速、有效，且公平的仲裁程序。为此，首先，如前所述，以基于示范法的新仲裁法代替造成拖延仲裁原因的陈旧仲裁法，仲裁相关的裁决程序全部采纳决定原则简易化迅速化，宣传这些亮点很重要。此外，当事人及仲裁机构选任仲裁员，特别是独任仲裁员及第三名仲裁员时（或者选任首席仲裁员时），要选任国际商事仲裁经验丰富，评价高的仲裁员。正如所说“没有好的仲裁员就没有好的仲裁”，仲裁员的善恶对仲裁程序的品质起决定性作用。虽然新仲裁法以示范法为准则具有国际水平，但是仲裁最重要的角色仲裁员对现代化国际程序缺乏知识和经验，就难以实施海外利用者满意的具有国际水平的仲裁程序。[42]

b 外国律师法的修改与JCAA规则的修改等海外参与壁垒的撤除

如上所述，关于仲裁员质量问题的解决，一个重要契机是1996年《关于外国律师办理法律事务的特别措施法案》（简称外辩

42　例如，依照既往的仲裁员选择方式，一方当事人追求与选任的仲裁员内部相互信任尽最大可能不使其回避。形成鲜明对比的是，对方当事人选任经验丰富具有国际水准的仲裁员，JCAA等仲裁机构选任的第三名仲裁员、独任仲裁员都是具有同等性、独立性并具有丰富经验和国际水准的仲裁员。相比之下，依照既往的仲裁员选择方式而选任的仲裁员，在仲裁庭上失去信任，影响力变弱，无法行使不当的影响力。从这个意义上，也可以说仲裁机构确定合适的仲裁员候选人名簿，是能够选任优秀的第三名仲裁员的关键。

法）的修改。律师法第72条规定，除了律师法或其他法律有特别规定以外，有日本律师资格以外的人，禁止以报酬为目的办理“法律事务”，该条中有“鉴定、代理、仲裁以及和解等其他法律事务”的表述，所以一直以来，在日本没有日本律师资格的外国律师不得充当国际仲裁案件的仲裁代理人参与仲裁。但是，根据同年修改的外辩法，在日本注册的外辩可以作为“国际仲裁”[43]程序的代理（包括该程序的和解程序）（外辩法第5条之3）。另外，没有注册外辩资格的外国律师，除了在日本国内被聘为所谓的外国法律顾问或研修生外，在外国有律师资格的从事律师业务的律师（即，外国律师事务所的从业律师），可以接受外国的委托，接任国际仲裁案件的程序代理（外辩法第58条之2）。这种情况下，适用国际仲裁案件争议的准据法，不问日本法还是外国法。根据该修改，外国律师不需要与日本律师共同代理，就可以在日本作国际仲裁案件的当事人代理人，这类案件着实在增加。结果是，程序语言以英语进行，基于国际标准的仲裁程序正在不断增加。

关于仲裁员，在外辩法修改以前，一直承认没有律师资格的法
233 学家及技术人员担任有报酬的仲裁员，视为“正当业务行为”（刑法35条），这是主流观点，[44]外国律师担任仲裁员的案例不少见。然

43　是指日本为仲裁地的民事仲裁案件，当事人的全部或者一部分的住所、主营业务所或总店在外国（外辩法第2条11项）。

44　据日本律师联合会调查室的解答：新仲裁法施行后，依该法规定对仲裁员资格没有限制，而“其他法律另有规定的”，外国律师及其他没有日本律师资格的人成为仲裁员，不违反律师法第72条。仲裁法在国会审议中，关于仲裁员资格，根据政府答辩（众议院法务委员会2003年5月27日，参议院法务委员会2003年7月24日），（当事人双方合意了资格条件的，另当别论）只要是自然人没有其他限制，根据政府答辩（众议院法务委员会2003年5月27日，参议院法务委员会2003年7月24日）。

而，根据既往的JCAA仲裁规则，如果选任非居民仲裁员的当事人，要负担因此而增加的费用，况且，在仲裁实务中，依日本旧民诉法，梅雨季节式的1至2个月断断续续反复召开听证会，这种国际商事仲裁横行非效率的做法，但凡没什么必要的大案，与其选任经验丰富的外国仲裁员，还不如选择费用低廉的国内仲裁员更划算。另外，依从前（1992年以前）的JCAA规则，程序语言原则上用日语，只好选任会日语的仲裁员，最后，当事人选任的仲裁员、第三人仲裁员都限于日本候选人，离根据专业分类选任最适当的仲裁员的差距还很大。JCAA规则现在已经修改了，删除了选任非居民仲裁员由当事人承担追加费用的规定，如果当事人双方没有另行约定，仲裁庭成立为止可以用英文进行，[45]如果一方当事人为外国 234
人，包括仲裁协议的合同为英文，仲裁庭成员有不懂日语的仲裁员时，实务中大多采用英语作为仲裁语言。

仲裁员也好，当事人代理人也好，随着外辩法和JCAA规则的修改，海外有丰富经验的仲裁人员参与日本的国际商事仲裁的制度性壁垒几乎都被解除了，新仲裁法以示范法为准则，精通示范法的海外仲裁人员，可以怀着对日本仲裁法毫无违和感的心情在日本进行仲裁。因此，关于公示催告仲裁法的仲裁程序的规定，如上所述

45　根据JCAA规则第11条1款，当事人双方没有合意时，由仲裁庭决定使用语言，该条第3款规定，JCAA和当事人以及仲裁员之间的通信往来以日语或英语进行，实务中，当外国当事人选任了不懂日语的外国律师作代理人，向JCAA提交了英文仲裁申请书，或当事人选任了不懂日语的外国人仲裁员时，仲裁庭一般会决定程序语言为英语。仲裁员中，如果有不懂英语的，或者没有能力用英语进行仲裁，可以考虑仲裁语言用日语和英语两种，这样会使仲裁费用和劳务大大增加，不受现代国际仲裁的欢迎。如果（当事人另有合意的除外）以英语进行仲裁不是理所当然的话，日本作为国际仲裁中心，就不会被世界认可。

基本上沿袭了旧民诉法的仲裁规定，其实，公示催告仲裁法第1条是旧民诉法中没有规定的内容，“除了另有规定的情况以外……关于仲裁程序，只要不违反其性质，可以适用民事诉讼相关法律的规定”。该规定的涵射范围，如果限于期间计算（民诉法第95条）那样的形式问题的话，尚可，但如果涉及到提交文书命令的要件和程序等，本来应交由仲裁庭自由裁量的事项的话，仲裁员不研究日本民诉法就很可能无法安心地进行仲裁程序。[46]新仲裁法废除了这种适用范围不明确的民诉法一揽子标准这一规定，根据示范法，就仲裁程序准则承认了更宽泛的裁量权，结果，来自海外的仲裁人员可以采用后述的IBA证据规则等具有国际水准的程序准则，放心地进
235 行仲裁程序了。

日本代表性常设国际商事仲裁机构JCAA,配合新仲裁法的实施修改了2004年的仲裁规则，在谋求与新仲裁法一致性的同时，力求达国际标准化，[47]此外，根据2008年1月1日施行的仲裁员报酬规则的修改，曾经遭到指责的比国际水准过低的仲裁员报酬，小时费率大幅提高，有益于聘用海外有丰富经验的仲裁员接受JCAA的仲

46　实际上，当时的六法全书中，在该条文的编注，作为可以准用规定的例子，列举了民诉法一审的程序规定。在公示催告仲裁法下，依据第1条，可以适用民诉法的提交文书命令的规定，这条规定的意思，是在其要件和程序方面可以请求提交文书命令，还是公示催告794条2项“当事人双方在仲裁程序方面未有合意，应由根据仲裁员的意见予以决定”，比民诉法的规定范围更宽，也可以理解为以不同的程序提交文书命令，等等，不是很明确。

47　参见「講演録／日本はアジアの仲裁センターになれるか？（上）」JCAジャーナル2006年7月号64頁〔中村〕。

裁案件。[48]

四、新仲裁法下的国际仲裁实务

1.国际水准的仲裁程序

如上所述，通过引进新仲裁法和修改外辩法等基本制度的完善，日本也赢得了海外仲裁人员的参入，以英语进行国际水准的仲裁案例不断增加。以下，就现代国际商事仲裁中标准程序的几个方面进行说明。

a IBA证据规则的利用

在国际商事仲裁中，仲裁庭对于证据法等程序规则，通常，被所适用的仲裁法赋予宽泛的裁量权。在ICC等的仲裁规则中，并没有证据法方面的详细规定，结果是，详细情况由仲裁庭决定。但是，证据法有普通法系和大陆法系之分，基本方法有很大区别，仲裁员及当事人的法律背景不同时，应该适用哪一种方法，容易发生误解及争执。于是，IBA（International Bar Association）的

48　在以前的规则中，仲裁员的小时费率分为4万日元、3万日元、25,000日元类别，最高的为4万日元，而伦敦的一流仲裁员的标准小时费率为800美元至900美元，500英镑至600英镑，按最近的外汇汇率换算，还不足他们的一半。按照新规则，最高小时费率为8万日元，仲裁员的报酬达到国际水准。还有，ICC仲裁的仲裁请求费用中仲裁员的报酬，通常首席4成，其他仲裁员给3成；LCIA冲裁，在一定框架内规定的按照小时费率实行小时收费制度，JCAA采取封顶的小时收费制。

Arbitration Committee（当时的名称是Committee D），由普通法系和大陆法系双方的仲裁专家组成工作小组，经过讨论，以所谓双方妥协，或协调的形式制定了IBA证据规则。[49]

236 该规则对于出示文书，如美国诉讼中的讨论（Discussion），不认可广泛的文书出示，而是出示的文书材料与案件具有关联性、特定的文书和文书类别，由于认可被限定的出示命令，例如文书类别，"如果合理地认为存在某类文书材料，则对请求出示的该类文书材料的细致类别进行充分的具体的描述（包括主题）"，在提交文书要求中记载［规则3.3（a）］。仲裁庭要求当事人准备作证的事项，出示的文书材料对案件有关联性以及对案件结果重要，没有规则9.2所规定的异议理由，方可命其提交文书材料（规则3.6）。关于异议理由如下：缺乏与案件充分的关联性和重要性［规则9.2（a）］，法律障碍或法律特权［同（b）］，不合理的负担［同（c）］，仲裁庭不得已（compelling）认可的商业上和技术上的秘密［同（e）］，compelling的特别政治和组织方面的敏感信息［同（f）］等。然而，仲裁庭在切实保守秘密的情况下，为证据辩论采取必要的措施（规则9.3），例如，仲裁当事人双方缔结保密合同，仅限于代理人（for the attorneys'eyes only），命其出示营业秘密有关证据等。如果被提出要求的一方当事人未及时提出异议，或未提出仲裁庭所要求的文书，没有对此进行满意的说明而怠慢提交时，仲裁庭可以推断此文书资料与该当事人的利益相悖（规则9.4）。

仲裁庭要求提交的文书资料，实务中，普遍采用"雷德范表

49 IBA Rules on the Taking of Evidence in International Commercial Arbitration: http://www.ibanet.org/images/downloads/downloads/IBA%20rules%20on%the%20taking%20of%20Evidence.pdf.

格”（Redfern Schedue）。雷德范表格由来于仲裁专家Alan Redfern 237
律师的名字，该表格的内容主要包括：文书编号、文书名称、类型或范围、要求和根据、对方当事人的异议、仲裁庭的决定等。[50]

关于证人，当事人可以会见想要传唤到庭的证人（在部分地区，审理时禁止事先与证人接触，规则4.3没有采用这一观点），仲裁庭可以要求证人事先提交陈述书（4.4条）。实务中，要求事先提交陈述书，通过主询问的简易化力求节省时间的例子很多。这些规定，从某种意义上说，与现行日本民事诉讼审判实务非常相似。

b 有关程序的会议与审理计划的确定

在国际商事仲裁中，迅速审理及其重要，为此，在程序的初始阶段，对于程序事项的决定及促使协议形成，制定审理计划是关键。在国际仲裁中，仲裁人、当事人以及当事人的代理人大多距离遥远，如果依照从前的日本民事诉讼法，程序问题再加上实体问题，召开梅雨季节式的听证会，由当事人本人亲自出席，是非常不讲究效力的方式。通过所适用的仲裁规则，通常针对仲裁申请书提交答辩书和反请求申请书，在仲裁庭成立阶段，迅速地召开程序会议,或者预备会议，磋商主要程序问题及审理时间表。召开这种会议不需要相关当事人亲自出席，最常见的方式为电话会议或视频会议。对于仲裁庭管辖权有争议（例如，纠纷是否包含在仲裁协议范围内，或者仲裁协议原当事人之外的人是否也涉及仲裁协议而成为
仲裁当事人等），需要召开听证会对其进行裁决时，这种先决问题 238

50 Alan Redfern & Martin Hunter with Nigel Blackay & Constantine Partasides, Law and Practice of International Commercial Arbitration, 4th ed., 6-77, at pp.301-302.

的听证会，一般以电话会议的形式召开1至2次的程序会议，当场针对程序（如，使用语言、配置翻译的安排与费用负担、审理场地、提交文件资料的要求等）及审理计划（书面主张、书面证据的提交时间、顺序、听证会召开时间和会期等）进行协商达成协议，未能达成协议的，当场或根据当事人的意见改日由仲裁庭作出决定，以程序令（Procedural Order）的形式，将确定的内容通知当事人。

ICC仲裁有一个审理范围书（Terms Reference，简称TOR)的独特制度，在程序的初期阶段，就仲裁庭管辖、当事人主张的概略、争执焦点、基本的程序事项（语言、准据法、仲裁地等），由仲裁员和双方当事人（代理人）协商后签名（ICC仲裁规则第18条）。在实务中，TOR是在程序的初期阶段签署的，在这个阶段，许多案件的争执焦点还没有充分展开。根据现行民诉法，准备程序之后，在整理好主张和书面证据的基础上，发现争执焦点有异议时，由于TOR的争执焦点清单一般都是暂时的，其后可以视进展情况追加和修改。

以书面提出意见的顺序，比如美国的诉讼，通常原告有最先和最后发言权，国际仲裁时，大多给予被申请人最后提交书面意见的机会。[51]不管哪一种，通常，除了仲裁申请书和答辩书（以及反对请求申请书）之外，与要求书面提交的预定表一致，申请人和被申请人相互交换意见各1至2回（例如，根据IBA证据规则，要求书面提交应在一定的期限内，由一方当事人提出要求，他方当事人在一定期限内异议答辩。没有异议的，在一定期限内开示。有异议

51 Donovan等，前引（注29）18页。

的，根据仲裁庭决定开示，从开示到一定期间（如，3个星期后）为止，接受文书开示的当事人，根据该文书完成其书面意见后提交，这个轮回，每个当事人2次），其后，1个星期至3个星期左右，进行集中听证会，这是一个典型的轮回过程。对于复杂的案件提交书面意见时，还要提交许多书证、陈述书以及专家证人的鉴定意见书（除了技术项目，还有法律问题的鉴定意见等），笔录可能会非常庞大，时间上大致从仲裁庭组成开始数月至半年左右，对证人证言进行采信，召开听证会。通常，听证会只集中召开1次。需要长时间进行调查取证的美国诉讼，比日本旧民诉法下梅雨季节式的掺杂辩论的拖拉听证会，能尽早开始并结束证人证言采信阶段。 239

c 集中听证

现代国际商事仲裁中的集中听证，通常比现行的日本民事诉讼法的“集中审理”的集中程度更高。日本现行的民事诉讼法，证人调查需一整天时间数人并行，这比起从前拖拖拉拉1至2个月，每次花半天或几个小时，每个人分别证人调查，有时主要证人询问超时，1个月后再进行反驳询问等，可以说是超级集中了。[52]由于法庭不方便，民事案件连日开庭有困难，无法集中1天进行证据调查，只好安排一个月以后，这也是实情。但是，国际商事仲裁原则上要求连日（有时星期六和星期日）进行听证，1至3个星期左右结束。

听证会，如果像美国诉讼那样，与其对不知情的陪审员逐一耐心说明的开场陈述，还不如对已经阅读了记录并掌握了争执焦点概要的仲裁员，使用Power Point等，简明扼要地说明重要证据，梳

52　根据笔者经验，1天调查5名证人，当日审结的民事诉讼事例是有的，这是因为，事先认真整理好争执要点，提前提交陈述书，这样主询问15分钟、最重要证人30分钟，可以达到时间的有效利用。

理好请求事项，使会议进程简单明了，第一天就可以进入证人询问程序。陈述书及专家证人的鉴定意见书，通常需要事先提交，虽然在听证会上也可以出示一定程度的文件资料，但是一般在听证会现场，原则上不允许提交事先没有向对方及仲裁庭出示的书面证据，所以主询问很快就结束了。然后，进行反询问和再主询问，由仲裁庭作简略的摘要结束。关于专家证人，按照大陆法的观点认为，应该由法院或仲裁庭选任中立的专家；而普通法则认为，应该由各方
240 当事人选任，经过听证会的反询问增加可信度。[53]在国际仲裁中，各方当事人传唤专家证人的情况比较多，仲裁庭往往提前召开会议与专家证人尽量达成合意，集中审理有争执的问题。以质证及专家会议的方式，一次性对多名专家证人进行调查取证，按照案件的性质不同提高办案率。[54]

经过如上所述的连日的审理，头一天进行的证人询问的结果往往对日后进行的证人询问的内容发生很大的影响，不像日本民事诉讼法那样，完成证人笔录需花费两星期至一个月，很不方便。采用速记，并且在各仲裁员和代理人眼前的电脑显示屏上，即时呈现速记内容,询问当中也可以通过关键词检索之前的证言内容，而且当日就可以得到速记草稿（虽说是草稿但准确度很高）以便为第二天

53　然而，在这种情况下，专家证人终究是独立于当事人的持有中立立场的人，当然不能以成果增加报酬，一般都是根据花费的时间收取报酬。

54　关于 Witness Conferencing，Redfern & Hunter，前引（注 50）312—313 页。根据日本国际仲裁时的 7 名证人、专家证人，Witness Conferencing 的具体例子，参见笔者的会议报告：Hiroyuki Tezuka, Effective Techniques for an Efficient Arbitration-Recent Developments in Japan, The Malaysian Institute of Arbitrators Regional Initiatives an Development, 22nd & 23rd June 2007, Kuala Lumpu。

询问做好准备。这种英文速记人，几年前在日本很难找到，只好花大价钱从中国香港地区、关岛、加利福尼亚等地招聘，但现在的日本已经有提供这一服务的公司了。

集中审理的最后大多要进行终结辩论（Closing Argument），对于复杂的案件，可能要预留几个星期左右的时间，所以大多都不进
行结案陈词，而是提交庭后简述（Post Hearing Brief），这有利于仲 241
裁庭详细查阅询问笔录提出最后的书面意见，也可抓紧准备第二天最后的证人调查时的终结口头辩论，更有益于起草仲裁裁决。

2. 法院的干预

国际商事仲裁公认的仲裁地有瑞士、法国、英国、新加坡和中国香港地区等，哪一个都有现代化的仲裁法，不但有经验的仲裁员的资源丰富，而且法院实行支持仲裁原则"pro-arbitration"，这些法院的共同特色是对仲裁相关事宜可以进行迅速且确切地裁定。关于国际仲裁，在极力控制法院介入的同时，证据调查等方面，还需要法院迅速且充分的协助，因此中国香港地区、[55]新加坡[56]等法院专门设置了集中处理有关仲裁案件的法官。

日本的状况是，从旧法时代，从法院整体来看，对仲裁还是亲
善的，虽然没有明文规定，但承认了仲裁协议分离的可能性。[57]引 242
进新仲裁法时，日本的法院充分地认识到其重要性，也是控制法院

55　Neil Kaplan, An update on the Adoption and Interpretation of the UNCITRAL Law on Arbitration in the Asia Pacific Region: *Hong Kong's Perspective*, Report at the IBA Conference in Auckland 2004, at paragraph 19.

56　Christopher Lau. (2006) Arbitration World, 2nd ed. Singapore, European Lawyer, p.317.

57　最判昭和50・7・15民集29卷6号1061页。

的介入，但必要时也会不惜一切给予协助，且全力以赴地迅速裁定。[58]没有像中国香港地区和新加坡那样设置仲裁专家型法官，是考虑到日本仲裁方面的判例还不多，还没有必要立即设置仲裁专家型法官。日本的法官善于学习，相信无论哪一位法官都会作出迅速且对仲裁有利的裁定的。日本法院对仲裁的亲善态度就是最好的对外宣传，可以考虑指定地方级别法院的负责部门[59]担任仲裁方面的案件。

亚洲各国或地区纷纷采纳了示范法，[60]即使仲裁法的内容是同一的，仲裁规则是同一的，仲裁员是同一的，根据仲裁地的法院是否清廉洁白，是否拥有具有才能的法官，能否对仲裁相关案件迅速公正地裁决等，仲裁地的魅力也大相径庭。

手塚裕之／律师

58　根据最高法院事务总局民事局的照会，自新仲裁法施行（2004年3月）至2006年7月的统计数值，新受理案件27件，其中，申请执行决定案件14件，申请仲裁员选任案件1件，申请撤销仲裁裁决案件4件，申请裁决仲裁裁决权限有无案件5件，申请仲裁裁决书送达案件1件，申请书面送达案件1件，申请证人询问案件1件。另外，关于申请执行决定案件，作出容许决定所需时间，一般申请后，大约1至3个月，由法院作出决定。

59　例如，东京地裁大阪地裁的各商事部等。

60　中国香港地区、新加坡、韩国、印度、孟加拉国、马拉西亚、柬埔寨等。

第十章　国际倒产——要点及没有法律条文规定的两个问题

道垣内正人

日本的国际倒产法制通过近年来的一系列修改，已经由属地主义转换为普及主义。本文在整理日本新的国际倒产规则的同时，研讨没有法律条文规定的两个问题。结论是：第一，既然法人被认为是主权的产物，那么就不能进行以外国法人为对象的包括组织变更的更生程序和再生程序，相反，也不能承认针对日本法人进行这类的外国倒产处理程序；第二，日本的倒产实体法规定大多是作为绝对强制性法律规范，无论个别的商事交易准据法如何，都要按照日本倒产相关法的规定发生效力。

246

一、序言

日本的国际倒产法*制长期奉行严格的属地主义，在日本国内进行的倒产程序对外国不具有法律效力，同时，在外国进行的倒产程序对日本也不发生效力。[1]可是，实际上，经济活动已经国际化，债务人的资产分散到多个国家，倒产案件中开始出现外国企业债权人，倒产案件已经超越国境，呈现出不同的法律关系。但是，只有这部倒产法仍然维持“闭关锁国”状态的话，假如公司更生程序中的船舶公司的船只，虽然已经作为个别执行的对象，却在倒产程序效力涉及不到的外国港口，债权人的平等就这么轻易地受到了践踏。因此，学界在研究各个国家的立法例的基础上，还深入地研究了缓和属地主义的解释论，[2]剖析每个倒产

---

* 译者注：日本的倒产法，是指破产法、公司更生法、民事再生法等与破产相关的法律体系。本文的中文翻译将按照原文的意义，区别使用倒产法和破产法。

1 平成12年（2000年）法律第128号修改前的破产法第3条规定，“于日本宣告的破产，只就破产人在日本的财产有其效力”（第1款），“于外国宣告的破产，对于破产人在日本的财产无其效力”，公司更生法第4条1款和2款也有同样的规定。

2 代表性论述请参考：竹内康二「国際倒産への試論——属地主義、国際破産管轄を中心として」法学志林76巻2号（1978年）45頁，青山善充「倒産手続における属地主義の再検討」民事訴訟雑誌25号（1979年）125頁，谷口安平「倒産手続と在外財産の差押え」『手続法の理論と実践（下）』（1981年）578—592頁，青山善充「倒産手続における外国人の地位」『新・実務民事訴訟講座7巻』（日本評論社、1982年）267頁。

事例[3]，同时，国内外强烈呼吁通过立法彻底修改国际倒产规则。[4]继1996年的日本民事诉讼法修改（1998年实施），在1999年至2004年期间，全面进行了倒产法的修改，参考各国的立法例、联合国国际贸易法委员会的《国际破产示范法》，进行了国际倒产法制的重建。 247

3　牛島信「札幌トヨペットの倒産事件にみる会社更生手続の国際化」NBL259号11頁、261号54頁、266号66頁、270号40頁、273号38頁、275号22頁（1983—984年），松田安正「海運更生会社所有船舶の外国における差押え」海事法研究会誌73号（1986年）1頁，三宅省三「大沢商会・会社更生事件にみる国際倒産とその対応」債権管理2号4頁、3号10頁、4号8頁（1988年）,小林秀之「BCCI事件と国際倒産法」金融法務事情1305号（1991年）9頁，小林秀之＝薮口康夫「親子会社の国際倒産とBCCI事件のその後——多国間倒産とプーリング・システム」金融法務事情1398号（1995年）18頁，小杉丈夫「国際倒産と管財人業務」同『法律業務の国際化』（1995年）246頁，座談会「国際倒産と証券取引——ベアリングズ事件を契機として」金融法務事情1427号（1995年）17頁，坂井秀行「マルコーに関する国際倒産事件について」『現代倒産法・会社法をめぐる諸問題』（1995年）133頁，原田進安「戦後第一の大型国際の再建例——三光汽船グループの場合」金融法務事情1367号（1993年）61頁，小杉丈夫「国際倒産実務の現状と問題点」金融法務事情1475号（1997年）102頁，中島健仁「マルコー事件」金融商事判例1112号（2001年）35頁，池内雅利「ヤオハン事件」同41頁，宮崎誠「三田工業事件」同48頁，相澤光江「山一証券の倒産と国際倒産法の改正」同56頁など参照。

4　来自国内的呼吁，请参考：竹下守夫『国際倒産』（商事法務、1991年），竹内康二『国際倒産法の構築と展望』（成文堂、1995年），山本和彦「国際倒産の立法論的課題」ジュリスト1111号（1997年）40頁等。还有，特别是关于国际金融倒产方面，请参考：石黒一憲『国際金融倒産』（経済法令研究会、1995年），森下哲郎「国際的銀行倒産に関する法的一考察(1)～(19)」国際商事法務23巻12号～26巻4号（1995—1998）等。来自国外的呼吁，请参考本文提到的UNCITRAL的国际倒产示范法的制作过程中，日本国际倒产法制存在的问题时常被诟病［山本，后注（注8）前言2页］。

本文在第二部分中，先概观日本国际倒产法制的全貌，然后讨论法律条文中没有明确规定的两个问题。在第三部分中，我们将讨论案件的管辖界限，在日本倒产处理程序中，债务人为外国法人时，如何界定？相反，在外国倒产处理程序中，日本法人如何界定？这个问题关系到法人制度在国际私法和国际民事程序法上的定位，进而关系到国家主权的界限。在第四部分中，我们要讨论，在日本法院进行国际倒产程序的过程中所遇到的倒产实体法的准据法问题。如何评价在倒产实体法规定中所体现的超强法政策性倾向，还有待进一步研究。

二、日本国际倒产法制的概观

1. 国际多数倒产主义和附条件的普及主义

国际倒产法制的理想境地是，制定一个公约，由世界各国签署：一个倒产案件，国际上只承认一个倒产程序（国际单一倒产主义），依照同一个标准处理所有资产，其程序效力理所当然地涉及全世界（无条件普及主义），就是指在国内进行的程序可以扩展到全世界。但是，现实中，各个国家都不会对自己国内的弱小债权人的保护漠不关心，都会对将国内有价值的资产交给外国倒产程序而犹豫不决，重整型倒产处理与社会政策紧密相连，由于各国的社会政策不同，即使制定了合理的公约，也无法避免非缔约国的存在，因此，这个理想恐怕难以实现。

于是，目前有两个选项：将现实可行的规则制定成公约，在一定范围的国家之间内发生法律效力，[5]或者分别作为各个国家的国内法，设置国际倒产的相应规则。[6]一般倾向于国际多数倒产主义且附条件的普及主义，日本的国际倒产法制也属于这种倾向。

日本国际倒产法制的完善，从时间序列看，面向中小企业的重 248
整型程序（民事再生法）先行，因此最初的调整国际倒产管辖和外国倒产程序的规定仅限于民事再生程序，现如今破产法、民事再生法和公司更生法的立法工作已经完成[7]，关于国际倒产案件，除了确定倒产实体法的准据法问题需要全部交由法律解释（参第四部分）以外，关于程序问题，在日本进行的倒产处理程序（包括外国倒产

5　关于欧洲公约的制定，参见：霜島甲一「ヨーロッパ共同体：破産・和議および類似の手続に関する条約草案（翻訳）」法学志林77巻3号（1980年）1頁，野村秀敏「ドイツ＝オーストリア破産条約試案」成城法学28号（1988年)207頁，貝瀬幸雄『国際倒産法序説』(東京大学出版会、1989年)，道垣内正人＝松下淳一「ヨーロッパ評議会の国際破産条約（1990年）——翻訳と解説（上）（下）」NBL号13頁、485号52頁（1991年)，高木新次郎「ヨーロッパ連合倒産条約の調印段階での修正」国際商事法務24巻1号（1996年）89頁，貝瀬幸雄『ヨーロッパ連合倒産条約の研究』(商事法務、2000年)，同「EUの金融機関国際倒産法制——比較法学の観点から」金融研究2006年11月号97頁等。

6　关于各国的国际倒产法制，参见：高木新次郎『米国新倒産法概説』(商事法務、1984年）44頁，高木新次郎「外国倒産手続の効力に関する米国の判例」ジュリスト870号（1986年）79頁，高木新次郎「先駆的役割を果たすと思われる国際倒産手続に関するスイスの新法案」法律実務研究1号（1986　年）185頁，三上威彦「ドイツ連邦共和国倒産法改正法参事官草案について——内容の概略と草案の仮訳」法学研究64巻8号（1991年)53頁，ハンス・ハニッシュ(出口雅久訳)「ドイツにおける判例および立法による国際倒産法の改正」法律時報65巻2号（1993年）66頁，高木新次郎『アメリカ連邦倒産法』(商事法務、1996年)437頁等。

7　本文仅以这三部法律和关于外国倒产处理程序的承认协助的法律为研究对象。

处理程序相关问题）以及外国倒产处理程序的承认协助，这两方面都设置了相当[8]详细的规定。

另外，由于篇幅有限，以下引用的条文简略为，破产法=破、民事再生法=再、公司更生法=更、关于承认协助外国倒产处理程序的法律=承。

2.日本国际倒产法制的要点

下面，让我们一起概观日本国际倒产法制的全貌，[9]为了便于理解，以下分为三个层面：a.日本国际倒产案件的倒产处理程序；b.外国倒产处理程序的协助以及日本财产管理人的参与；c.外国倒产处理程序的承认及协助。

a 日本法院关于国际倒产案件的处理程序

要点

日本法院对于国际倒产案件的处理程序，要点如下：

①国际倒产管辖（直接、土地管辖）

关于破产、民事再生案件，债务人在日本国内拥有营业场所、

---

8 关于承认协助法，一般参见：深山卓也『新しい国際倒産法制』（きんざい、2001年），山本和彦『国際倒産法制』（商事法務、2002年）。另外，至今为止，至少已经有，承认香港高等法院的倒产处理程序、承认管理人命其管理的东京地决平成15・11・11［官报2003年11月25日（3738号）24页］，承认夏威夷联邦法院的倒产处理程序，禁止强制执行的东京地决平成18・2・3（官报2006年2月16日（4278号）27页）。关于前者的解说，参见：松下淳一・国際私法判例百選（新法対応補正版）210頁。

9 从实务的视角俯瞰国际倒产法制的全貌，参见：桃尾重明『新国際倒産法の実務』（日本法令、2001年）。

住所、居所或者财产时，[10]日本的法院具有管辖权（破4条1款，再4条1款），关于公司更生案件，股份公司只要在日本国内拥有营业场所的，日本法院就有管辖权，仅为财产的所在地并不能开始程序 249
（更4条）。

②外国人的地位

外国人或者外国法人与日本人或者日本法人享有同等的地位（破3条，再3条，更3条）。

③程序开始原因的推定

对债务人、再生债务人、股份公司而言，如果在国外已经开始倒产处理程序的，则推定具备了日本破产程序的开始原因（破17条，再208条，更243条）。[11]

④外国管理人提出程序开始的申请

外国管理人[12]可以针对债务人、再生债务人、股份公司提出开

10　根据民事诉讼法的规定，可以提起诉讼请求的债权，视为债权在日本国内（破4条2款，再4条2款，更4条2款）。因此，依据仲裁条款或外国法院为专属管辖条款，即使债务人的普通诉讼地在日本，由于不符合该规定的条件，也被视为没有倒产处理案件的国际诉讼管辖权。但是，如果发生了这样的情形，也可以采取债权的扣押措施，如此操作从立法论的视角是否妥当，还有进一步研究的余地。另外，关于国际诉讼管辖，到目前为止，还没有明文规定，即使是立法也未必能全面地明确地规定，因此，应该研究引进更明确的基准，例如，在日本国内可以执行扣押命令的债务人的财产，如果视为在日本的规定，那么对于那些包含知识产权等的财产也可以应对。

11　根据破17条，如果在国外已经开始与破产程序相当的程序，就推定具备了破产程序开始的原因，根据再208条、更243条，在国外已经开始与更生或者民事再生程序相当的程序，就推定存在构成民事再生、公司更生程序开始原因的事实。

12　外国管理人的资格，依据受到外国倒产处理程序系属法院认证的文件，且须附有译文证明（破产规则72条，民事再生规则105条，公司更生规则58条）。

始破产、民事再生、公司更生程序的申请（破246条1款，再209条1款，更244条1款）。[13][14]外国管理人提出申请时，必须向日本法院告知特定事项（破246条4款，再209条4款，更244条4款）。[15]

⑤有关破产程序登记的委托

外国法人被宣告破产时，法院书记官应从速委托外国法人各营
250 业所或事务所的登记机关，就破产、再生程序的开始进行登记。债务人为外国法人时的登记事项：外国公司在日本的代表人名称（限于在日本有住所的人）与住所（在日本设立了营业所的外国公司为该营业所所在地）（破257条3款，再11条1款）。[16]同样，法院书记官对于更生程序开始的登记，更生公司的总部设在外国时，应委托日本的营业所在地的登记机关（更258条1款）。[17]

⑥破产财团的范围

对于债务人所拥有的一切财产，破产管理人有全权的管理、处分权。对于再生债务人的财产在再生程序开始后，再生债务人仍然有全权的管理、处分权。对于更生公司的财产，更生管理人有全权

13　外国管理人提出民事再生、公司更生程序开始的申请，仅限于可能会发生构成破产程序开始原因的事实的情况下（再21条1款前段，更17条1款1项），即，债务人不能清偿到期债务也不会对其营业的继续带来明显障碍（再21条1款后段），或者，清偿到期债务可能会对其营业的继续带来明显障碍的（更17条1款2项），就显得事实不够充分（再209条1款，更244条1款）。

14　外国管理人拟定再生、更生计划方案，并提交给日本法院（在209条3款，更244条3款）。

15　在发出全面禁止令，作出破产、再生程序开始裁定等的情况下。

16　这是指，关于一般社团法人和一般财团法人的法律实施日［平成20年（2008年）12月1日］以后所规定的情况。

17　保全管理命令、监督命令的登记，以及更生公司的登记机关与恢复权限的登记亦同（更258条1款的括号内容、4款，259条1款）。

的管理、处分权。[18]以上所指的财产所在地不管是在日本国内还是国外（破34条1款、78条1款，再38条1款，更72条1款）。[19]因此，只要是破产财产，破产管理人就必须对世界范围内的财产进行管理（破79条），[20]并负有善良管理人应尽的注意义务（破85条）。[21]

⑦在外国受偿的破产债权人的处理

日本倒产处理程序开始之后，债权人对于债务人在国外的财产 251
有受偿的权利，[22]对于其受偿之前的债权额，可以参加在日本进行的程序。但是，其他同顺位的债权人受到与自己所受清偿相同比例的分配额后，才能请求分配，或者对已受偿部分的债权，不得行使表决权（破109条，142条2款，201条4款，再89条，更137条）。[23]

18　一般而言，破产财团包括什么性质的财产，由日本法规定，具体财产是否具有其性质，由其财产的准据法决定。关于这一点，请参见：神前祯「倒産財団の範囲」NBL650号（1988年）13頁。

19　法院作出管理命令后，财产处分权专属于保全管理人，不管该财产是否在日本国内（破93条1款，再81条1款，更32条1款）。另外，专属法院指定的再生债务人因管理和处分不当等的管理命令，专属法院指定的管理人（再66条）。再66条、81条1款的“财产”包括外国财产，在该法第38条1款括弧内容中有规定。还有，专属于承认管理人的权限为“债务人在日本国内的业务”（承34条）。

20　再72条、更73条是相关规定，同时，承认管理人、保全管理人也应该“着手管理债务人在日本国内的业务及财产”（承42条、55条1款）。

21　再60条、63条、78条、83条1款，更34条、80条是相关规定。

22　已经在外国受偿的，应该通知管理人等（破产规则30条，民事再生规则28条，公司更生规则35条）。

23　此外，当债权人在国外的受偿额度超过在日本应得到的额度时，其超额是否应该作为不当得利在日本交出呢？对此，存有两种对立的观点。应该交出的观点，参见：山本，前引（注8）151页。在国外的清偿如果是任意清偿的话，虽然是不当得利，但是，因外国诉讼的得到的回收资金不应该交出，参见：道垣内正人「国際倒産における債権者平等」金融商事判例1112号（2001年）115頁。

⑧外国管理人的协助

日本管理人，[24]在破产人存在外国倒产程序的情形时，[25]为了日本的倒产处理程序顺利进行，可以请求外国管理人提供必要的协助并提供信息（破245条1款，再207条1款，更242条1款）。

⑨外国管理人出席债权人集会等

外国管理人可以出席日本倒产处理程序的债权人集会并陈述意见（破246条3款，再209条2款，更244条2款）。

⑩外国管理人代理债权人的程序参加

外国管理人可以代理参加了该外国倒产程序而没有参加日本倒产程序的债权人，在外国法允许的情况下，[26]参加日本的程序（破247条1款，再210条，更245条）。[27]

24　在民事再生法的适用中，未选任管理人的情形是指再生债务人，选任管理人的情形是指管理人（再2条2项）。

25　根据破245条1款，再207条1款，更242条1款的各个括号内容，可以请求协助是指发生“相当于破产程序或再生程序”的外国倒产处理程序的情形时，与承认协助法2条1款1项将外国倒产处理程序的定义为，“相当于破产程序、再生程序、更生程序特别清算程序的情形”的定义有所不同。但是，破产法等的规定是指清算型和重整型双方的倒产处理程序，并没有排除“更生程序”（花村良一『民事再生法要説』（商事法務、2000年）31、537頁。深山、前引（注8）36页，山本，前引（注8）25页）。

26　关于这一点的证明，参见前引（注12）。

27　管理人必须向申报的债权人通报已经参加了外国倒产处理程序，另外，申报的债权人在参加外国倒产处理程序后也要通报管理人（破产规则73条，民事再生规则106条，公司更生规则58条2款、3款）。此外，根据石黑一宪「国際課税と抵触法（国際私法）（中-23）」貿易と関税2007年8月号78頁，关于外国租税债权，不能承认外国管理人的代理权限。

⑪国外犯

对于日本法所规定的犯罪，同样适用于在日本境外触犯该规定 252
的犯罪人（破276条，再264条，更274条）。[28]

关于管辖

a需要注意的是，在①中，明确破产、民事再生案件审判的直接管辖，与日本承认外国倒产程序的要件的间接管辖（后述c②）之间的差异，即，作为直接管辖只要是债务人的财产所在地就可以，而作为间接管辖仅此还不够，还需要债务人的住所等所在地国的程序。另外，公司更生案件的直接管辖，只有财产所在地还不够，还应该在日本国内有营业场所。[29]并且，即使外国倒产程序系属同一债务人，也并不禁止在日本进行倒产程序（允许并行倒产管辖）。[30]

28　具体规定如下：财产隐匿等罪（破265条、再255条、更266条）、债务人为特定债权人提供担保等罪（破266条、再256条、更267条）、账簿隐匿等罪（破270条、再259条、更270条）等债务人以侵害全部或一部分债权人为目的的犯罪。关于管理人等的职务妨碍等罪（破272条、再260条、更271条）和贿赂等罪（破274条、再262条、更273条），无论国际如何，按照国外犯处罚。关于管理人等的特别渎职、受贿等罪［破267条，273条（排除5款），再257条、261条（排除5款）、268条、272条（排除5款）］，由日本法院处罚选任的管财人等的国外犯。关于在债权人会议期间行使表决权时的受贿罪（破273条5款、再261条5款、更272条5款），无论国际如何，按照国外犯处罚。

29　同为重整型程序的民事再生法和公司更生法的国际管辖的原因却有所不同，这是因为，①更生程序的国内管辖为主营业所或总店，②公司更生时，担保权程序等对债权人的利益，伴随着更大的影响，③甚至会影响到股份公司的组织结构，至少没有营业所就不能期待有切实可行的更生计划［山本，前引（注8）138、410页］。

30　承认援助法59条1款2项、60条2款，承认并行国内倒产处理程序，参见：深山，前引（注8）384页，山本，前引（注8）19页。

基于债务人在日本国内有主要营业所等要件来确定日本有管辖权（主程序），与非基于日本国内有主要营业所等要件日本也具有管辖权（从程序）之间，通常可以采取设定倒产程序效力等级的
253 法政策，但是日本法没有采取这样的政策，而是一律承认其域外效力（a⑥）。这是因为，在日本进行从程序时，并不限于主程序全部在外国进行，也可能进行根据承认协助法承认的外国从程序（后述c②），从彼此平衡的角度，没有必要制约日本从程序的效力。[31]

破4条、再4条、更4条的条文标题都是写着“……案件的管辖”。[32]但是，从与上述各个法律第6条的关系来看，应该理解为，第4条不是关于管辖的规定，而是针对申请条件之一的规定。因为上述各个法律第6条规定“本法所规定的法院管辖为专属管辖”。如果将第4条作为管辖规定（第6条为专属管辖规定）来理解的话，根据承认协助法，破产的直接管辖不是根据债务人在日本的主要营业所等，而是在进行外国倒产程序的国家有主要营业所等的情况下（主程序在外国），很有可能承认外国为主程序所在地（承认协助法57条2款），因此，上述各个法律第4条与承认协助法的规定发生矛盾。如果将上述各个法律第6条的“管辖”理解为第5条规定的国内法院管辖的话，所有的矛盾就迎刃而解了。

关于外国人的地位

关于a②，正如民法第3条2款、35条2款[33]所规定的那样，本来

31　参见深山，前引（注8）372页。

32　例如，伊藤真等编『新注釈民事再生法（上）』15頁〔花村良一〕（きんざい、2006年），说明了民事再生法第4条规定的国际倒产管辖。

33　关于一般社团法人和一般财团法人的法律的施行日［平成20年（2008年）12月1日施行］之前为止，民法第36条2款（内容相同）。

不需要重复规定，但是，根据旧破产法［大正11年（1923年）法律第71号］第2条但书、和议法（同年法律第72号）第11条但书，以相互主义为条件[34]，就意味着无条件的平等主义。况且，公司更生 254
法从制定最初开始［昭和27年（1952年）法律第172号］就采用了无条件平等主义。

关于普及主义

a⑥・⑦・⑧以日本的倒产程序涉及世界各国（普及主义）为前提，a⑨・⑩赋予外国倒产处理程序一定的效力。虽然没有明文规定普及主义，但是删除了日本倒产程序不涉及国外，且国外的倒产程序不涉及日本的属地主义的规定，[35]特别是⑥的规定更为显著。但是，所谓日本的倒产处理程序涉及世界各国，并不是说不要求他国承认日本的程序，而是指，从日本的角度出发，以普及主义为前提设立倒产法制。此外，根据⑥，管理人负责处理的事务范围遍及全世界，接受法院的监督，只要尽到善良管理义务即可，如果回收外国财产的成本大于回收财产的价值的话，也可以放弃回收财产。[36]

b 外国倒产程序的协助和日本管理人的参加

要点

关于外国倒产程序的协助和日本管理人的参加的要点如下：

①与外国管理人的合作

破产人存在外国倒产程序的情形时，日本的管理人为了破产程

34　相关规定："但是，只限于依其本国法律，日本人或日本法人有同一地位的情形"。

35　参见前引（注1）引用的条文。

36　深山，前引（注8）376页。

序顺利进行，应该向外国管理人提供必要的信息和帮助（破245条2款，再207条2款，更242条3款）。

255 ②管理人代表债权人参加外国倒产程序

日本的管理人可以代理参加了日本的倒产处理程序而未在外国倒产程序提出申请的债权人，[37]参加该外国倒产处理程序，在这种情况下，日本管理人可以代理债权人处理该外国倒产程序的一切事务。但是，诸如撤回申请、进行和解及其他有关债权人利害关系的事项，须经债权人授权（破247条2款、3款，再210条2款、3款，更245条2款、3款）。

关于积极协助义务

b①是对应国内倒产程序而采取的相同措施（a⑧），只是国内和国外程序相转换的另一个层面而已。

这里所说的"协助"是指，与日本是否承认外国倒产程序无关。对此，后述c涉及的外国倒产程序的"承认"是指，将承认协助外国破产处理作为根据（承2条1款5项），要想"协助"外国破产程序，就要具备该外国破产处理程序所需的要件，所需要件是确定承认的先决条件。

关于管理人代表债权人参加外国倒产程序

b②也是对应国内倒产程序而采取的相同措施（a⑩），只是国内和国外程序相转换的另一个侧面而已。而且，日本法规定，外国管理人代理特定的债权人参加日本的程序，"在该外国法允许的情况下"，同样，给日本管理人授予法定代理权时，也要符合日

37 根据民事再生规则106条1款，没有选任管理人时，请求提交，再生债务人的业务运营和财产管理及处分的权利属于再生债务人的证明文件。此外，与租税债权的关系，参见石黑，前引（注27）同页。

本法。

另外，关于国内倒产程序，虽然规定了外国管理人提出程序开始申请（a④）和外国管理人出席债权人集会等（a⑨），但是，是否承认这些事项应该由外国倒产程序规定，日本法中没有设置规定。而且，承认日本管理人在外国倒产程序中进行的这些事项，依日本法是否可以，只能遵照管理人的善管注意义务进行判断（破85条，再60条，更80条）。

c 外国倒产处理程序的承认和协助

要点 256

关于外国倒产处理程序的承认和协助，承认协助法进行了详细的规定，要点如下（以下条文皆引自承认协助法）：

①承认申请人

可以申请承认外国倒产处理程序的，有外国管理人时为外国管理人，无外国管理人时为债务人（2条1款8项，17条1款）。

②申请承认的要件（间接管辖）

可以申请承认外国倒产处理程序的要件为，债务人在该申请外国倒产处理程序的国家有住所、居所、营业所或者事务所（17条1款）。

③承认要件

申请承认外国倒产处理程序时，如有以下情形之一的，日本法院可以驳回。

（i）没有缴纳承认协助程序的费用时（21条1项）；

（ii）根据该外国法已明确其效力不及于债务人在日本的财产时（21条2项）；

（iii）对外国倒产处理程序的协助，有悖于日本的公序良俗时

（21条3项）;

（iv）对外国倒产处理程序显然没有进行协助的必要时（第21条4项）;

（v）外国管理人等未依日本法院的指示报告外国倒产处理程序的进度及其他事项，违反报告义务时（21条5项），但是，其违反程度轻微时不在此限（21条5项）;

（vi）提出申请显然是基于不真实或不正当的目的时（21条6项）;

（vii）就同一债务人如果同时进行承认协助程序和日本国内倒产处理程序时，原则上以日本国内的破产程序为先，但是，满足以下三个条件的除外（57条1款）:

· 承认外国倒产处理程序为外国主程序（同款1项）;[38]

257 · 承认外国倒产程序符合债权人的一般利益（同款2项）;

· 承认外国倒产程序并不会不当地侵害日本国内的债权人的利益（同款3项）。

（viii）已经承认的外国倒产程序的同一债务人，又有其他外国倒产程序承认协助程序，该当以下之一时（62条1款）:

· 其他承认协助外国倒产程序为外国主程序（同款1项）;[39]

· 该承认协助外国倒产程序为外国从程序，[40]且其承认外国倒产程序不符合债权人的一般利益时（同款2项）。

---

38 外国主程序是指“在其主营业所（或者个人的住所或者团体的主事务所）申请的外国倒产处理程序（承2条1款2项）。

39 同上。

40 外国主程序以外的程序为从程序（承2条1款3项）。

④承认的决定

经审核该外国倒产处理程序如果符合了②的要件，并且不该当③的任何一项的话，日本法院即可作出承认外国倒产处理程序的裁定（22条1款），从裁定之时发生效力（同条2款）。

⑤公告等

日本法院即刻公告④所裁定的内容，同时送达外国管理人及相关当事人（23条）。

⑥其他程序的中止命令等

为了达到承认协助外国倒产程序的目的，日本法院认为必要时，可以命令中止针对债务人的日本国内财产进行强制执行、假扣押和假处分程序；可以中止与债务人相关财产进行的诉讼程序及行政程序（25条1款）。

⑥禁止处分及清偿等保全处分

为了达到承认协助外国倒产程序的目的，日本法院认为必要时，可以命令禁止债务人处分或清偿在日本国内的相关业务及财产等保全处分（26条1款）。

⑧担保权执行程序等的中止命令

日本法院判断符合债权人的一般利益，且拍卖申请人等未受到不当损害的，在一定期限内，可以命令中止正在进行的针对债务人财产的担保权等的执行程序（27条1款）。 258

⑨禁止强制执行等命令

为了达到承认协助外国倒产程序的目的，日本法院认为必要时，可以对全体债权人发出命令，禁止对债务人的财产进行强制执行等（28条1款）。

⑩债务人对国内财产的处分与向国外转移等的许可

日本法院在发出上述国内倒产处理程序的中止命令和外国从程序的承认协助程序的中止命令的任何一项命令后，诸如，其他程序的中止命令等（⑥）、禁止处分与清偿等保全处分（⑦）、命令中止担保权的行使程序等（⑧）、命令禁止强制执行等程序（⑨），日本法院认为必要时，债务人行使对日本国内财产的处分或向国外转移以及其他法院所指定的行为时，必须取得法院的许可（31条1款）。能够得到许可的仅限于在日本国内不会给债权人的利益造成不当损害的情况（同条2款）。

⑪ 管理命令

为了达到承认协助外国倒产程序的目的，日本法院认为必要时，可以责令被承认财产管理人管理和处分债务人在日本国内的业务及财产（32条1款）。

⑫ 保全管理命令

日本法院为了达到承认协助程序的目的，认为特别必要时，可以责令保全管理人管理和处分债务人在日本国内的业务和财产（51条1款）。

⑬ 国内倒产处理程序的中止命令

针对同一债务人，同时进行承认协助程序和日本国内倒产程序时，如果符合上述③（vii）的要件，在裁定承认协助外国倒产处理程序时，[41]应责令中止该国内倒产处理程序（57条2款）。[42]

41　即使在作出该承认裁定之前，承认协助程序的系属法院认为有必要时，也可能判令中止国内倒产处理程序。

42　国内倒产程序同时或事后发生，均会发生中止的效果（承59条1款1项、60条1款）。相反，缺少③（vii）的任何一个要件的，系属法院都必须作出中止承认协助程序的裁定（承59条1款2项、60条2项）。

⑭ 外国从程序的承认协助程序的终止

已经裁定承认的同一债务人，虽然同时发生另一个外国倒产处理程序的承认协助程序，由于不符合上述③（viii）要件中的任何一项，且已经做出新的承认外国倒产处理程序的裁定时，[43]其他外国 259
倒产处理程序（外国从程序）的承认协助程序中止（62条2款）。

⑮ 国外犯

对于日本法规定的犯罪，在日本境外触犯该规定的，犯罪人同罚（70条）。

外国主程序与外国从程序的区别

如c②所述，日本所承认的外国倒产程序，除了在债务人的主要营业所（或者个人的住所以及团体的主要事务所）的所在国申请的外国倒产程序"外国主程序"，还有在债务人的住所、居所、营业所或者事务所的所在国申请的外国倒产程序，都可以取得日本法院的承认。[44]但是，外国主程序和从程序有所不同。

首先，关于外国主程序，即使裁定的国内倒产处理程序已经开始，只要具备一定的要件，且有承认外国倒产程序的裁定［c③（vii）］的情况下，国内倒产处理程序中止（c⑬）。同样，已经裁定承认外国倒产程序的同一债务人，又发生其他外国倒产处理程序（外国从程序）的承认程序时，由于有外国主程序的承认裁定在先［c③（viii）］，可以中止其他外国倒产处理程序（c⑭）。

其次，如果是外国从程序，就同一债务人裁定的国内倒产处理

43　即使在作出该承认裁定之前，承认协助程序的系属法院认为有必要时，可以判令中止外国从程序的承认协助程序（承63条1款）。

44　对此，关于直接管辖，也承认债务人的财产所在地国的管辖，参见二、2.a"关于管辖"。

程序已经开始，不管是主程序与否，都不予承认［c③（vii）]。同样，如果是外国从程序，就同一债务人，如果已经有外国主程序的承认协助程序，驳回承认申请。如果已经发生其他外国从程序的承认协助程序，在所申请中的外国从程序不符合债权人的一般利益的情况下，[45]当然也是不会被承认的［c③（viii）]。

再次，一般认为，外国主程序更适合倒产处理的整个程序，所以日本法院判断是否发出承认协助中止命令［c⑥至c⑩］的裁量方面，外国主程序优于外国从程序。

260 **关于承认决定**

民事诉讼法第118条关于外国法院判决的承认，采用自动承认制度，特别是即使未进行承认程序，只要具备承认要件，日本就会承认该外国判决的效力。对此，承认协助法规定，为了明确承认所发生效力的时点，需要有承认的裁定，从裁定之时发生效力（c④）。另外，所谓“发生效力”，并不是说日本也承认外国法所禁止的个别执行等的效力，[46]须经日本法院发出承认援助的命令后，才开始在日本发生效力。[47]

---

45 如果被承认的话，其他的外国从程序的承认援助程序中止（c⑭）。

46 松下，前引（注8）210页。保全管理命令的失效（51条1款），其他倒产处理程序与承认协助程序竞合的中止（59条1款，60条1款，62条1款）等的程序法上的效力［深山，前引（注8）146页］。此外，在承认协助法制定前的判例中，有自动承认外国管理人权限规则，对取消这一规则进行批判的观点，参见：石黑，前引（注27）81页。

47 因承认而当然生效的模式（UNCITRAL倒产示范法20条），各国倒产程序的效力有差别，如果承认的外国倒产处理程序的效力超出了赋予的范围，是不适当的，应该按照每个具体案件协助的处分、命令［深山，前引（注8）144页］。

三、管辖的界限——法律没有明文规定的问题之一

1.问题的所在

如上所述，在日本的倒产处理程序中，外国人或外国法人与日本人或日本法人享有同等地位，这个内外人平等原则是公正的体现。[48]的确，在外国人、外国法人作为债权人的情况下，这个规定是没有问题的，但是作为债务人时会如何呢？其营业所等在日本国内，如果土地管辖方面没有问题的话，[49]倒产程序还是可以开始的。使之服从倒产处理程序，就是将其作为主权（司法管辖权）的行使对象，那么，债务人与国籍的享有国或者设立准据法所属国的主权之间，很有可能会发生冲突。另外，即使不涉及主权问题，审判权的行使是否存在不适当？再则，日本的倒产法条文中，是否也有不适用于外国法人等的内容？ 261

另一方面，日本是否应该无条件地承认以日本人、日本法人为债务人的外国倒产处理程序，并根据承认协助法作出承认的裁决呢？这是上述的反向问题。

以下我们将通过简述国际民商事管辖权的议论（2），阐述可否适用日本倒产法规定（3），来研讨承认协助法的适用（4）。

48　参见二、2.a②。

49　参见二、2.a①。

2.关于国际民商事管辖权的议论

关于国际民事管辖权的界限，可以参考海牙国际私法会议制作的公约草案。该草案根据海牙国际私法会议决定，[50]于1996年正式启动《民商事管辖权及外国判决公约》项目，于1999年10月由特别委员会发布了公约草案，2001年6月提交召开的海牙国际私法外交大会，但是，最终该公约草案[51]遭到挫败。[52]尽管如此，该公约草案是由包括日本在内的各国政府详尽地讨论研究的成果，探究国际审判管辖的全貌，反映了除美国之外的众多国家的共同意识，有许多值得借鉴的东西。其中，关于专属管辖的规定如下：

> 第12条　专属管辖
>
> ……
>
> 2 以法人的有效性、无效或解散，或者法人机构决定的有效性、无效为标的的诉讼，该法人的准据法所属的缔约国法院

50　以统一国际私法为目的，于1893年成立的常设国际组织。加盟国有包括日本在内的66个国家和欧洲共同体。

51　1999年10月公约法案的日英对照全译本刊载于NBL699号（2000年）26—43页。关于当时的公约起草工作，参见：道垣内正人「『民事及び商事に関する裁判管轄権及び外国判決に関する条約準備草案』について」ジェリスト1172号（2000年）82頁、同「『民事及び商事に関する裁判管轄権及び外国判決に関する条約準備草案』を採択したハーグ国際私法会議特別委員会の概要について(1)～(7)」国際商事法務28巻2号（2000年）170頁以下及びこれらに引用の文献。

52　参见：道垣内正人「ハーグ裁判管轄外国判決条約案の修正作業——外交会議の延期と打開策の模索」ジェリスト1194号（2001年）72—81頁。此外，其后，缩减了公约的规模，2005年6月召开的第2次会议上，通过了《法院选择协议公约》[参见：道垣内正人「2005年のハーグ『管轄合意に関する条約』国際私法年報7号（2006年）184頁]。

有专属管辖权。

…… 262

这一规定出自适用于欧洲地区的国际法院管辖规则，[53]由海牙国际私法会议采纳，以成文法案得以维持。[54]但是，对于以法人机构决定的有效、无效为标的的诉讼，由法院专属管辖问题，各国观点不尽相同，公约草案最终针对这一与法人根本属性相关的问题，采用了专属管辖，这样就避免了法院地多重，保持了法律的稳定性。[55]另外，如何判断一国具有专属管辖权，包括日本在内的许多国家认为，是指其法人的成立准据法所属国。[56]

如上所述，采用专属管辖规则的缘由是出于法院地多重可能造

53　关于民商事管辖权及外国判决的执行，1968年的《布鲁塞尔公约》第16条2款、1988年的《卢加诺公约》第16条2款、2001年的《布鲁塞尔公约》的22条2款，规定基本一致。

54　关于该条款涵盖的专属管辖的规定依据各国的国内法，美国代表没有发表不同意见（2001年第1次外①交会议后制作的公约草案，注79）。关于法人的规定内容，并一定有反对意见（争论的焦点是有关专利权等方面的）。

55　参见Peter E. Herzog、Fausto Pocar的正式报告的第12条2款。该报告的日译本，由道垣内正人和织田有基子翻译的「民事及び商事に関する国際裁判管轄及び外国判決の効力に関する特別委員会報告書（1）~（14）」国際商事法務29巻2号164頁30巻3号377頁（2001—2002年）。

56　是指“该法人的准据法所属的缔约国”。在各国的国际私法中，法人的属人法划分为法人成立时所在国的法律，与法人的住所地所在国的法律，虽然公约没有将两者统一，但是，从前引（注55）的报告中得知，许多国家采用法人成立时所在国的法律。日本也是采用法人成立准据法原则，规定“依据外国的法令成立的法人以及其他外国的团体”为外国公司（公司法2条2项），另外，在日本持续进行交易的外国公司的登记事项中有“外国公司的成立准据法”（同法933条项），也证明了这一点。

成混乱的考虑，但是，这只不过是指出了专属管辖的效力，那么，对于非专属管辖的事项，如果也采取专属管辖的话，尽管可以避免因法院地多重而造成的混乱，但是，从当事人之间的公平和审判的公正迅速等视角，无法说明允许当事人选择法院地。其实，在专属管辖规则的背后，是以国家主权的意志，对特定的事项不允许他国
263 法院介入的考量，即，在上述公约草案中，除了法人的有效性等（第12条2项），还列举了不动产物权等（同条1项），公共登记注册的有效性和无效（同条3项），要求专利权等的委托登记的类似权利的注册的有效性等（同条4项），以这几项为标的的诉讼也须服从专属管辖。其中的3项、4项与2项相同，是以国家行为[57]的有效性为对象的，[58]抵触他国法院做出的判决，才是真正的动机和共有的潜在意识。

可是，根据公约草案规定，不适用于“倒产、和解及其他类似的程序”[第1条2款（e）]，因此不能得出日本倒产法的国际管辖结论。但是，从上述规定中，至少提示我们，对于外国法人组织的

57 从国际私法的视角，对法人的认识有各种观点，一种认为，法人是国家对社团或财团特别赋予法人格的国家行为的创造结果。根据这一观点，法人格，不能像婚姻或不法行为等国际私法上的单位法律关系的准据法那样对待，而是像外国判决那样，从根据承认其成立的外国法的角度来看待，不能考虑准据法如何。再则，关键是，是否承认其法人成立，与有关外国判决的民事诉讼法118条规定相同，关于外国法人的许可的民法35条（法人发施行前为36条）有相关规定。详细论述参见，道垣内正人『ポイント国際私法各論』（有斐閣、2000年）175頁，横溝大「法人に関する抵触法的考察」民商法雑誌135巻6号（2007年）131頁。

58 出于同样的观点，12条1项排除了以动产的物权为目的的诉讼，重点在于不动产，基于领土主权的说明就是可能的了。而且，按照有关外国公司的理论，如果将外国所在的不动产列入日本的倒产处理程序，对其物权采取措施的做法可能不妥，但是这个问题没有得到深入探讨，参见神前祯前引（注18）9页。

变更而发生的倒产处理没有管辖权。

另外，关于自然人没有这种议论。根据法律适用通则法，外 264
国人在日本有住所或居所时，可以对其进行成年被监护人的审理等（第5条），另外，在日本有住所时，可以宣告其失踪（第6条1款），从个人主权的视角来看，没有抵触感。因此，我们可以理解为，在倒产方面，对于外国自然人为债务人的，没有特别考虑的必要。以下，仅就外国法人进行讨论。

3.倒产法的规定

a 外国公司可否在日本进行更生程序

首先，我们应该着眼于，公司更生法是针对陷入困境的“股份公司”的法律。公司法是将“公司”和“外国公司”分别定义的，[59]“公司”之一的“股份公司”依据该法第2编的规定。[60]

其次，根据公司更生法的具体规定，更生程序开始后，如果不按照更生计划，就不能进行股权注销、减少资本、公司解散、持股公司的组织变更、合并或分割等公司基本事项（第45条），在更生计划中，可以设置与股份公司的根本问题息息相关的各种事项（第167—182条之2），一旦经日本法院批准，其效力涉及更生公司、股东、更生债权人、更生公司组织变更后的持股公司等（第199条、203条）。而且，这些条款都规定了，应该适用公司法。

根据以上论述，我们理解，外国公司不是公司更生法的调整

59　公司法2条1项、2项。

60　例如，根据公司法2条1款23项的规定，“公司债”是指，“依本法规定，公司通过实施分配而产生的以该公司为债务人的金钱债权……”，且不论该规定的是非如何，即使外国公司根据日本法发行，也不是日本公司法意义的“公司债”［相澤哲編『一問一答　新・会社法』（商事法務、2005年）201頁］。

对象。即使要将这些规定适用于外国公司，基于外国法设立的公司
265 也很难适用，许多规定都是无法适用的。因此，我们只好坦率地承认公司更生法的适用对象仅限于日本股份公司。的确，就外国公司而言，如果在日本国内有营业所，就有国际管辖（土地管辖。第4条），与国内管辖相对应，专门设置了“主营业所在国外时，由日本营业所在地”的地方法院行使管辖权的规定（第5条1款括号），[61]上面提到，作为外国主权产物的外国公司，而在日本进行倒产处理程序的话，会引起组织变更，由于与国家主权相关，因此不应该在日本开始以外国公司为对象的公司更生程序。[62]

b 民事再生法和破产法的适用

民事再生法中既有“股份公司”的规定，也引用了公司法的条文（第43条、59条、127条之2、161条、162条、166条、166条至2）。但是，该法第11条规定，再生债务人为“外国公司”的，应委托登记机关在法人登记簿上登记再生程序开始。民事再生法作为重整型倒产处理法制之一，与公司更生法相比较，尽管其基础是和

---

61 更258条1款括号也是将以外国法人为对象作为前提。

62 虽说是旧法下的议论与现状不同，但是提倡在日本原则上有管辖权（基于主营业务所等的管辖）的情况下，承认公司更生案件的管辖，如果将非主营业所也作为承认管辖的理由的话（提到了属人法，应该也考虑到外国公司），这种情形下，不允许因更生计划而变更公司的基础，以在有原则管辖的国家开始倒产程序为条件，应该止于与此关联的程序，这一见解引起注意（山本克己「涉外性のある内国倒産手続の諸問題」民商法雑誌113卷2号（1995年）199、201頁）。这一见解并不是不能在日本对外国公司进行更生程序，而是日本公司更生法和成立准据法的重叠适用（叠加适用），事实上，不可能乃至非常困难（同209頁）。关于叠加适用，兼子一编『条解会社更生法（上）』「弘文堂、1973年」153頁也有相同表述。此外，参照早川吉尚「動産企業組織の体内関係」NBL651号（1998年）13頁。

解，但是，如果不是采用公权措施进行组织变更等的话，还是可以启动对外国公司的裁定程序的。例如，只要外国公司在日本国内有 266 财产，就可以承认国际倒产管辖（土地管辖。第4条），所以我们认为对于其财产所采取的措施，绝不会侵害该外国的主权。

另一方面，破产法也有关于破产人为外国公司的，应委托登记机关在法人登记簿上登记破产程序开始的规定（第257条）。而且，法人解散不是根据破产法的规定，而是由公司法第471条5项、641条6项、关于一般社团法人及一般财团法人的法律第148条6项和202条5项等法律将“破产程序开始的决定”列为解散事由之一。因此，外国公司是否根据日本破产程序开始的决定而解散是由该外国法律所规定的，可以说具有间接性效果。不过，根据破产程序开始的决定，破产人所拥有的“一切财产（无论是否在日本国内）”均列入破产财团（第34条1款），由于“所属财产的管理及处分的权利专属于法院选任的破产管理人”（第78条1款），所以破产人为外国公司时，其机构的权限由公权进行变更。[63]尽管如此，采用这样的方式，是为了进行财产清算，与重整型倒产程序的组织变更的性质是不同的。于是，我们可以理解，破产法原则上是可以外国法人为调整对象的。[64]

4. 承认协助法的适用

承认协助法的“外国倒产处理程序”中也包括“更生程序”

63　另外，根据破35条，即使外国人为破产人，根据外国法作为解散的事由，仍会在清算目的范围内存续，也有可能会触及该外国的专权事项。

64　例如，正如破19条法人的破产程序开始的申请权人的规定，是以日本法人为前提的，如果是外国公司的话，应该从尽量准用该条的角度解释（破83条2款、3款，161条2款等亦同）。

（第2条1款1项）。但是，关于日本的股份公司在外国的更生程序（具有公权性色彩的重建型程序），是上述2的反向问题，从日本主权的视角，不会对其认可。

至于“破产程序”等其他程序，对于日本法人的外国倒产处理程序，要弄清楚在该外国到底可以做到什么程度，须谨慎从事。另外，虽说是间接性效力，但是日本法人根据外国法院的破产程序开始的决定而解散时，从主权的角度看仍然不妥，因此上述的公司
267 法第471条5项等的作为日本法人的解散事由“破产程序开始的决定”，应该仅限于由日本法进行解释。

5.其他

在日本进行的倒产处理程序，如上所述，承认外国倒产处理程序和外国管理人有一定的权利，并给予适当的方便。其中，由外国管理人在日本的倒产程序开始的申请权（二、2.a④）和为了债权人的程序参加权（同⑩），如果该外国倒产处理程序是针对日本法人的，则不能承认。对此，有关日本管理人与外国管理人进行合作（同⑩）或者外国管理人出席债权人集会（同⑨），则对其承认无碍。

四、倒产实体法问题的准据法——法律没有明文规定的问题之二

1.问题所在

在日本倒产处理法中，有称之为倒产实体法的规定，例如，破

产管理人等有权选择解除或者请求履行双方未履行的双务合同（破53条、再49条、更61条）；债权人受到抵销的限制（破68条、再92条以下、更48条以下）；未经法院许可，管理人不得任意出售财产，转让经营权、借款和债权等行为无效（破78条4款、93条2款，再41条2款、54条4款、81条2款，更32条2款、35条3款、46条9款、72条3款，承31条3款、35条3款、53条2款）；[65]否认特定的法律行为，恢复财产原状（破160条以下、再127条以下、更86条以下）； 268
另外，在更生程序中，承认消灭更生公司财产的担保权（更104条以下）等，规定了实体法上的效力。在国际倒产案件中，债务人至此展开的跨国经营活动，涉及倒产实体法方面的各种问题，合同、担保权等的准据法为外国法也不足为奇。因此，需要探讨平时所适用的准据法与倒产时日本倒产法的规定之间的相互关系。

2.作为绝对强制性规范的倒产实体法规定

关于倒产法准据法问题，存在着两个对立的观点：一个是，既然已经陷入倒产困境，就要从倒产法的目的这一理念出发，力求债权人之间的地位平等、相关人之间的利害协调、事业和经济生活的重整等，倒产法的所有规定都应该遵守日本法；[66]另一个是，

65　另外，关于管理人和债务人等的无许可交易无效的规定，再75条2款，更78条2款，承47条2款等。

66　参见：山户嘉一「破産」『国際私法講座3巻』（有斐閣、1964年）896頁、竹下守夫『国際倒産法』（商事法務、1991年）26頁〔竹下〕、田頭章一「外国破産手続の対内的効力と外国管財人の否認権の行使」岡山大学法学会雑誌44巻1号（1994年）75頁、石黒一憲他『国際金融倒産』「1995年」330頁〔佐藤鉄男〕、山本・前掲（注62）206頁、石黒一憲『国際民事訴訟法』（新世社、1996年）298頁、河野俊行「倒産国際私法」金融商事判例1112号（2001年）147頁等。なお、高桑昭他編『国際取引法』（第2版、1993年）93頁〔道垣内正人〕も同じ。

国际倒产管辖涉及多个国家的承认，为了确保法律对濒临倒产前阶段的预测可能性，应该尽可能地确保适用倒产之前就已经适用了的准据法。[67] [68] [69]

至今为止，笔者持后一种观点，[70]但是，有必要重新审视前一种观点。因为倒产法制的背后有着极强的法政策，倒产实体法规定是其不可或缺的一部分，所以不论准据法如何，应该适用的“绝对强行性规范”[71]都是需要考虑的因素。[72]本来，倒产实体法没有直接
269 作为调整对象的事项，[73]例如，关于双方未履行的双务合同，合同签

67　参见：早川吉尚「国際倒産の国際私法・国際民事手続法的考察」立教法学46号（1997年）155頁等。

68　此外，高木新二郎『新倒産法制の課題と将来』（商事法務、2002年）168頁，指出：一边在原则上采取倒产开始地国法，一边又悖于衡平原则，在例外情形下，实质性地探求最合适的准据法。

69　关于国内倒产处理程序的效力，在区别其是主倒产程序还是从倒产程序时，如果是从倒产程序，是否适用主倒产程序所适用的准据法呢？虽然存在这一论点，但是，由于日本没有采用这种区别，也就没必要对此进一步论述了。

70　道垣内正人「国際倒産法の再検討（はしがき）」NBL650（1998年） 7頁、澤木敬郎=道垣内正人『国際私法入門』（有斐閣、第6版（第2刷まで）、2006年）299頁。

71　日本法上的强制性规定，如果只是在依国际私法为准据法的情况下所适用的强制性规定（相对强制性规范或国内强制性规范），即使不作为准据法，为了实现其规定的内容，对日本来说只要有更大的利益，当然要适用强制性规范（绝对强制性规范或国际强制性规范），这一观点，在现今的国际私法上乃为一般共识［澤木和道垣内，前引（注70）197页］。从正面涉及这一问题的判例，参见东京地判平成16・2・24判时1853号38页。

72　参见：横溝大「否認・総務契約・相殺（下）」NBL666号（1999年）40頁。

73　如果说仅是倒产法中的规定，就不能称之为全部绝对强制性规范，需要进行个别研究。例如，像取回权或担保物权这样的物权，应该适用其所在地法（法律适用通则法13条）。参见：森田博志「取戻権・倒産担保権の準拠法（上）（下）」NBL653号（1998年）25頁、660号（1999年）56頁。

订的权限、合同的成立和效力（消灭时效期间等）是物权范畴的问题，超出了倒产实体法规定的范畴，应该依据法律适用通则法来确定准据法。在此基础上，无论准据法如何，都要适用程序实施国的倒产实体法，依其规定发生效力。[74]不过，实际上，对于在国外的财产，并不能确保按照日本倒产法发生效力，而是不管在该国是否 270
也进行了倒产处理程序，只要该国需要什么法律程序，就得按照该国的国际私法所规定的准据法来处理。[75]

五、结语

如上述二、所整理的那样，日本国际倒产法制，经过之前的修订和修正，得以充实完善。尽管如此，仍然有尚未解决的问题，本

74　承认外国倒产处理程序，与此并行，根据日本承认协助法采取措施的情况下，直接适用日本倒产实体法，由日本法院进行倒产处理即可。并不是没有考虑承认适用外国绝对强制性规范，虽然希望国际倒产处理能够尽可能全面地、统一地进行，但是从法规的性质上看，得到承认并非易事。参见：法例研究会『法例の見直しに関する諸問題(1)』別冊NBL80号（2003年）68頁とその注137に引用の文献。对此，横溝前引（注72）37页，以外国倒产处理程序的承认这种形式，使得外国绝对强制性规范的适用变得可能，但这是旧法下的议论，从承认协助法的角度看，还不够明确。

75　同理，A在甲国拥有财产，A死亡时，尽管依日本国际私法B为继承人，在甲国B也未必能成为继承人。A的权限通过绝对强制性规范变更为C，例如，A为日本法人时，因公司合并或分立，在甲国拥有财产的所有人在日本被作为D，此时，日本的处理只要按照公司法的规定即可，但是，你需要认识到，在甲国有可能不会像在日本那样处理。

文在案件管辖的界限（三）和准据法（四）中进行了探讨，其结论总结如下：

- 外国法人可以进入破产程序。
- 外国法人只要还未涉及组织变更，就可以进入再生程序。
- 外国法人不能进入更生程序。
- 日本法人的外国倒产处理程序为重整型的，如果涉及组织变更，就不能认可。
- 日本倒产实体法的规定作为绝对强制性规范，即使所涉及的案件的准据法为外国法，也可以介入，依日本法规定发生效力。

这些问题不但会左右具体的倒产案件的处理，还会视倒产的状态，决定我们在平时的法律实务中采取什么样的预防措施，尽管如此重要，但是还没有得到充分讨论研究。既然已经从属地主义转换到了普及主义，就不可避免地要解析这些问题。今后，我们还要不断地明晰问题的所在，继续研讨如何在国际私法和倒产法的整体框架中适当地摆正彼此的位置，为现实中的倒产案件做好准备工作。

道垣内正人／早稻田大学大学院法务研究科教授

第四部

国际商事法务

第十一章　国际商事法务和律师以及外国律师的从业活动

下条正浩

自2005年4月开始，对外国法事务律师开放了与日本律师的共同合作业务，还允许外国法事务律师聘用日本律师。对此，尚存以下疑难问题有待解决：以出差方式到日本开展业务的外国律师的活动范围，还不够明确。另外，被外国法事务律师聘用的外国律师是否也需要进行外国法事务律师注册？再则，这些外国律师应该在什么范围内接受和适用日本律师职业道德的规定？当日本律师职业道德的规定有悖于本国的规定时如何应对？

276

一、日本外国律师的从业活动

1.关于外国律师办理法律事务的特别措施法

近年来，外国基金收购日本企业股权正在成为媒体的热点话题，可以说需要日本律师和外国律师相互合作的国际案件越来越多了。届时，如果外国律师在日本设立事务所，以外国法许可的外国律师资格可以在日本从事律师业务吗？答案是否定的。这是因为根据日本律师法第72条，禁止非律师之人从事法律事务，外国律师属于非律师之人，这里所说的法律事务也包含外国法的法律事务。[1]根据1987年实施的《关于外国律师办理法律事务的法律》（以下简称《外办法》），满足从业经验要件等一定条件的外国律师，通过注册成为外国法事务律师，可以在日本设立事务所，在日本从事原资格取得国的相关法律业务，根据《外办法》第6条2款，外国法事

1　这方面在美国各州也是同样的，即，美国各州有禁止“unauthorized practice of law”的规定，日本律师在美国各州原则上不能从事日本法业务。作为例外，如果该州有“Foreign Legal Consultant”（FLC）制度，日本律师通过注册为FLC，可以从事日本法业务。很遗憾，2008年4月9日至今，全美51个州和地区只有27个有FLC制度。http://www.abanet.org./cpr/mjp/recommendatioans.pdf。拙稿「アメリカニューヨーク州とカリフォルニア州における非弁護士活動の規制」自由と正義57巻8号（2006年）61頁。

务律师不适用日本律师法第72条的规定。[2]《外办法》历经数次修改，最近一次修改于2005年4月施行。其修改的核心内容是，外国法事务律师与日本律师共同业务合作的自由化，和允许外国法事务律师聘用日本律师。[3]在此之前，虽然日本律师与外国法事务律师可以
共同使用事务所的空间，但事务所各自独立，仅限于涉外性的案件 277
作为特殊共同业务，外国法事务律师与日本律师可以报酬共享。因此，在特殊共同业务中，对于不包含涉外要素的纯粹日本法案件，只能由日本律师办理，外国法事务律师不能支付纯粹日本案件的报酬。修改后的《外办法》，从2005年4月1日开始，日本律师和外国法事务律师可以一起成立事务所，使用律师事务所名称，可以办理包括纯粹日本法案件的所有案件，外国法事务律师也可以支付纯粹日本法案件的报酬。这里应该注意的是，首先，外国法事务律师的职务范围并没有变更，仍然不能办理日本法相关案件；其次，共同业务说到底也是日本律师和外国法事务律师之间认可的业务，在外国的外国律师和日本律师之间的跨境合伙仍然是不被许可的。日本国内认可的上述共同业务，日本律师也好外国法事务律师也好都是日本律师联合会的会员，都要服从日本律师联合会的指导和监督。在外国的外国律师与日本律师之间开展共同业务（跨境合伙），

2　2003年12月8日，法务省在召开的司法制度改革推进本部的法曹制度研讨会上的报告认为，律师法第72条规定的法律事务是指带有司法案件性质的事务，与合同有关的事务，或与股份和公司债相关的事务不具有司法性质。（http://www.kantei.go.jp/jp/singi/sihou/kentoukai/seido/dai24/24siryou_homu.pdf）在日本从业的外国法事务律师大多办理与合同、股份和公司债相关以及与此类似的事务，法务省的这一观点，不禁令人对于如何协调日本的外国律师制度产生疑问。

3　关于外办法修改的过程，参见：拙著「日本の外国弁護士受入れ制度の変遷」自由と正義54巻12号（2003年）68頁。

该外国律师也是在日本办理法律事务，也应该服从日本律师联合会的指导和监督。因此，为了取得共同业务的许可，至少外国律师事务所的合伙人代表需要在日本律师联合会注册，接受其指导和监督。此外，考虑到该外国律师事务所也可能会从日本撤离，为了便于蒙受损害的客户向外国律师事务所追究责任，要选定日本诉状受领代理人。很遗憾，日本还没有确立诉状受领代理人制度，[4]应尽早完善诉状受领代理人制度。

以前不允许外国法事务律师聘用日本律师，自2005年4月1日起已经被允许了。但是，由于外国法事务律师不可以办理日本法业务，所以不可以由被聘用的日本律师协助提供日本法服务。另外，被聘用的日本律师接受日本法案件时，应该独立于雇主外国法事务律师，自主办案。[5]

2.2005年修改的《外办法》实施后的状况

据报道，在根据2005年4月1日实施的外办法修正案解禁外国法事务律师和日本律师共同业务合作之前，2004年7月12日英国的年利达律师事务所（Linklaters LLP）吸收合并了三井安田律师事务所，[6]当时有几名合伙人分别跳槽到其他几家事务所了。此外，本来，太阳律师事务所与美国的普恒律师事务所（Paul Hastings LLP）正在进行特定共同业务合作，在律师事务所合并一体之际，太阳律师事务所分裂为二，4名合伙人与Paul HastingsPaul LLP一起合并，另外3名合伙人跳槽到美国的美迈斯律师事务所（O'melveny

4 『裁判実務大系第10巻　渉外訴訟法』96頁〔森義之〕。

5 日本律师联合会《关于外国法事务律师聘用律师或外国法事务律师规则》第4条。

6 日本经济新闻2004年7月12日早报。

& Myers LLP)。[7]

另外，据报道，日本的律师事务所开始接受非隶属单位的外国法事务律师作为合伙人，开展共同业务合作。[8]

2007年3月31日至今，共同业务合作项目28件，其中，13件来自合并一体型律师事务所，15件来自从前的特定共同业务合作型的各自业务相互独立的律师事务所。[9]

关于外国法事务律师聘用日本律师，2007年3月31日至今，5个外国法事务律师事务所共聘用了35名日本律师。[10]其中，有28名 278
是被一家外国法事务律师事务所聘用，但是，外国法事务律师仍不能办理日本案件，令人疑惑。

外国法事务律师事务所可以分为以下三种类型：

(1)仅限于原资格取得国相关法律业务，不从事日本法业务；

(2)与个人的日本律师开展共同业务合作，也从事若干日本法业务；

(3)与日本的律师事务所开展共同业务合作，也积极地从事日本法业务。

可以预测，今后，第三种类型将会加大招聘日本律师发展成为合并一体化的大型律师事务所。

另一方面，国内的日本律师事务所也会扩大阵容，至2006年7月末，日本律师和外国律师的总数超200人的律师事务所涌现出4家。此外，同时，在日本律师和外国律师总数位于前30的大型律

7　Asian Legal Business Issue 5.11，17页。

8　Asian Legal Business Issue 6.12，21页。

9　根据日本律师联合会的调查。

10　根据日本律师联合会的调查。

师事务所中，前10位都是英国和美国的律师事务所。[11]今后，可以预见日本律师事务所为了充实其国际业务，也会许可外国法事务律师作为合伙人。

3.外国律师许可制度框架

日本自1987年开始施行《外办法》，外国律师取得外国法事务律师资格后，可以在日本从事与原资格取得国法相关的律师业务。这是来自美国要求开放法律服务领域压力的结果。之后，世界贸易组织（WTO）于1995年1月1日诞生的《服务贸易总协定》（GATS），将法律服务问题收入框架中。依照GATS模式，WTO成员国视各自的经济发展程度，只要按照GATS承诺细目表中的承诺事项适时开放法律服务领域就可以了。如果成员国没有在承诺细目表中进行承诺，就没有市场开放的义务。例如，韩国虽然也是WTO成员国，但是没有在承诺细目表中对于有关法律服务开放的事项做出承诺，按照GATS的规定，就没有许可外国律师的义务。另外，由于WTO成员国必须给予任何其他成员国最惠国待遇和豁免，不能对成员国采取对等原则，一旦承诺了许可外国律师的国家就要许可所有成员国的律师。日本承诺了GATS承诺细目表中许可外国律师事项，所以不能拒绝许可WTO成员国韩国的律师。现在，
279 韩国受到来自美国、英国等国的压力，正在审议关于许可外国律师法案。虽然多哈回合谈判的前途未卜，但是，美韩双方已经于2007年4月达成自由投资贸易协定，不远的将来，韩国很有可能施行许可外国律师的制度。

中国自2001年加入了WTO，在此之前已经有外国律师许可制

---

11 日经BP社编《商务律师大全2007》5页。

度。在GATS承诺细目表中，中国没有承诺像日本的外国法事务律师那样的外国律师与中国律师的共同业务合作，也不认可外国律师聘用中国律师。[12]

美国对于GATS承诺细目表，不是作为国家整体的承诺，而是由每个州分别进行承诺。GATS生效时，只有15个州和华盛顿特区（DC）承诺了许可外国律师，其后，随之有几个州设立了相当于日本外国法事务律师Foreign Legal Consultant（FLC）的制度，至今仍然有24个州没有对外国律师开放法律服务市场。[13]但是，例如，未设立FLC制度的科罗拉多州的律师，如果在日本申请外国法事务律师并满足要件的话，就不得不给予许可，而日本律师在科罗拉多州申请则得不到许可，这是不平等的。

在国际仲裁方面也是不平等的，即，纽约是一个国际仲裁活跃的州，即使是外国律师也可以在纽约州作仲裁代理，但是外国律师在其他的州作仲裁代理的话，要看该州有没有禁止非该州律师业务的规定。对此，1998年日本修改了《外办法》，不仅外国法事务律师，外国律师也可以作日本的国际仲裁代理。[14]

4.以出差形式提供的法律服务

《服务贸易总协定》将国际服务贸易划分为以下四种提供模式：

（1）跨境交付（第一种模式） 280

（2）海外消费（第二种模式）

（3）商业存在（第三种模式）

（4）自然人流动（第四种模式）

12　http://docsonline.wto.org-GATS/sc/135

13　参见前引（注1）。

14　外办法第5条之3，第58条之2。

外国法事务律师在接受国设立事务所提供法律服务，所提供的服务为第三种模式，是GATS谈判的核心问题所在。相对于自然人流动的第四种模式，外国律师以出差的形式到其他国家去提供法律服务，当然是应该被允许的，目前为止还没有出现过什么问题。但是，国际律师协会（International Bar Association:IBA）针对外国律师以出差形式从业问题，起草了最佳行为指南，[15]引起了热议。[16]首先，需要确认，这种以出差形式提供的法律服务，是否触碰了该国的不允许外国律师从业的禁忌。虽然英国等一些国家对于法律咨询，不承认由该国的律师垄断，但是许多国家有禁止非律师从业的禁止性规定。规定禁止非律师从业的国家，没有本国律师资格既不能从事本国法律业务，也不能从事外国法业务。但是，通常1个星期左右的出差频繁反复进行，也没出什么问题，究其原因可能是人们认为，因为外国律师只能在出差这么短的时间内提供外国法的服务，即使其法律服务是在对方国家进行的，也不是什么大不了的问题（De minimis理论）。而那些开始至结束需要长期逗留的项目，就不能说问题不大了，不得不采取一些必要措施。但是，具体采取什么措施世界各国还没有达成共识。第一种模式也存在同样的问题，比如，外国律师通过电子邮件、电话、传真等通信
281 手段从外国向对方国家的企业提供外国法服务。这样的业务活动早

15 Task Force on International Multijurisdictional Commercial Practice, Recommendations for Temporary Cross-Border Commercial Practice, London, January 2004.

16 其中建议3指出，问题的关键在于，以出差方式从业的外国律师，精通接受国法律的特定领域，即使没有接受国的资格，也可以对接受国的法律提供咨询服务。前引（注15）23页。

已司空见惯了，不足为奇。但是，在提供金融服务时，例如，纽约的证券公司对日本的客户推销美国的有价证券行为，原则上是不允许的，相反，日本的客户在没有受到诱导的前提下，自己向纽约的证券公司提出购买有价证券的请求时，纽约的证券公司可以接受这一请求。[17]与此相同，纽约的律师受日本客户的委托，以传真或电子邮件向日本客户提供纽约州法咨询服务，也不会发生什么问题。

美国的律师到日本进行庭外质询（Deposition）的情形，使问题变得更为复杂。庭外质询是美国民事诉讼程序的一环，因此，涉及美国行使审判权的主权这一层面。庭外质询是指美国认可的证据开示的一个手段，在庭审外，对方当事人有机会在律师的陪同下接受质询盘问，对方当事人或者第三方宣誓后接受盘问，对问答内容作为证言形成完整的笔录。关于美国律师是否可以到日本进行庭外质询，根据驻日本的美国大使馆的网站，[18]“日本政府规定，庭外质询必须在大使馆或者领事馆辖区内进行，不得在酒店等举行”，另外，“庭外质询参加人必须持有适当的日本签证”。很遗憾，日本政 282
府并没有明确日本有关庭外质询的规则是什么，因此，有专家认为，如果美国的公证人不进行宣誓程序，举行个人的庭外质询的话，也可以在酒店进行吧。[19]根据这一观点，庭外质询的对象为日本企业的总经理等，不在美国进行质询，在日本录取证言更为便利，现实中就有在酒店举行庭外质询的。不经过宣誓程序的庭外质

17　金融商品交易法实施令第17条之3第2号。

18　http://japan.usembass.gov/e/acs/tacs-7116

19　小杉丈夫「アメリカのディスカバリーの日本での実施をめぐる問題点」『新・裁判実務大系第3巻　国際民事訴訟法（財産法関係）』244頁。

询，根据美国联邦诉讼规则第29条规定，是指在双方当事人同意不宣誓的情况下进行的庭外质询。但是，在这种情况下，美国的诉讼系属法院仍然可以对庭外质询进行指示和监督，还是不能忽视美国审判权行使这一层面。因此，我支持驻日本的美国大使馆网站的见解，期待日本政府也明确表示同样的见解。

进一步深究，美国律师到日本进行庭外质询，日本律师法应该如何应对呢？对此，日本的法务省和日本律师联合会都认为，这只不过是一次性行为，不属于律师法第72条规定的“从业”。但是，我对这一见解有疑问，美国律师是为了工作到日本的，只要有客户委托，就可以多次到日本进行庭前质询，这种情形下，不能说不属于“从业”吧。因此，美国律师到日本进行庭前质询，该当律师法第72条的构成要件。这样说来，以出差形式提供的法律服务，可以认为在法律上是微不足道吗？或者，在治外法权的某大使馆或领事馆的辖区内进行的质询，可以觉得没什么问题吗？已经在美国法院进行的诉讼是属于美国的诉讼，从日本律师法的角度来看庭外质证并非小事，所以慎重起见还是应该在大使
283 馆或者领事馆的辖区内进行。

5.《外办法》的问题点

a 合伙人外国律师

我们经常见到，在外国法事务律师事务所从业的外国律师，即便在网页上以合伙人挂牌也没有注册外国法事务律师资格。外国律师在没有注册外国法事务律师的情况下，以自己的名义在日本单独会见客户、与客户互信往来等行为，被视为在日本从事法律业务，违反律师法第72条，是不允许的。日本律师联合会（以下简称“日辩联”）于2005年9月9日向外国法事务律师事务所发出信

函，要求未注册的外国法事务律师合伙人尽快去注册外国法事务律师资格。[20]许多外国律师接到要求函后，纷纷申请注册外国法事务律师，非常遗憾的是，其中竟然有在日本作为律师事务所合伙人已经从业10年之久还没有注册的外国律师。

b 受聘律师

外国法事务律师事务所聘用了许多外国律师，而这些外国律师通常都没有注册为外国法事务律师，《外办法》要求，外国法事务律师注册须有原资格取得国至少3年以上的从业经验，以确保向日本国民提供有关该外国法的优良服务。因此，从业经验不满3年要件的外国律师不能作为外国法事务律师注册。即使满足了3年从业要件的外国律师，也注册不上的情况还是很多的。另外，不管是否满足了3年从业要件，受聘律师以自己的名义单独会见客户，用电子邮件等与客户互信往来，提供原资格取得国法律的咨询之类的例 284
子屡见不鲜。尽管是受聘律师，既然是在独立从事法律业务，也有必要注册外国法事务律师资格。如果受聘律师没有注册外国法事务律师，其从业活动就是不服从日辩联的执业基本规程，不服从其指导和监督。因此，建议取消从业经验要件，在日本从业的所有外国律师都有注册外国法事务律师的义务。但是，另一方面，有的国家取得律师资格很容易，为了确保提供优质的服务，似乎从业经验要件还是必要的，问题是如何划重点。我认为，为了阻止外国律师在日本进行违法活动，所有在日本从业的外国律师都不需要从业经验要件，接受日辩联的指导和监督才是更重要的。

20 「日弁連委員会ニース　外国弁護士及び国際法律業務委員会」No.11 (2006年7月1日)。

c 不能从事日本法业务

外国法事务律师不能从事与日本法相关的法律业务。外国法事务律师可以从事与原资格取得国法相关的法律业务，经审批的特定外国法的相关法律业务，以及拥有第三国资格的律师提供的有关第三国法的咨询业务等。因此，相关日本法的法律事务，即使是日本律师提供了书面意见，外国法事务律师也不得参与。尽管如此，现实中，经常有外国法事务律师起草的以日本法为准据法的合同，而对方律师又负有保密义务，不能将这一事实公布与众，虽然偶尔也
285 会有在外国法事务律师事务所工作的人员内部举报，但是，鉴于日辩联没有强制搜查的权限，无法收集到充分的证据，因此，揭发外国法事务律师违反律师法第72条从事日本法业务，是非常困难的。

d 受聘律师

如上所述，即使有日本律师提供的书面意见，外国法事务律师也不能参与与日本法相关的法律业务。因此，外国法事务律师没有必要聘用日本律师，相反，如果许可聘用就很可能助长外国法事务律师从事日本法的风气。因此，我在讨论《外办法》修改的司法制度改革推进本部的国际化讨论会上，主张不应该许可外国法事务律师聘用日本律师。但是，根据多数赞成放宽限制的意见，在2005年4月1日施行的《外办法》修正案中，允许了外国法事务律师聘用日本律师。

二、国际商事法务和律师伦理道德

从事国际商事法律服务的律师，在其行为规范方面，经常受

到外国的法律、规则等的影响。以下将围绕着律师的核心价值（core values），针对具有代表性的保守秘密义务和回避利益冲突义务，展开讨论。[21]

1.保守秘密义务

a 美国联邦证券交易委员会（SEC）的萨班斯法案

为了避免安然公司财务造假事件重发，美国国会责令SEC根据《萨班斯-奥克斯利法案》（Sarbanes Oxley Act）第307条制定的关于律师职业伦理道德规则，于2002年11月公布。[22]律师在发现SEC注册公司有违反联邦证券交易法的行为时，应及时通报该公司的法务首席执行官，如果法务首席执行官没有采取适当的措施的话，可以逐级上报（up-the-ladder reporting）直至董事会。其次，该规则还规定，如果律师认为这些警告徒劳无益，也可以向该公司递交辞呈，并将辞呈和公司无视警告之事向SEC报告（noisy withdrawal）。这项规则法案有以下两个问题受到批判：一个是，报告义务违反了律师的守秘义务；另一个是，律师职业伦理道德本来属于各个州的权限，该规则的制定有联邦越权之嫌。

到目前为止，逐级上报制度已经纳入规则了，[23]但是，大动静的 286
辞任（noisy withdrawal）仍是悬案。[24]

向在美国公开发行股票的公司提供法律服务的日本律师，也

21　本章在2006年9月10日在东京举行的日美法学会研讨会上的报告的基础上，进行了追加和修改。该报告登载于アメリカ法2007-1（2007年）31頁以下、拙稿「アメリカとの比較における日本の法曹倫理の最近の課題」。

22　http://www.sec.gov/rules/proposed/33-8150.htm

23　http://www.sec.gov/rules/fainal/33-8185.htm

24　http://www.sec.gov/rules/proposed/33-8186.htm

有可能成为SEC规则法案调整的对象。提供服务的日本律师要服从SEC规则，而履行将客户的证券交易法违法行为向SEC报告的义务，就要违反日本律师职业伦理道德上负有的保密义务，于是日本律师联合会向SEC提交了反对规则法案的评论意见。[25]关于大动静的辞任（Noisy withdrawal）提案，鉴于向上市公司递交辞呈及将其情况向SEC报告，也间接地违反了保密义务，对此，日本律师联合会也向SEC提交了反对意见。[26]其后制定的日本律师职业基本规程第51条规定，组织内部律师有向上级机关说明劝告的义务。至于公司外部律师，职业基本规程中虽然没有特别规定，但我们理解，一般情况下，当律师发现受托事件有违法行为时，有阻止其发生的法律义务。[27]

b 发现可疑交易的报告义务

以经济合作与发展组织会员国为核心的政府间机构金融行动特别工作组［Financial Action Task Force (FATF)］，于2003年6月将至此为止金融机构有关反洗钱可疑交易的报告义务扩展到律师，律师也有纠正劝告义务。[28]

日本也是FATF成员国，对于律师发现可疑交易的报告义务，负有立法责任。以前，日本负责管辖的机关（金融信息机关）是金融厅下设的特定金融信息室，自2005年11月起特定金融信息室移交警察厅管辖，所有的报告都要提交给警察厅。根据新的方针，

---

25 http://www.sec.gov/rules/proposed/s74502/tmotobayashi121402.pdf

26 http://www.sec.gov/rules/proposed/stmotobayashils.htm

27 日本律师联合会会则第11条。

28 FATF劝告16。http://www.fatf-gafi.org/document/28/0, 2340, en_32250379_32236930_33658140_1_1_1_1, 00.html-40recs

2006年6月日本政府发布了防止犯罪收益流通法案大纲（名称暂定）。[29]日本律师联合会认为，该法案规定了律师有向搜查机关警察厅告密的义务，违反了律师的保密义务，动摇了律师制度的根本，因此对该法案提出了反对意见。[30][31] 287

虽然我们承认了FATF的劝告本身属于律师保密义务的例外，但是，其范围还不够明确，还有待进一步确认。[32]

2006年10月，警察厅向日辩联提议，关于发现可疑交易报告规则由日本律师联合会自主决定，也可以向日辩联报告。与保密义务相关的信息不作为报告的对象，日辩联在判断是否属于保密义务的基础上，再通知警察厅。[33]

对此，日辩联认为，警察厅的上述提议并没有改变律师在法律上有义务报告可疑交易这一事实，律师一旦发现可疑交易就要向日辩联报告，客户的秘密信息通过日辩联最终通知到国家公安委员会，这个模式并没有任何变更，因此表示反对上述提议。[34] 288

受到日辩联的反对，2007年2月13日内阁会议通过的关于防止转移犯罪收益法案，删除了律师发现可疑交易的报告义务，该法案于2007年3月公布，同年4月1日生效。[35]但是，该法第8条规定，关于本人确认和记录保存义务，由日辩联会则规定，2007年3月1

29　http://www.kantei.go.jp/jp/singi/sosikihanzai/kettei/060605gaiyou.pdf

30　http://www.nichibenren.or.jp/ja/opinion/statement/2005_21.html

31　http://www.nichibenren.or.jp/ja/opinion/ga_res/2006_3.html

32　关于劝告16的解释方针。http://www.fatf- gafi.org/document/28/0,2340,en_32250379_32236920_33988956_1_1_1_1,00.html-40

33　http://www.npa.go.jp/sosikihanzai/kikakubunseki/bunseki8/20061019.pdf

34　「日弁連委員会ニュース　国際刑事立法対策」No.6（2006年12月1日）。

35　关于防止犯罪收益转移法（平成19年法律第22号）。

日，日辩联临时总会制定了关于委托人身份确认和记录保存等规则。因此，律师在该规则生效日2007年7月1日以后，有义务确认委托人的身份。该规则第2条2款规定，律师为了委托人，准备不动产买卖、法人设立、签订信托合同、公司转让等时，委托人为法人的，需要确认其名称和总公司所在地等事项，同时须代理法人确认具体业务负责人的姓名职务。

c 注册会计师对诉讼报告的请求

注册会计师在制作企业审计报告时，要求律师提交诉讼报告。将来，万一随着诉讼的进展而发生的债务没有包含在律师报告中，致使注册会计师的审计报告发生误差，引起诉讼时，注册会计师就可能向律师要求赔偿。律师应该在什么范围内，将有关可能引起的诉讼、会发生债务的秘密信息向注册会计师报告？在美国，美国律师协会（ABA）和美国注册会计师协会之间达成协议，只要对于那些确实要提起的诉讼，和正在进行的诉讼提交报告就可以了，至于那些虽然没有正式表明，但也有可能发生请求赔偿或征税措施的，也可以不报告。[36]但是，最近，注册会计师对律师的请求超出了上述范围。美国的问题在于，律师—客户保密特权（Attorney-Client Privilege），不允许律师公开从客户得知的信息，即，如果向注册会计师披露了客户信息的话，就意味着彻底放弃了律师—客户保密特权。

289 在日本，也同样存在注册会计师要求诉讼报告披露事项的范围问题，不过，倒是没有律师—客户保密特权方面的问题。虽然诉讼报告在上述美国许可的范围内没有问题，但是超过这个范围要求出

36 http://www.abanet.org/buslaw/attorneyclient/policies/aicpa.pdf

具偶发债务报告的话，就会涉及保密义务方面的问题。当然，接到注册会计师要求出具诉讼报告的委托，由于使用了客户的姓名，这是经过客户同意的，所以也可能理解为允许披露秘密事项。但是，客户还没有向注册会计师披露的秘密事项，律师怎么能率先向注册会计师披露呢？作为律师而言，如果是应该首先和客户商谈，然后再向注册会计师披露的事项，就应该建议由客户来披露。

2.律师—客户保密特权和律师工作成果特权

律师—客户保密特权是美国普通法上的一个原则。根据这个原则，客户在和律师商谈时，即使将事实和盘托出，也能确保所述事实将来不能强行公开，是保护客户权利的万全之策。广义上的律师—客户保密特权是指，律师负有保密义务，客户享有要求保密的权利，狭义指律师工作成果特权。因为这是普通法上的一个原则，不管民事、刑事、行政等程序都适用。适用该特权的典型的例子是，民事诉讼辩论程序中，律师可以拒绝披露与客户往来文书的请求。律师—客户保密特权作为客户享有的权利，如果客户同意，则视为放弃特权。在这个问题上，日本律师并不是第三方，因此，即使是向日本律师披露美国律师与客户之间的往来文书，客户仍可以拒绝披露该美国律师与客户之间的往来文书。最近美国为了实现联邦法官量刑的标准化而制定的联邦量刑基准，引起争议，根据该基准的注释，如果放弃律师—客户保密特权，可能有助于减刑。该注释遭到美国律师协会等的反对，于2006年5月被删除。[37]

另一方面，2003年，美国司法部发布了汤普森备忘录[38]，明确

37　http://www.ussc.gov/2006guid/Finalamend2006.pdf

38　http://www.usdoj.gov/dag/cftf/corporate_guidelines.htm

了关于联邦检察官对企业犯罪是否予以起诉（或者是否适用暂缓起诉制度）的行动方针，作为该行动方针之一，要求企业放弃律师—
290 客户保守秘密特权及工作成果特权。ABA对此表示了反对意见认为，联邦检察官的行为是依据该备忘录，对涉嫌企业施加压力迫使其放弃律师—客户保密特权。2006年12月，美国司法部发布了麦克纳提备忘录，[39]根据该备忘录，如果要求提交客户与律师之间的信件往来，需要经过华盛顿特区副总检察长的批准。

日本既没有相当于上述的美国联邦量刑基准或汤普森备忘录，也没有律师—客户保密特权或工作成果特权，但是，作为类似的问题，可以关注2006年1月采取的反垄断法的课征金减免制度（宽恕制度）。由于课征金减免制度的适用需要公正交易委员会全面协助，所以要求追加的事实报告或资料必须向公正交易委员会提交。[40]这里所说的事实报告或资料，是否包括客户委托律师对卡特尔行为的调查结果，律师的调查报告也在内吗？事实报告或资料毕竟仅限于相关事实部分，并不包括有律师分析判断的律师报告，因此这里所说的事实报告和资料不应该有律师的调查报告。另外，将客户和律师之间的磋商以及相互联系的内容制作成笔录文书时，是否视为事实报告或资料呢？如果笔录文书包含了律师的分析判断，应该算作律师报告，不能视为事实报告或资料。如果笔录文书只是整理事实关系供律师说明用的话，则适用反垄断法的课征金减免制度，不能拒绝提交记录文书。限于民事诉讼，记录文书作为民事诉讼法第220条4项规定的秘密文书，也有人认为客户有权主张提交义务的

---

39 http://www.usdoj.gov/dag/speech/2006/mcnulty_memo.pdf

40 私的独占の禁止及び公正取引の確保に関する法律7条の2第11項。

除外，[41]我赞成这一观点。期待刑事程序和行政程序也有保护客户和 291
律师之间信件往来的规定。向日本公正交易委员会提交了文书，就意味着放弃了美国的律师—客户保密特权，在美国也可能会被强行要求公开。日美律师应该相互合作采取缜密的措施应对国际卡特尔事件等。

另外，根据最近的新闻报道，在金融厅对违反证券交易的进入检查中，律师也作为参考人成为证券交易等监视委员会的检查对象，对此应该也引起注意。通过检查，可以掌握律师意见的内容。[42]但是，律师意见在保密义务的范围内，不应该成为证券交易等监视委员会的检查对象。对此，日辩联于2007年6月经研究确认，法务省等行政机关进行的行政上的检查、调查等，没有设置免除律师职务上的义务规定，因此，不能解释为律师法第23条律师保密义务但书规定的"法律另有规定的情形"。鉴于这一确认，日辩联于2007年7月向金融厅提出了要求，希望金融厅在基于证券交易法进行检查等时，应该根据上述解释合理合法进行，不应作为律师的义务要求其提交报告、资料。[43]

3.利益冲突回避义务

随着从事国际商事法务的律师事务所的规模化，利益冲突问题日益突出。例如，拥有律师200人的综合律师事务所X的律师A，代理综合商社Y的食品部门，起草了从外国企业P进口红酒的进口合同。此时，同一综合律师事务所X的律师B，可以代理汽车公司

41　伊藤真「自己使用文書としての訴訟等準備文書と文書提出義務」佐々木吉男先生追悼論集『民事紛争の解決と手続』(2000年) 426頁。

42　日本経済新聞2006年6月17日。

43　http://w3.nichibenren.or.jp/menber/index.cgi（会员专用）

Z，参与综合商社Y向Z出资的合同谈判吗？另外，同一综合律师事务所的律师C，可以接受上述外国企业P的皮革产品部门的委托，进行与日本企业之间的许可合同的谈判吗？

a 利益冲突的归责（Imputation）

292 律师职业伦理的规定首先是以律师个人为对象的，因此，在合伙制律师事务所的多个律师之间，如何适用禁止利益冲突规则，成为难题。关于这个问题，美国律师协会（ABA）职业行为示范规则1.10条规定，当一位律师因利益冲突被禁止代理客户时，同一律师事务所内的其他律师也应该被禁止，除非经全体相关委托人的同意。在美国，大型律师事务所的所属事务所之间，即使彼此相隔很远，也要适用上述1.10条的规定。

欧洲律师协会（CCBE）的《欧洲法律职业基本原则宪章》3.2.4规定，如果律师相互合伙（in association）执业，利益冲突禁止规定则适用于该合伙组织及其所有成员。

日本律师职业基本规则第57条规定，合伙律师事务所的所属律师，对于其他所属律师根据第27条和28条规定不能办理的案件，也不能以律师职业办理，但是，有维持执业公平公正的情形除外。根据该法第27条，对于已接受案件的对方当事人委托的其他案件，不得代理。因此，回到上述设问，律师C原则上不得从事已接受案件对方外国企业P委托的业务。根据第28条，已接受案件的客户成为对方当事人的业务，不得代理。因此，回到上述设问，在与事务所的客户综合商社Y作为对方当事人进行谈判时，律师B原则上不得代理汽车公司Z。但是，根据是否有维持执业公平公正的事由，可以作为例外。

293 保持执业公平正义的事由，可以考虑取得客户的同意和采取信息屏蔽措施。关于这方面，根据自由与正义期刊的临时增刊号《〈律师职业基本规则〉的解说》，如果确确实实建立了中国墙，可以视为维持执业公平公正的事由。[44]在此基础上，还应该取得客户的同意。因此，回到上述设问，律师B也好律师C也罢，如果取得委托人同意，应该可以执业。问题是，为了取得委托人的同意，需要披露其他案件的内容，如果该案件的保密性较高的话，就不能披露。

英国的事务律师行为守则于2006年修订，设置了利益冲突的定义。利益冲突是指，为了同一或者关联案件中多个委托人的最大利益执业，与事务律师的义务发生冲突。[45]因此，如果属于没有任何关联性的案件，即使代理同一当事人，也不构成利益冲突。根据这一规则，回到上述设问，由于所提及的案件之间没有关联性，律师B和律师C都可以接受客户的委托业务。

b 信息屏蔽措施（screening）

近年来，律师的流动频率不断增加，律所的合并潮更猛。在这种形势下，利益冲突问题尤为突出。

在美国，ABA于1997年，设置了2000年伦理道德委员会（Ethics Commission 2000），该委员会对ABA职业行为示范规则进行了全面修正，于2001年将修正案提交ABA总会。修正案中包括，针对律师转所可能采取的信息屏蔽措施，但是，该内容遭到ABA总会否决。[46]

在日本，这方面的问题并没有写入律师职业基本规则中，甚至

44　『解説「弁護士職務基本規定」』（自由と正義56巻、2005年）98頁。

45　http://www.lawsociety.org.uk/documents/downloads/PE_ConflictRules.pdf

46　http://www.abanet.org/cpr/e2k/e2k-ov_mar02.doc

也没有提案设置相应的规定。上述职业基本规则第57条的实际应用，只能根据维持职业公平公正的具体事由来进行判断了。

c 企业集团之间的利益冲突

母公司的顾问律师事务所的律师可否代理以子公司为对方当事人的项目？另外，假设母公司有100家子公司，其中一家子公司的
294 顾问律师事务所的律师可否代理以母公司为对方当事人的项目？

针对这个问题，华盛顿特区的规则规定，由于母子公司各自为独立的法人，可以作为上述交易的代理，但是，如果母子公司为一体的，则不能代理。[47]

在日本，也有同样的问题，却还没有具体条文规定。我认为与华盛顿特区的规则是一致的，还要根据具体问题具体应对。

d 事先同意（Advance waiver）

随着律师事务所的规模化，美国的律师事务所在委托合同中，通常会加入一条事先同意条款，让委托人同意可以代理与所接收的案件不相关的非讼案件。这个条款的问题在于，这是具体案件发生之前的一揽子同意，并不是知情同意（informed consent）。对此，ABA职业行为示范规则1.7的注22规定，表示同意的客户，对于接受法律服务是否有充分的经验，如果同意的范围有特别限定时，这种事先同意条款是有效的。[48]

在日本也出现了同样的问题，在委托合同中，即使规定了事先同意条款，具体案件发生时，有时还需要再次征求客户同意。

---

47 DC Rules of Professional Conduct R.1.7 com [21]-[26]. http://www.dcbar.org/new_rules/rules.cfm

48 ABA Model Rules of Professional Conduct (2006 Edition) 32页。

4.律师职业伦理道德的冲突

发力于跨境法律业务的外国律师（不问是否拥有外国法事务律师资格）是否应该适用日本的律师职业基本规则（职业伦理道德规则）？ 295

首先，外国法事务律师已经在日本律师联合会进行了注册，成为特别会员，应该准用律师职务基本规则的大部分规定。[49]问题是，当日本的职业伦理道德规则与外国法事务律师所属国的职业伦理道德规则发生冲突时，如何解决？这一问题在美国联邦证券交易委员会根据《萨班斯-奥克斯利法案》制定律师职业伦理道德规则时，就已经引起争议。引起争议的焦点是，根据SEC规则案，如果客户公司有违规行为，公司内部的纠错机制又不起作用，律师有义务向SEC提交书面报告。由于这一规定违背了律师的保密义务，不仅是美国也遭到外国律师的反对，现在仍然是悬案。当时，从美国来到日本的外国法事务律师，如果这样的规定被通过了，就会陷于遵守日本法禁止披露与根据SEC规则强行披露的两难境地，对此，日辩联向SEC提交了反对意见。[50]律师在执业中知晓的秘密，根据情况，对于强行要求披露的国家也不能披露。在这种情况下，就发生了职业伦理道德规则的冲突。

国际律师协会（IBA）正在研讨律师的跨境职业伦理道德规则草案，如果原资格取得国的职业伦理道德规则与进行业务活动所在国的伦理道德规则发生冲突时，该协会建议，适用客户所在国的规则。关于保密的伦理道德规则，可以有披露的禁止、披露的允许、

49　日本律师联合会，外国特别会员基本规则30条之2。

50　http://www.sec.gov/rules/proposed/s74502/tokyo-offcs.htm

披露的强制，可以考虑按照这个顺序来保护客户。按照上述的IBA规则草案，回到上述设问，客户可能要求在日本从业的美国外国法事务律师，适用更严格的日本保密义务。在这种情况下，如果美国采用向SEC报告的职业伦理道德规则的话，需要明文规定这种行为不违反该规则。但是，这样一来，美国律师的执业伦理道德规则就
296 不仅仅是律师协会的规则了，需要联邦法授权的SEC规则。

其次，也存在一些没有取得外国法事务律师的资格，却作为受聘律师在日本从业的外国律师，这些外国律师没有在日本律师联合会注册，因此也不适用日本律师职业基本规则。问题是，这些外国律师不适用日本职业基本规则是否妥当？从外国法事务律师对这些外国律师有监管责任的角度来看，当这些外国律师违反日本职业基本规则时，由外国法事务律师负责，至少还有间接性的规定可以适用。

关于这方面的问题，纽约州律师协会发表意见认为，纽约州律师应该促使在同一律师事务所工作的外国律师遵守纽约州的规定。[51]

三、国际商事法务律师的组织形态

1. 跨专业合伙组织（MDP）

20世纪90年代后期，随着注册会计师事务所开始涉足审计、

51 http://www.nysba.org/AM/Template.cfm?Section=Ethics.Opinions&Template=/TaggedPage/TaggedPageDisplay.cfm&TPLID=7&CotentID=6536

税务、咨询以及法律服务市场，跨专业合伙（Multidisciplinary Partnership: MDP）引发热议。[52]但是，其后2001年发生了安然公司财务造假事件，从审计的对立性、中立性的观点出发，2002年成立的《萨班斯—奥克斯利法案》第201条，不认可向公司提供法律服务的会计师事务所同时又对该公司进行审计，于是，拥有律师事务所的大型会计事务所便与律师事务所切割开来，MDP势头渐弱。[53]但是，英国根据大卫·克莱门蒂爵士（Sir David Clementi）发表的题为“英格兰和威尔士法律服务行业规制框架的审查”报告，[54]于2006年出台了《法律服务法》，新型法律服务模式“替代性商业结构”（Alternative Business Structure: ABS）得到广泛认可，这个问题再度引起关注。2004年发表的大卫·克莱门蒂爵士报告中，针对出庭律师和事务律师等法律专业人士的合伙制提出了积极建议，针对与非法律专业之间的MDP则持谨慎的态度。但是，2007年10月30日经国王御准（Royal Assent），《法律服务法》（Legal Services Act 2007）生效，该法承认新型法律服务模式，包括MDP跨专业合伙。

关于这一点，日本于1999年在内阁决定的推进制度宽松3年 297
计划中，将开设法律和经济综合事务所作为项目之一，法务省在

---

52 关于MDP，参见「弁護士制度に関する海外調査報告書——MDPを中心として」（日本弁護士連合会、2001年5月）。

53 根据KPMG所属的律师事务所FIDAL法国的网站信息，FIDAL已经从KPMG独立出来了。另外，根据普华永道的律师事务所兰德维尔（Landwell）的网站信息，每个律师事务所都是各自独立经营的机构。

54 关于大卫·克莱门蒂爵士报告，参见拙稿「最近におけるイギリスの司法改革」自由と正義57巻12号（2006年）57頁。

1999年5月6日给日辩联的信函中认为，“根据现行法，由拥有律师、注册会计师、注册税务师、知识产权代理等专业资格的人共用一家事务所，相互协作为客户的需求提供服务，这种模式基本上是可能的”。但是，在专业资格人士之间的收支体系方面，有必要按照各种专业资格人士各自所从事的专业收取报酬，互不干扰为宜，只是经费可以共同计算。

日辩联的职业基本规则第12条规定，律师的职业报酬不得与非律师进行分配，但有正当理由时除外。日辩联对此进行了解释，认为法律相邻专业相互合作提供一站式服务的，利益分配可能会有一定的合理性。[55]根据这个解释，MDP的成员仅限于法律专业，与知识产权代理进行MDP尚可，而与注册会计师进行MDP则不可以。

正如MDP名称所示的那样，如果遵循不同的职业伦理道德规范的专业人士之间共同从业的话，当有关利益冲突的禁止和保守秘密义务与伦理道德规范发生冲突时，就会矛盾重重。另外，律师自治已经被广泛承认，而其他行业都要在官厅的监督之下，从律师自治的观点来看也是有问题的。

2. 有限责任合伙（LLP）

20世纪80年代，美国在处理储贷协会（S&L）危机时，受破产的影响，注册会计事务所和律师事务所也被问责。采取合伙制模式的律师或会计事务所，因一个合伙人的过错而引起的赔偿责任，
298 由全体合伙人负连带责任。但是，随着这些事务所的规模化，几乎无法对每一位合伙人都能监督到位。于是，以此为契机，注册会计

55　前引（注44）『解説「弁護士職務基本規程」』19頁。

师事务所和律师事务所的LLP（limited liability partnership，有限责任合伙）模式得到认可。目前，美国的大型律师事务所几乎都成为LLP模式。其要件、效果等根据所在州有若干差异。例如，根据加利福尼亚州的Corporations Code，已注册登记的LLP的合伙人对于合伙组织及其他合伙人的债务不承担责任。[56]

2005年，日本制定了关于有限责任合伙合同的法律，日本版LLP得到认可。该法第15条规定，合伙人以其出资的份额清偿和承担合伙债务。虽然这个制度被确立了，但是律师事务所的适用被除外，不能采用LLP模式。[57]从英美几乎大型律师事务所都采用了LLP模式来看，从国际竞争的视角，日本律师事务所走向LLP之路早晚要开放。

3.律师事务所分所的设立

日本律师法第20条3款规定，律师不能以任何名义设立2个以上的律师事务所。但是，该规定只是禁止在日本国内设立分所，认可在国外设置分所，现在有许多日本律师事务所在中国设置了分所。该规定也适用于合伙制律师事务所，拥有超过200人的合伙制律师事务所在日本也不能设置分所。对此，日本律师法第30条的 299
16规定，律师法人模式可以设置分所，前提是合伙人律师要常驻分所。因此，有许多大阪的大型律师事务所变更为律师法人组织，以便在东京设置分所。[58]

56　California Corporations Code, Title 2 Partnerships, Chapter 5 Uniform Partnership Act of 1994, Article 3(c).

57　关于有限责任合伙法的实施细则第1条2项。

58　大阪的主要律师事务所中有14家成立了律师法人，在东京设立事务所。参见律师白皮书2007年版107页。

禁止设立分所的目的是为了防止助长非律师活动，要是从这个目的出发，合伙制律师事务所也可以像律师法人设置分所那样，满足设置分所要件委派合伙人律师常驻，这样不是就可以设置分所了吗？合伙制事务所不能设置分所也影响了日本律师事务所的国际竞争力。要是计划合伙制事务所设置分所，还可以考虑诸如东京和大阪的律师事务所进行合并等方式。

下条正浩／律师

索 引 301

（条目后的数字为原书页码，参见本书边码）

● 事项索引*

* 排序依据日文版原书。本丛书统一。

● 判例索引（日本）

最高法院

高级法院

 304

登载 177
东京高判2005年3月31日LEX/DB28110187 175
知财高判2006年1月31日判时1922号30页 177

地方法院

东京地判1953年6月12日下民集4卷6号847页
东京地判1955年12月23日下民集6卷12号2679页 193
前桥地桐生支判1962年4月9日下民集13卷4号695页 135
东京地决1965年4月26日劳民16卷2号308页 61
东京地判1965年5月27日下民集16卷5号923页 194
东京地判1967年7月11日金法485号33页 135
大阪地中间判1973年10月9日判时728号76页 193
东京地判1974年6月17日判时748号77页 146
东京地判1977年5月30日判时809号
305 79页 123
东京地判1984年2月15日判夕525号132页 194
大阪地中间判1986年3月26日判夕601号65页 189
名古屋地中间判1987年2月6日判夕627号244页
东京地中间判1987年6月23日判夕639号253页 194
东京地中间判1989年5月30日判夕703号240页 194
东京地中间判1989年6月19日判夕703号241页 194
东京地判1991年9月24日判时1429号83页 148, 153, 175
大阪地判1992年1月24日判夕804号179页 189
东京地判1992年1月28日判时1437号122页 101
东京地判1992年1月30日判时1439号138页 198
东京地判1994年1页14日判夕864号266页 196
东京地判1994年1月31日判夕839号300页 196
东京地判1995年5月23日判时1554号91页 155
东京地判1996年9月2日判时1608号130页 198
东京地判1997年7月16日判时1619号17页 146, 148
千叶地判1997年7月24日判时1639号86页 146, 152, 156
东京地判1998年2月24日判夕995号271页 196, 199
东京地判1998年2月25日判夕972号

258页 196
东京地判1998年5月27日判时1668号89页 155
东京地判1999年1月28日判タ1046号273页 194
水户地龍崎支判1999年10月29日判タ1034号270页 196
东京地判1999年11月4日判タ1023号267页 188
冈山地判2000年1月25日交民集33卷157页 146
东京地判2000年9月25日判时1745号102页 146,155
东京地判2000年11月24日判タ1077号282页 200
东京地判2001年5月14日判时1745号148页 177
东京地判2001年5月28日判タ1093号174页 123
东京地判2002年11月18日判时1812号139页 177
东京地判2003年10月16日判时1874号23页 175, 177
东京地判2003年11月11日官报2003年11月25日（3738号）24页 249
东京地判2004年2月24日判时1853号38页 61, 270
东京地判2004年5月20日判时1871号125页 45
东京地判2004年5月31日判时1936号140页 177
大阪地判2004年11月9日判时1897号103页 17
东京地决2006年2月3日官报2006年2月16日（4278号）27页 249
东京地决2006年7月11日判时1933号68页 177
东京地判2006年9月26日判时1962号147页 175
东京地中间判2007年3月20日判时1974号156页 193
东京地决2007年8月28日判例时报1991号89页 67

公正交易委员会

公取委审判审决1952年9月3日审决集4卷30页 39, 50
公取委审判审决1952年9月3日审决集4卷46页 39, 50
公取委审判审决1972年8月18日审决集19卷57页 40
公取委劝告审决1972年12月27日审决集19卷124页 43
公取委劝告审决1972年12月27日审决集19卷140页 43
公取委手续打切决定1981年10月26日审决集28卷79页 40
公取委劝告审决1983年9月28日审决集40卷123页 51
公取委劝告审决1995年10月13日审

决集42卷163页 50
公取委劝告审决1995年10月13日审决集42卷166页 50
306 公取委劝告审决1997年4月25日审决集44卷230页 51
公取委劝告审决1998年9月3日 40, 173
公取委劝告审决2004年9月1日 51
公取委劝告审决2005年4月13日审决集52卷341页 45
公取委审判审决2008年9月16日 51

● 判例索引（海外）

Botschaft zum Bundesgesetz über das internationale Privatrecht (IPR-Gesetz), BBL. 1983 I, Nr.284. 224 149
Civ.1re, 8 février 1983, Clunet 1984, 123 170
Civ.1re, 19 avril 1988, Rev. crit. dr. int. pr. 1989, 68 157
Civ.1re, 14 janvier 1997, D 1997, 177 149
Civ.1re, 14 janvier 1997, Rev. crit. dr. int. pr. 1997, 504 170
Civ.1re, 11 mai 1999, Clunet 1999, 1048 149
Civ.1re, 23 janvier 2007, D 2007, 1244 149
307 Civ.1re, 27 mars 2007, D 2007, 1074 149
Dermajaya Properties Sdn Bhd v Premium Properties Sdn Bhd & Anor, [2002] 2 SLR 164 207
Dow Jones & Company Inc. v. Gutnick, [200] High Court of Australia (HCA) 56 (Dec. 10, 2002) 144
ECJ 17. 6. 1992, Rev. trim. dr. europ. 1992, p. 709 167
European Court of Justice, 27. 9. 1988, Case 89/85, in: ECR 1988-I, 5193 173
Fotochrome, Inc, v. Copal Co., 517 F2 d.512 (2d Cir.1975) 230
Ingmar GB Ltd v. Eaton Leonard Technologies Inc, (C-381/98), [2000] ECR-I 9305 (9 Nov.2000) 64
John Holland Pty Ltd (fka John Holland Construction & Engineering Pty Ltd) v Toyo Engineering Corp (Japan), [2001] 2 SLR 262 206

LePagés v. 3M, 324 F. 3d 141 (3d Cir. 2003) 46
OGH, 19.3. 1975, SZ48, 140 170
OGH, 29. 10. 1987, IPRax 1988, 363 165
德国联邦最高法院（BGH）2004年10月13日判决（NJW 2005，1435） 179

缩略语表

AAA	美国仲裁协会
ABA	美国律师协会
ACCC	澳大利亚竞争和消费委员会
AFTA	东盟自由贸易区
AJCEP	日本东盟全面经济合作协定
ALI	美国法律学会
APEC	亚太经济合作组织
ASEAN	东南亚国家联盟
Attorney-Client Privilege	律师－客户保密特权
BIT	双边投资协定
Build-up	积累方法
Build-down	扣除方法
CCBE	欧洲律师协会
EC	欧洲共同体
EPA	经济合作协定
EU	欧洲联盟
EFTA	欧洲自由贸易联盟
FATF	金融行动特别工作组
FOB	船上交货价格

FLC	外国法事务律师
FTA	自由贸易协定
GATS	服务贸易总协定
GATT	关税贸易协定
GCC	海湾合作会议
IBA	国际律师协会
ICC	国际商会
JAA	日本仲裁员协会
JCAA	日本商事仲裁协会
LCIA	伦敦国际仲裁院
LLP	有限责任合伙
MDP	跨专业合伙组织
NAFTA	北美自由贸易协定
OECD	经济合作与发展组织
SEC	美国联邦证券交易委员会
SIAC	新加坡国际仲裁机构
S & L	储贷协会
SPC	特别目的公司
TOR	审理范围书
UAE	阿拉伯联合酋长国
UNCITRAL	联合国国际贸易法委员会

执笔者一览

须冈隆夫 SUAMI Takao

早稻田大学法务研究科教授（编者第一章）

田村次郎 TAMURA Jiro

庆应义塾大学法学部教授（第二章）

小塚庄一郎 KOZUKA Soichiro

上智大学法学研究科教授（第三章）

宰田高志 SAIDA Takashi

长岛·大野·常松律师事务所律师（第四章）

神前祯 KANZAKI Tadashi

学习院大学法务研究科教授（第五章）

北泽安纪 KITAZAWA Aki

庆应义塾大学法学部教授（第六章）

西谷祐子 NISHITANI Yuko
科隆大学特别研究员（第七章）

安达荣司 ADACHI Eiji
成城大学法学部教授（第八章）

手塚裕之 TEZUKA Hiroyuki
西村常盤律师事务所律师（第九章）

道垣内正人 DOUGAUCHI Masato
早稻田大学法务研究科教授（编者第十章）

下条正浩 SHIMOJO Masahiro
西村常盤律师事务所律师（第十一章）

图书在版编目（CIP）数据

国际商事与法律 /（日）须网隆夫，（日）道垣内正人编；骆美化译. —北京：商务印书馆，2023
（企业商事法务丛书）
ISBN 978-7-100-22795-7

Ⅰ. ①国… Ⅱ. ①须… ②道… ③骆… Ⅲ. ①国际商法 Ⅳ. ①D996.1

中国国家版本馆CIP数据核字（2023）第146973号

企业商事法务丛书
国际商事与法律
〔日〕须网隆夫　道垣内正人　编
骆美化　译

商 务 印 书 馆 出 版
（北京王府井大街 36 号　邮政编码 100710）
商 务 印 书 馆 发 行
北 京 冠 中 印 刷 厂 印 刷
ISBN 978 - 7 - 100 - 22795 - 7

2023 年 10 月第 1 版　　开本 880 × 1230　1/32
2023 年 10 月北京第 1 次印刷　　印张 12¼

定价：80.00 元